新编21世纪高等职业教育精品教材

金融类

U0794924

征信理论与技术

（第二版）

主　编　魏　来

中国人民大学出版社
·北京·

图书在版编目（CIP）数据

征信理论与技术/魏来主编. --2版. --北京：中国人民大学出版社，2025. 6. --(新编21世纪高等职业教育精品教材). --ISBN 978-7-300-34016-6

Ⅰ. F830.5

中国国家版本馆CIP数据核字第2025FJ1804号

新编21世纪高等职业教育精品教材·金融类

征信理论与技术（第二版）

主　编　魏　来

Zhengxin Lilun yu Jishu

出版发行	中国人民大学出版社		
社　　址	北京中关村大街31号	**邮政编码**	100080
电　　话	010－62511242（总编室）		010－62511770（质管部）
	010－82501766（邮购部）		010－62514148（门市部）
	010－62511173（发行公司）		010－62515275（盗版举报）
网　　址	http://www.crup.com.cn		
经　　销	新华书店		
印　　刷	北京昌联印刷有限公司	**版　　次**	2020年9月第1版
开　　本	787 mm×1092 mm　1/16		2025年6月第2版
印　　张	14.75	**印　　次**	2025年6月第1次印刷
字　　数	314 000	**定　　价**	45.00元

前言

为紧跟征信体系发展前沿、征信业务发展趋势，推广征信行业新法规、新标准，本书在第一版的基础上进行修订。“征信”课程是高职院校金融科技应用、金融服务与管理的专业课程。为此，本书以“认知大数据背景下征信职业领域、培养征信业务技能、提升征信职业合规素养”为目标，以大征信为口径整合了理论知识与实践技能。本书在编写和修订中体现了以下几个特点。

1. 坚持立德树人，突出素质教育

本书在修订过程中紧密结合素质教育要求，从经典案例中提炼综合育人元素，将诚信教育、风险意识、守法合规意识、终身学习等元素融入到知识与理论的解读中，春风化雨，润物无声。

2. 因时而变，科学修订课程体系内容

本书捕捉“大征信”业务的新变化，为助力项目式教学，以行业实际的大数据处理流程为设计依据，进行了合理修订：将第一版民间借贷征信的内容进行了拆分重组，补充了新发布的征信领域重要法律、行政法规文件，更新了新版采集器的操作指南，细化了征信数据分析的实训演练（读者可自行选择使用 SPSS 或 Python 完成相关数据挖掘任务）。

3. 广泛调研，校企共建课程资源

编者走访了山西省征信有限公司等征信机构，丰富了地区性征信机构数据搭建运维的教材内容；与京东科技集团开展校企合作，将消费信用管理业务的相关知识引入教材。此外，中联集团教育科技有限公司也为本次修订提供了部分案例与数据。

4. 配套线上资源，支持混合式教学

本书是在线精品课程“征信”的配套教材，读者可以登录智慧职教获取课件、视频等教学资源，随时随地自主学习；教师可以利用在线课程平台和教学资源开展形式多样的线上线下混合式教学。

5. 智慧自学，AI 提示词引领新学习方式

本书创新地引入 AI 智慧学习方式，每个模块均设有 AI 提示词，

引导学生思考和拓展。读者可以利用这些 AI 提示词、借助 DeepSeek 等工具进行自学，提升学习效率，培养独立思考和解决问题的能力。

本书由山西省财政税务专科学校魏来担任主编，模块三由山西省财政税务专科学校樊欢编写，模块六由山西省财政税务专科学校周文良编写，模块七由山西省财政税务专科学校陈平编写，魏来负责其余模块的编写。本书是编者对征信课程教学的阶段性总结与成果，书中难免存在不足，期待行业专家、学者和读者朋友批评指正。

本书为面向职业本科与高职专科的理实一体化教材，读者可登录中国人民大学出版社官方网站下载课件与数据等学习资料。

在线资源　　原始数据

编　者

目录

上篇　征信基础

下篇　征信实务

上　篇

征信基础

模块一 征信定义与流程

学习目标

1. 掌握征信的三种定义，了解征信的不同分类
2. 掌握征信的原则与作用
3. 掌握征信的基本流程，了解国内外征信标准
4. 熟悉征信体系的含义、主要内容

素养目标

1. 培养诚信意识，深刻理解诚信在社会和经济生活中的重要价值，树立以诚信为本的观念

2. 增强社会责任感，明白良好的信用对社会秩序和公共利益具有积极影响，从而自觉维护社会信用体系，勇担社会责任

AI 提示词

征信　　征信机构　　征信标准　　征信体系

学习指导

本模块介绍征信的基本理论，包括征信的概念、作用和基本流程等内容。征信的基本流程仅为作业框架的基本概括，读者对征信的基本流程有初步理解即可，对于具体细节，将在后续模块进行深入讨论。

单元一 征信概述

一、征信的概念

（一）征信的由来

征信一词源于《左传》中的“君子之言，信而有征，故怨远于其身。”用现在的话说，就是：君子说出的话，诚信确凿而有证据，因此怨恨不满都会远离他。其中，“信而有征”即为可验证其言为信实。征信活动的产生源于信用交易的产生和发展。

信用是以偿还为条件的价值运动的特殊形式，包括货币借贷和商品赊销等，如银行信用、商业信用等。现代经济是信用经济，信用作为特定的经济交易行为，是商品经济发展到一定阶段的产物。信用本质是一种债权债务关系，即债权人相信债务人具有偿还能力，而同意债务人所做的未来偿还的承诺。但当商品经济高度发达，信用交易的范围日益广泛时，特别是当信用交易扩展至全国、全世界时，信用交易的一方想要了解对方的资信状况就会极为困难。此时，了解市场交易主体的资信就成为一种需求，征信活动也应运而生。可见，征信实际上是随着商品经济的产生和发展而产生、发展的，是为信用活动提供的信用信息服务。金融的核心是跨时间、跨空间的价值交换。金融活动主要的表现形式包括货币的发行与回笼、存款的吸收和付出、贷款的发放与回收等，这些货币流转的过程与信用的发展是密不可分的。金融活动依赖信用，因而需要征信。没有征信，金融体系便无法运转。

（二）征信的定义

目前我国对征信的定义没有统一，不同的机构有不同的理解。通过对三个不同来源的征信定义进行梳理，可以加深对征信的全面认识。

第一种定义，中国人民银行（即央行）征信中心对征信定义为依法对信息主体（自然人、法人及其他组织）的信用信息进行收集、整理、保存、加工，并对外提供信用报告、信用评估和信用信息咨询等服务，其主要目的是减少信息不对称，帮助客户降低信用风险，提高交易效率，而开展的信用管理活动。

第二种定义，“信用中国”对征信的定义是为对企业、事业单位等组织和个人的信用信息进行采集、整理、保存和加工，并向信息使用者提供信息服务的活动。

第三种定义，征信是专业化的、独立的第三方机构，为个人或企业建立信用档案，依法采集、客观记录其信用信息，并依法对外提供信用信息服务的活动，它为专业化的授信机构提供了一个信用信息共享的平台。

第一种、第二种定义基本上是一致的，集中于对自然人、法人及其他组织的信用信息采集、整理、保存和加工等业务活动方面；不同之处在于中国人民银行征信中心给出的定义更加细化，具体指出征信产品包括信用报告、信用评估和信用信息咨询等服务，并且详细阐述征信的目的是降低信用风险，提高交易效率。但二者都没有强调征信“独立第三方”的基本性质。

第三种定义强调征信是独立第三方的性质，并从特点和服务对象角度进行阐释。

欧美国家没有“征信”这个词语，更多使用“Credit Report”，翻译过来就是“信用报告”，包括企业信用报告和个人信用报告。从事征信活动的机构被称为“Credit Reporting Agency”，“Reporting”是个动作，覆盖范围更广，与我国的“征信”一词相近。

二、征信的分类

（一）企业征信和个人征信

按业务模式分类，征信可分为企业征信和个人征信。企业征信主要是收集企业信用信息，生产企业信用产品；个人征信主要是收集个人信用信息，生产个人信用产品。有些国家这两种业务由一个机构完成，有的国家由两个或两个以上机构分别完成。或者在一个国家内既有单独从事个人征信的机构，也有从事个人和企业两种征信业务的机构，一般都不加以限制，由征信机构根据实际情况自主决定。以美国的征信机构为例，它们主要有三种业务模式：

（1）资本市场信用评估机构，其征信对象为股票、债券和大型基建项目。

（2）商业市场信用评估机构，也称企业征信服务公司，其征信对象为各类企业。

（3）个人消费市场信用评估机构，其征信对象为消费者个人。

（二）信贷征信、商业征信、雇佣征信

按服务对象分类，征信可分为信贷征信、商业征信、雇佣征信等。信贷征信的主要服务对象是金融机构，旨在为信贷决策提供支持。商业征信的主要服务对象是批发商或零售商，为赊销决策提供支持。雇佣征信的主要服务对象是雇主，为雇主用人决策提供支持。另外，还有其他征信活动，如市场调查、债权处理、动产和不动产鉴定等。各类不同服务对象的征信业务，有的由一个机构来完成，有的在具有数据库征信机构上下游的独立企业内来完成。

（三）区域征信、国内征信、跨国征信

按征信范围分类，征信可分为区域征信、国内征信、跨国征信等。区域征信，一般规模较小，征信机构只在某一特定区域内提供征信服务，这种模式一般存在于征信业刚起步的国家，征信业发展到一定阶段后，大都走向兼并或专业细分，真正意义上的区域征信也随之逐步消失。国内征信，是目前世界范围内存在最多的征信形式，尤其是在刚刚开展征信活动的国家。跨国征信，这几年正在迅速崛起，这种征信模式之所以得以快

速发展，主要有内在和外在两方面原因：内在原因是西方国家一些老牌征信机构为了拓展自己的业务，采用多种形式（如设立子公司、合作、参股、提供技术支持、设立办事处等）向其他国家渗透；外在原因是世界经济一体化进程加快，各国经济互相渗透、互相融合，跨国经济实体越来越多，跨国征信业务需求也越来越多，为了适应这种发展趋势，跨国征信也就越来越多。但由于每个国家的政治体制、法律体系、文化背景等不同，因此跨国征信的发展会受到一定制约。

三、征信的原则

征信的原则是征信业在长期发展过程中逐渐形成的科学的指导原则，是征信活动顺利开展的根本依据。我们将征信的原则归纳为真实性原则、全面性原则、及时性原则和隐私保护原则。

（一）真实性原则

真实性原则，指在征信过程中，征信机构采取适当的方法核实原始资料的真实性，保证所采集的信用信息是真实的。这是征信工作最重要的原则之一，只有信息准确无误，才能正确反映被征信人的信用状况，保证对被征信人的公平。真实性原则有效地反映了征信活动的科学性。征信机构应基于第三方立场提供被征信人的历史信用记录，对被征信人的信用情况，不妄下结论。信用报告中要摒弃虚伪偏袒的成分，保持客观中立的立场。基于此原则，征信机构应给予被征信人知情权和申诉权，以便能够及时纠正错误的信用信息，确保信用信息的准确性。

（二）全面性原则

全面性原则，又称完整性原则，指征信工作要做到资料全面、内容明晰。数据保留得越完整，信用评价越有效。被征信人，不论是企业还是个人，均处在一个开放性的经济环境中，财务、资产、生产、管理、行销、人事等要素虽然性质各异，但都具有密切的关联，直接或间接地在不同程度上影响被征信人的信用水平。征信机构往往搜集被征信人的负债信息等历史信用记录，通过其在履约中的历史表现，判断该信息主体的信用状况。被征信人的历史信用记录既包括正面信息，也包括负面信息。正面信息指被征信人正常的基础信息，包括贷款、赊销、支付等信用信息。正面信息能够正面反映被征信人的信用状况。负面信息是指被征信人的欠款、破产、诉讼等信息。负面信息可以帮助授信人快速甄别被征信人的信用状况。

（三）及时性原则

及时性原则，指征信机构在采集信息时要尽量实现实时跟踪，能够使用被征信人最新的信用记录，反映其最新的信用状况，避免因不能及时掌握被征信人的信用变动而使授信机构受到损失。信息的及时性关系征信机构的生命力，从征信机构发展历史来看，许多征信机构由于不能及时更新信息，授信机构难以据此及时判断被征信人的信用风险，从而影响征信机构的生存和发展。

（四）隐私保护原则

对被征信人隐私或商业秘密进行保护既是征信机构最基本的职业道德之一，也是征信立法的主要内容之一。数据的采集与使用必须合法。个人征信报告的获取需要信息主体授权。征信机构应建立严格的业务规章和内控制度，谨慎处理信用信息，保障被征信人的信用信息安全。在征信过程中，征信机构应明确征信信息与个人隐私、企业商业秘密之间的界限，严格遵守隐私和商业秘密保护原则，保证征信活动顺利开展。

四、征信的作用

（一）理论界对征信作用的归纳

根据理论界的研究成果，征信有四大作用：减轻逆向选择、减轻对借款者的掠夺、产生违约披露的纪律约束和避免过度借贷。

1. 减轻逆向选择

逆向选择是信贷交易在信息不对称情况下发生的问题。不良贷款风险往往来自那些积极寻找贷款的人。在信息不对称条件下，那些不良借款者往往可能采用各种手段骗取贷款机构的信任，从而导致贷款机构将贷款投向不良借款者而非优质借款者，即信贷交易中出现了逆向选择问题。

从理论研究来看，征信活动能使信贷机构有效甄别借款者的信用风险。举例来看，当一家企业与一家贷款机构发生借贷关系并且信用良好时，通过信息传递机制（如征信机构），这家贷款机构的信息能够为外地的贷款机构所了解，外地贷款机构就会像对待自己的长期客户一样来对待这个新客户。因此，征信有助于提高预测违约的准确度，有利于实现对贷款对象的优化和贷款定价的合理化，减轻逆向选择问题。

2. 减轻对借款者的掠夺

征信可以降低银行从其借款者（客户）处收取的信息租金（信息租金是指贷款机构凭借自身对个人或中小企业信息的垄断而获得的一种超额利润。贷款机构的利润等于市场平均利润加上信息租金，但是，在信息共享的情况下，这一超额利润将不存在，贷款机构只能获得市场平均利润），原因在于：当银行对借款者的特征认识非常充分时，他们能够比那些不了解情况的竞争对手收取更低的租金。

贷款机构自身所拥有的信息优势赋予贷款机构享有对其所拥有的借款者（客户）的市场垄断权，产生了对借款者的掠夺行为，而借款者预期未来贷款机构可能会收取掠夺性利率，将减少对合约履约的努力。这种局面将会导致更高的违约率和利率，甚至可能会导致信贷市场的崩溃。如果贷款机构互相交换信息，将会使借款者的信息能够有效共享，贷款机构收取信息租金的能力将会受到约束，这意味着融资项目中所产生的总剩余中将有更大的部分为借款者所获得，借款者从贷款中所获得的净收益提高。因此，借款者将有更大的动力去确保所投资项目的成功，从而降低违约的可能性，贷款机构收取的利率将伴随违约率的降低而降低，相比于没有征信信息时，总的贷款额会增加，事实上减轻了贷款机构对借款者的掠夺。

将各家贷款机构的信息汇集，保证借款者的信息能够及时传递到信贷市场，有助于降低各家贷款机构的信息优势和隐含的租金，迫使每家贷款机构的贷款价格更具竞争力。利率的降低提高了借款者的净收益，增加了他们还款的动力。因此，通过征信活动，信息在贷款机构之间传递，减少了贷款机构从关系客户中所榨取的信息租金；贷款机构也有动力去组建征信机构，实现信息共享，保证信息在贷款机构之间传递。

3. 产生违约披露的纪律约束

即使没有掠夺行为，贷款机构之间也存在共享借款者信用记录的动力。因为贷款机构共享借款者的违约信息，对借款者而言会产生一种纪律约束：违约行为变成了信用较差的信号，其他贷款机构在对其放贷时会考虑到信用风险溢价，执行更高的利率，甚至拒绝贷款。为了避免这种惩罚，借款者将会更加努力偿还贷款，从而降低信贷市场的违约率和利率，增加信贷市场的贷款金额。这一机制提高了借款者的还款积极性，减少了道德风险和商业银行的损失，是贷款机构共享借款者信用信息的动力之一。

4. 避免过度借贷

借款者会同时向好几家贷款机构申请贷款，并且经常能从多家贷款机构那里获得贷款。从借款者的角度来看，保持多家贷款机构借贷关系有如下优势：一是不同的贷款机构之间相互竞争，有助于减少借贷成本；二是每家贷款机构只需承担较低的信用风险，因此在利息收取上会要求较低的风险溢价补偿；三是能够使借款者避免任何一家贷款机构突然收回贷款或降低信贷最高限额的风险，从而免于流动性冲击的风险。

站在单个贷款机构的角度看，一个借款者的风险大小依赖于贷款机构对该债权到期时该借款者的负债总额。然而，如果贷款机构不知此信息，借款者就有动机过度借贷。例如，一个借款者从两家贷款机构借款，两家贷款机构都没有告诉对方借款者从自家借出的贷款数额，假设借款者的违约概率是其负债总额的增函数，当该借款者向两家贷款机构中的一家申请贷款时，每多借一元就会减少对另一家贷款机构本金和利息偿付的概率，而另一家贷款机构却不能修改借贷合同条约来对该借款者的这种行为做出反应。因此，借款者对总负债支付的期望利息是总负债的减函数时，他就有动机过度借贷。

考虑到这种道德风险，贷款机构在发放贷款时会实行信贷配给，或者要求支付更高的利率，甚至拒绝所有的信贷申请，除非借款者有担保或条约限制负债总额。如果贷款机构达成一致协议，同意相互披露对每个借款者的贷款额度和信贷最高限额，就可以避免这种道德风险。这表明，当贷款机构共享贷款余额信息时，将会增加放款额度，并且可能会改善提供给借款者的利率条款，从而避免过度借贷。

（二）立足服务对象的征信作用分类

征信活动服务的范围很广，如金融业、电信业、公共事业、政府部门等。从这些服务对象的不同角度出发，可以总结出征信的六个作用。

1. 防范信用风险，促进信贷市场发展

随机波动理论认为，股价波动遵循随机波动规律，体现典型的马尔可夫性质，股价过去的历史和从过去到现在的演变方式与股价的未来变动不相关。但是，对于单一个体而言，人类行为在很大程度上具有路径依赖的特点，预测一个人未来行为的最好方法是看其过去的表现，这一点成为社会信用体系建设的理论基础。

如果银行不了解企业和个人的信用状况，为了防范风险，就会采取相对紧缩的信贷政策。通过征信活动，查阅被征信人以前的信用记录，商业银行能够比较方便地了解企业和个人的信用状况，可以采取相对灵活的信贷政策，扩大信贷范围，特别是对缺少抵押品的中小企业、中低收入者等边缘借款者。

2. 服务其他授信市场，提高履约水平

现代经济的核心是信用经济。授信市场包含的范围非常广泛，除银行信贷外，还包括大量的授信活动，如企业和企业（多以应收账款形式存在）、企业和个人（各种购物卡、消费卡等）、个人与个人（借款）之间的授信活动，一些从事授信中介活动的机构，如担保公司、租赁公司、保险公司、电信公司等在开展业务时，均需要了解受信方的信用状况。

征信活动通过信息共享、风险评估等手段将受信方的信息全面、准确、及时地传递给授信方，有效揭示受信方的信用状况，采用的手段有信用报告、信用评分、资信评级等。

3. 加强金融监管和宏观调控，维护金融稳定

通过征信机构强大的征信数据库，收录工商登记、信贷记录、纳税记录、合同履约、民事司法判决、产品质量、身份证明等多方面的信息，以综合反映企业或个人的信用状况。当从更为宏观的角度进行数据分析时，则可以整合出一个企业、一个行业甚至一个国家整体的信用风险状况。因此，按照不同的监管和调控需要，对信贷市场、宏观经济的运行状况进行全面、深入的统计和分析，可以统计出不同地区、不同金融机构、不同行业、不同机构、不同人群的负债、坏账水平等，为加强金融监管和宏观调控创造条件。

征信对监管者的帮助主要有两方面：一是监控总体信贷质量，测试银行是否满足监管要求（尤其是满足巴塞尔协议要求）。二是通过整体违约率的测算来判断经济目前所处的周期。例如，某些国家的监管机构就利用征信数据库来测算商业银行的资本金要求、总体风险构成等，作为对商业银行进行监管依据的补充。

4. 服务其他政府部门，提升执法效率

征信机构在信息采集中除了采集银行信贷信息，还依据各国政府的政府信息、公开

的法规采集大量的非银行信息，用于帮助授信机构进行风险防范。在这种情况下，当政府部门在执法中需要征信机构提供帮助时，可以依法查询征信机构的数据库，或要求征信机构提供相应的数据。

征信活动可以使政府在依法行政过程中遇到的信息不对称问题得到解决，为政府部门决策提供重要依据。这些依据主要是通过第三方反映出来的，信息的准确性比较强，有效地提高了执法效率。

5. 有效揭示风险，为市场参与各方提供决策依据

征信机构不仅通过信用报告实现授信市场信息共享，而且会在这些客观数据的基础上通过加工而推出对企业和个人的综合评价，如信用评分等。这些评价可以有效反映企业和个人的风险水平，有效减少授信市场参与各方的信息不对称问题，从而有助于参与方做出更好的决策。

根据学者的研究，这些综合评价主要有两个作用：第一是信息传递作用，将这些综合评价提供给市场，市场根据这些综合评价所处的信用区间，对受信方的信用状况做出一个整体的评价；第二是证明作用，满足一定门槛的信用评分，往往成为监管者规定取得授信的条件之一。

6. 提高社会信用意识，维护社会稳定

在现代市场经济中，培养企业和个人良好的社会信用意识，有利于提升宏观经济运行效率。但是，良好的社会信用意识并不是仅仅依靠教育和道德的约束就能够建立的，在制度建设上必须有完备的约束机制。有些国家国民的社会信用意识和遵纪守法意识比较强，主要是靠完善的制度约束实现的，当制度约束缺失时，国民的社会信用意识和遵纪守法意识也会面临挑战。

征信在维护社会稳定方面也发挥着重要的作用。实践表明，不少企业和个人具有过度负债的冲动，如果不加约束，可能会造成企业和个人债务负担过重，影响企业和个人的正常经营和生活，甚至引发社会问题。一些西方国家建立公共征信机构的目的之一就是防止企业、个人过度负债，维护社会稳定。在我国，征信活动有助于金融机构全面了解企业和个人的整体负债状况，从制度上防止企业和个人过度负债，有助于政府部门及时了解社会的信用变动状况，维护社会稳定。

综上所述，正是因为征信有助于实现信息共享，提高对交易对手风险的识别效率，所以，征信在经济和金融活动中具有重要的地位，构成了现代金融体系运行的基石，是金融稳定的基础，对于建设良好的社会信用环境具有非常深远的意义。

案例分析

个人征信记录会影响贷款审批

案例：

有两个客户（李先生和张先生）通过蜜蜂优借（融资规划服务平台）申请银行贷

款，这两个人在个人资质方面几乎一模一样：都是A企业员工，薪水层级接近，拥有房产，因为同住一个小区，故房产估值也相差不多。两人都申请房屋抵押贷款，额度要求50万元，因为两人资质不错，所以贷款都很快批下来了，但结果却大相径庭。

李先生的审批情况为额度50万元，年利率5.45%，符合其贷款额度需求，同时利率也较低；而张先生审批情况为额度30万元，年利率10.86%，不但额度没到达需求，而且利率还高出其同事一倍。

之所以相同资质的两个人，审批情况大相径庭，原因在于两人的征信报告有差异。李先生的征信报告没有任何问题；而张先生的征信报告就出现了问题，他的信用卡有多次逾期还款记录。

分析：

征信记录好比信息主体的一张经济身份证，一份良好的征信报告对贷款申请至关重要，若出现信用缺失或者信用污点将会影响贷款审批。有信用污点的信息主体，其逾期违约率较高，授信机构会要求更高的风险溢价，即提高贷款利率。此外，授信机构还会配合采取其他风控措施，如增加首付比例、增加抵押物、降低授信额度、改变还款方式等。信用记录成“黑户”的人，甚至会被拒贷。

概括而言，个人信用报告中有不良记录，会对个人生活产生以下影响：

(1) 导致未来的融资、担保被拒绝，包括但不限于申请房贷、车贷、经营贷款、公司贷款、信用卡等，以及为他人提供担保。

(2) 申请参加公务员考试、竞聘金融机构高级管理人员，或其他对信用要求较高的职业、岗位时，会被拒绝。

(3) 租房、商务合作时，会被对方拒绝。

(4) 不良记录严重、被列入失信被执行人的，会被限制高消费，个人资产被查封(银行账户被冻结)，本人或子女出国等会被拒绝。

除此之外，还有很多负面影响，如在工作单位被区别对待、不能从事重要岗位的工作、被要求主动辞职等。

案例分析

中国-东盟跨境征信服务平台建设

案例：

随着中国与东盟国家贸易往来的日益深入，跨境企业合作不断增加，企业对跨境合作伙伴的信用信息需求日益增长。然而，市场上沉淀的大量企业信用数据资源尚未得到有效开发利用，金融机构难以全面了解企业的信用状况。为了解决这一问题，广西联合征信有限公司在广西壮族自治区政府的政策支持下，建设并运营了“中国-东盟跨境征信服务平台”(简称平台)。该平台以场景为依托、大数据为基础、人工智能为手段，一定程度上解决了征信服务供给与金融投放、企业经营信息需求不匹配的难题。

通过合规的数据采集技术和数据生态合作，平台对境内多元涉企信用数据进行合法归集、整合、治理和分析，构建了企业发票、零售商户、电力、“三农”、航运等特色信用模型。通过对现有数据的整理和利用，平台将散落的数据资源转化为信用资产，为金融机构提供了全面的企业信用信息。通过与金融机构合作，平台开发了发票贷、商户贷、电力贷等多个数字金融标杆产品。同时，平台还开发了贷前准入核查、贷中大数据风控、贷后信用风险追踪等金融业务全生命周期风控产品，帮助金融机构在各个环节进行有效的风险管理。

平台还持续与国际资深信用集团及东盟国家本土信用机构开展跨境征信常态化合作，支持全球230多个国家和地区超2亿家企业信用报告的在线查询。此外，平台在国际征信市场积极尝试在数据标准和征信体系建设标准方面输出中国方案。2024年8月，首个以我国技术路线作为主要架构的海外国家级信用信息平台——老挝企业信用信息平台在万象正式上线发布，实现了老挝本土多家企业的报告查询及中国境内企业报告的在线验真。

分析：

征信系统在跨境贸易中扮演着至关重要的角色。通过提供全面、准确的信用信息，征信平台帮助金融机构和企业更好地评估合作伙伴的信用状况，降低交易风险。中国-东盟跨境征信服务平台的建设，不仅解决了金融机构难以获取跨境企业信用信息的问题，还通过大数据和人工智能技术，提升了信用评估的准确性和效率。

通过合规的数据采集和整合，平台将散落的数据资源转化为信用资产，充分挖掘了数据的价值，这不仅为金融机构提供了全面的企业信用信息，还为企业提供了更多的融资机会。通过构建特色信用模型，平台能够更精准地评估企业的信用状况，为金融机构提供更可靠的风险管理工具。

平台在国际征信市场的积极尝试，不仅提升了中国在征信领域的影响力，还为其他国家和地区提供了可借鉴的中国方案。老挝企业信用信息平台的成功上线，标志着中国在征信技术和服务输出方面取得了重要突破。这不仅有助于推动中国与东盟国家的经贸合作，还为全球征信体系的建设提供了新的思路和方向。

单元二 征信的基本流程与标准

一、征信的基本流程

征信活动可以分为两类：一类是征信机构主动去调查被征信人的信用状况；另一类是依靠授信机构或其他机构批量报送被征信人的信用状况。两者最大的区别在于前者是一种个体活动，征信机构接受客户的委托，亲自去收集调查客户的信用状况；后者是商业银行等授信机构组织起来，将信息定期报给征信机构，从而建立信息共享机制。另外，两者还有一个区别：前者评价的范围更广，被征信人的资质情况、诚信度考察、资产状况等都包括在内；后者由于是批量采集信息，因此灵活性和针对性不如前者，规律性和客观性则强于前者。两类征信方式在基本流程上是相同的，因此，在讨论流程时，可以将两者合并在一起。

（一）制订数据采集计划

能够反映被征信人信用状况的信息广泛而庞杂。为提高效率、节省成本，征信机构应事先制订数据采集计划，做到有的放矢。这是征信基本流程中的一个重要环节。一般来说，数据采集计划包括以下内容。

1. 确定采集数据项

客户使用征信产品的目的不尽相同，有的希望了解被征信人短期的信用状况，有的则是作为中长期商业决策的参考。客户的不同需求决定了数据采集的重点。征信机构要本着重点突出、不重不漏的原则，从客户的实际需求出发，确定所需采集数据的种类。例如，A 银行在决定是否对 B 企业发放一笔短期贷款时，应重点关注 B 企业的历史信贷记录、资金周转情况，需采集的数据项为 B 企业基本概况、历史信贷记录、财务状况等。

2. 确定采集方式

确定科学合理的采集方式是采集计划的另一重要内容。不论主动调查，还是授信机构或其他机构批量报送数据，征信机构都应采用最经济便捷的采集方式。对于批量报送数据的方式，由于所提供的数据项种类多、信息量大，征信机构应事先制定一个规范的数据报送格式，让授信机构或其他机构按照格式报送数据。

3. 其他事项

在实际征信过程中，如果出现特殊情况，或发生突发状况，征信机构应在数据采集计划中加以说明，以便顺利开展下面的工作。

（二）采集数据

数据采集计划完成后，征信机构应依照计划开展数据采集工作。数据一般来源有已公开信息、征信机构内部存档资料、授信机构等专业机构提供的信息、被征信人主动提供的信息、征信机构正面或侧面了解到的信息等。出于对采集数据真实性和全面性的考虑，征信机构可通过多种途径采集信息，但这并不意味着数据越多越好，要兼顾数据的可用性和规模，在适度的范围内采集合适的数据。

（三）核实与处理数据

征信机构收集到的原始数据，经过校验核实和处理后，数据质量与形式均满足要求，才可进行后续的建模与分析。

1. 数据校验查证

数据校验查证是保证征信产品真实性的关键步骤。数据校验查证的主要内容有以下几点：一查数据的真实性。对于存疑的数据，征信机构可以通过比较不同渠道采集的数据，来确认正确的数据。当数据来源唯一时，可通过二次调查或实地调查，进一步确定数据的真实性。二查数据来源的可信度。有的被征信人为达到不正当目的，可能向征信机构提供虚假信息。如果发现这种情况，征信机构除及时修改数据外，还应记录该被征信人的“不诚信行为”，作为以后业务的参考依据。三查缺失的数据。如果发现采集信息不完整，征信机构可以依据其他信息进行合理推断，从而将缺失部分补充完整。四是被征信人自查，即异议处理程序。当被征信人发现自己的信用信息有误时，可向征信机构提出申请，修正错误信息或提交异议声明。

2. 数据处理

在数据处理环节，通过个人数据配对处理和数据库技术，对数据进行筛选、转化、加工和清洗。数据处理的目的是将数据格式标准化，方便信息的使用和传播。批量数据的处理往往与校验查证同时进行。

（四）分析数据

在数据核实处理的基础上，建立评分模型，运算得出特征变量、信用评分等，为后续撰写信用报告提供结论性数据。

1. 信用评分

信用评分是个人征信活动中最核心的数据分析手段之一，它运用先进的数据挖掘技术和统计分析方法，通过对个人的基本概况、信用历史记录、行为记录、交易记录等大量数据进行系统的分析，挖掘数据中蕴含的行为模式和信用特征，捕捉历史信息和未来信用表现之间的关系，以信用评分的形式对个人未来的信用表现做出综合评估。

2. 其他数据分析方法

对征信数据进行分析，还有其他许多方法，主要是借助不同的统计分析方法对征信数据进行多方位分析，并将分析获得的综合信息用于不同的目的，如市场营销、决策支持、宏观分析、行业分析等领域。使用的统计方法主要有关联分析、分类分析、预测分析、时间序列分析、神经网络分析等。

（五）形成信用报告

征信机构完成数据采集后，根据收集到的数据和分析结果，加以综合整理，最终形成信用报告。信用报告是征信机构工作的结晶，既体现了征信机构的业务水平，也是客户了解被征信人信用状况、制定商业决策的重要参考。因此，征信机构在形成信用报告时，必须贯彻客观性、全面性的原则。所谓客观性，指的是信用报告的内容完全是真实客观的，没有掺杂征信机构的任何主观臆断。基于全面性原则，征信报告应充分披露任何能够体现被征信人信用状况的信息。但这并不等于长篇大论，一份高质量的信用报告应言简意赅、重点突出，使客户能够一目了然。

二、征信标准

（一）征信标准的概念与分类

1. 征信标准的概念

征信标准是指为了规范征信机构的业务活动，形成良好的行业秩序，解决信用信息征集及应用中的问题而制定的，供征信行业共同遵守的一种制度规范。它是征信行业在信用信息采集、处理、加工和使用过程中处理实际问题的依据和准则。

2. 征信标准的分类

按照制定主体的不同，征信标准可以分为企业标准、行业标准、国际标准、国家标准、地方标准。

企业标准是由征信机构制定的在其内部使用的标准，如邓白氏的编码标准。行业标准是指由征信管理部门、征信行业协会制定或者采纳并公开发布的标准。国际标准是指由国际或区域性标准化组织、经济金融组织制定和颁布、在全球范围或特定地区适用的征信标准。国家标准是指由国家征信标准化机构制定并公开发布，在全国使用的征信标准。地方标准是指对于没有相应国家标准和行业标准，在省、自治区、直辖市范围内统一制定和实施的征信标准。

（二）国外征信标准

1. 国外个人征信标准

征信业是一个新兴行业，在国际标准化组织中并没有与之相对应的技术委员会。由于征信的发展与金融、网络通信技术和信息技术的发展有着密切关系，国外征信行业标准的制定绝大多数采用了世界上通用的信息技术、网络安全标准以及金融领域的标准。

美国消费者数据行业协会（Consumer Data Industry Association，CDIA）成立于1906年，是美国的消费者信用报告行业协会，曾颁布消费者信用报告的标准，并且参与起草了美国信用管理专业法律。目前，CDIA有超过140个会员，包括益博睿、艾克飞、环联三大征信机构，以及其他的地方征信机构、房屋贷款风险管理公司和商账追收公司等。CDIA以消费者为中心，为旗下会员提供信用报告、抵押贷款报告、租户和就业筛选，以及欺诈验证等服务。CDIA是美国征信数据生产最为集中的行业组织之一，每年销售的信用报告数量巨大。

在美国三大征信机构的支持下，CDIA曾与美国联邦贸易委员会一同制定了《数据报送资源指南》，对信用交易数据的报送做出了若干原则性的规定。按照要求，数据提供机构必须确保数据的准确、完整和及时。数据报送的内容必须满足《公平信用报告法》和《平等信用机会法》等法律的要求。

《数据报送资源指南》还设计了征信数据的采集格式 Metro 2，为美国的数据处理和提供机构制定了一个标准的数据处理格式。按照 Metro 2 的要求，数据提供机构必须以消费者账户为单位报送消费者的信用交易数据，包括基本数据和账户交易数据。

2. 国外企业征信标准

征信标准起源于企业征信标准。随着经济全球化程度的提高和通信技术的发展，一些大型的征信公司开始出现。为了完善全球服务网络，大型征信公司建立了庞大的全球信息数据库。这些信息数据库之间为了实现互联互通和信息共享，在公司内部对信息采集格式制定了统一规范，这便是企业征信标准的雏形。

一些大的征信公司在一些行业特色较强的领域提出了自己的标准。邓白氏编码（DUNS number）是全球企业征信巨头邓白氏公司编制的企业身份识别系统。

邓白氏编码是一个 9 位数字全球编码系统，广泛应用于企业识别、商业信息的组织及整理，可以帮助识别和迅速定位全球多家企业的信息。它是国际认可的标准企业身份标识，邓白氏编码已经被国际标准化组织（ISO）等全球最有影响力的标准定制机构、多家全球行业及贸易机构，以及美国、澳大利亚等国承认、推荐或是要求使用。它是全球大型企业的管理规范，很多企业都通过各种方式将邓白氏编码嵌入内部运作系统和流程，对其业务伙伴的信息进行管理。它是识别家族关联企业的关键，是成功建立企业族系树的关键，同一企业在各地的实体都有自己的邓白氏编码，通过邓白氏编码可将全球超 1 亿家企业的母公司和子公司、总部和分公司链接组成族系树。

邓白氏编码的具体应用包括：帮助消除用户档案中的重复；同电子数据交换系统和条形码直接对应；对与某项生意有关的发票、采购、付款、货运、报关等进行鉴定；将供应商联系起来，增强企业的采购功能。邓白氏编码的企业“家谱”功能，包括同编码下的各地公司、公司的子母关系、总部、独立法人资格的子公司、非独立法人资格的分公司、企业部门等关系均可查证。

DUNS 编码
加速海关通关

（三）我国征信标准

我国征信业起步于商业银行信贷信息共享，征信业与金融业关系密切，征信标准化活动被归类至金融标准化范畴。因此，我国征信标准的制定、组织、管理活动都是在全国金融标准化技术委员会（以下简称金标委）的统一指导下开展的。

金标委是经国家标准化管理委员会授权，在金融领域内从事全国性标准化工作的标准化组织，负责金融业标准化技术归口管理工作和国际标准化组织中银行与相关金融业务标准化技术委员会的归口管理工作，如图 1 - 1 所示。国家标准化管理委员会委托中国人民银行对金标委进行领导和管理。

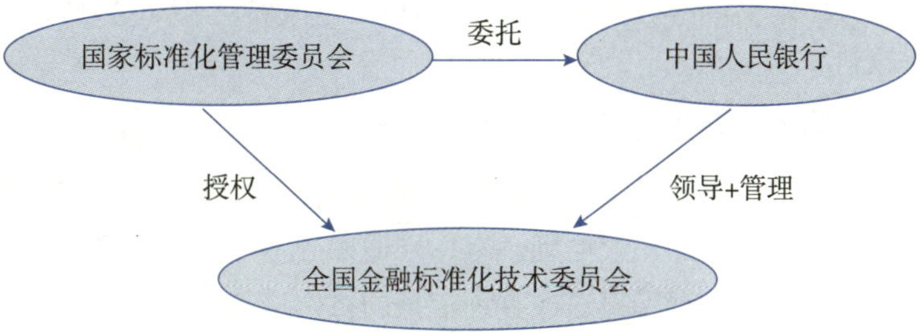

图 1-1 我国征信标准的制定与管理机构

中国人民银行征信管理局于 2005 年启动征信标准化工作，现已发布 9 项征信标准，主要为行业标准。

1.《征信数据元 数据元设计与管理》

该标准规定了征信数据元的基本概念和结构、征信数据元的表示规范以及设计规则和方法等，并给出了征信数据元的动态维护管理机制。该标准适用于与征信业务有关的机构进行数据元设计与管理，并为建立征信数据元的注册与维护管理机制提供指导。

2.《征信数据元 个人征信数据元》

该标准规定了与个人征信业务有关的机构使用的数据元。该标准适用于从事个人征信业务的机构与相关机构间的个人征信信息交换与共享。

3.《征信数据元 信用评级数据元》

该标准规定了与信用评级有关的数据元。该标准适用于对信用评级机构及金融机构内部评估系统的评级结果进行质量评价，以及相关机构间的信用评级信息交换与共享。

4.《征信数据交换格式 信用评级违约率数据采集格式》

该标准规定了信用评级违约率数据采集业务中对数据的要求、数据采集对象和来源、数据采集指标体系、数据采集报文的结构以及数据采集流程和方式。该标准适用于从事信用评级违约率数据采集业务的机构与相关数据报送机构间的信用评级违约率数据的交换与共享。

5.《信贷市场和银行间债券市场信用评级规范 第 1 部分：信用评级主体规范》

该标准规定了在信贷市场和银行间债券市场从事信用评级的机构进入和退出该市场的程序、从事信用评级业务的基本原则及要求。该标准适用于信贷市场和银行间债券市场中从事信用评级业务的主体。

6.《信贷市场和银行间债券市场信用评级规范 第 2 部分：信用评级业务规范》

该标准规定了信用评级业务中信用评级程序、信用等级符号及含义、信用评级报告内容等。该标准适用于信用评级机构进行信用评级时的业务操作。

7.《信贷市场和银行间债券市场信用评级规范 第 3 部分：信用评级业务管理规范》

该标准规定了开展信用评级业务准则、信用评级的跟踪与检验、信用评级业务的质量检查和信用评级业务数据的管理与统计等内容。该标准适用于信用评级市场信用评级业务的管理和控制。

8.《金融信用信息基础数据库用户管理规范》

本标准规定了金融信用信息基础数据库管理员用户、数据报送用户、查询用户、异议处理用户等各类用户管理的一般原则。本标准适用于金融信用信息基础数据库运行机构、向金融信用信息基础数据库报送或查询信息的机构进行用户设置与管理，并为各类机构建立内部审计和培训机制提供指导。

9.《征信机构信息安全规范》

本标准规定了不同安全保护等级征信系统的安全要求，包括安全管理、安全技术和业务运作三个方面。本标准适用于征信机构信息系统的建设、运行和维护，也可作为各单位开展安全检查和内部审计的安全性依据。接入征信机构信息系统的信息提供者、信息使用者也可参照与本机构有关的条款执行，本标准还可作为专业检测机构开展检测、认证的依据。

小贴士

征信数据元

征信数据元是征信领域内反映被征信人的特性及信用状况的数据单元，是通过定义、标识以及允许值等一系列属性描述的不可再分的最小数据单元，如借款人名称、登记注册类型、登记注册号、还款日期、还款方式等都是通过一系列属性进行描述的征信数据元。

单元三 征信体系

一、征信体系的含义

征信体系是指由与征信活动有关的法律规章、组织机构、市场管理、文化建设、宣传教育等共同构成的一个体系。构建征信体系的目的在于构建完善的制度，保护信息主体权益，促进征信业健康发展。征信体系的主要功能是为信贷市场服务，同时具有较强的外延性，也服务于商品交易市场和劳动力市场，征信体系建设也逐渐上升为社会信用体系建设的范畴。

二、征信体系的主要内容

从当前各国的理论构架和实践体系来看，征信体系主要包括征信法律法规、征信机构、征信行业监管、征信行业标准、征信市场、征信教育与科研六个方面。

（一）征信法律法规

征信法律法规是指直接或间接与征信行为和征信机构有关的法律法规。完整的征信法律法规体系一般包括两部分：一是关于征信业管理的法律法规，其调整对象是征信机构和全社会的征信活动，主要目的是依法规范征信机构运行及其管理，促进征信业健康发展；二是关于政务、企业信息披露及个人隐私保护的法律法规，其调整对象是政府部门、企业和个人，主要目的是提高信息透明度、实现信息共享，保护企业的商业秘密和个人隐私不受侵害。在征信发达的国家，征信的法律法规体系一般由十几部甚至几十部法律法规组成。

（二）征信机构

征信机构是指依法设立的，独立于信用交易双方的，专门收集、整理、加工和分析企业和个人信用信息资料，并为用户提供信用报告和其他征信服务，帮助客户判断和控制信用风险的机构。征信机构的范畴还可以扩大到其他各类信用管理行业，如资信评级、商账追收、信用管理咨询等机构。

根据经营业务不同，征信机构可分为个人征信机构、企业征信机构、信用评级机构以及其他信用信息服务机构。

1. 个人征信机构

个人征信机构是指以个人信用信息为主要采集对象，提供个人信用报告及其他调查服务的专业机构。其产品主要包括消费者征信数据、信用调查报告和个人信用评分。个人征信机构的业务操作包括个人信用信息采集、数据处理、信用记录和信用档案的建立和维护、信用价值评价、个人征信报告分析等。

小贴士

个人征信机构提供小微企业信用信息

一直以来，个人征信机构主要采集个人信息。近年来，越来越多的个人征信机构开始采集小微企业的信用信息，并提供信用报告。个人征信机构通常把小微企业与业主的信用评估结合起来，因为小微企业往往不会公开自身财务信息，且业主经常把个人财务和企业财务混在一起，所以业主的信用记录是评估小微企业信用风险的重要参考因素。这在一定程度上解决了小微企业融资难的问题，对一些从未与银行发生过信贷关系的小微企业而言，个人征信机构帮助其拓宽了征信信息来源，并在没有银行信贷记录的情况下为其建立起信用档案。

2. 企业征信机构

企业征信机构是指以个人独资企业、合伙企业和公司制企业的信用信息为采集对象，通过公共渠道、直接调查等方式获取信息，分析被征信企业信用状况，帮助征信需求方进行风险管理和营销策划的专业机构。企业征信机构所覆盖的企业在规模和经营收入上一般要小于信用评级机构所覆盖的企业，其采集的信息一般用于信用风险评估或贸易信用展期等用途。

3. 信用评级机构

信用评级机构是依法设立的从事信用评级业务的专业机构，是金融市场上重要的服务性中介机构，它是由专门的经济、法律、财务专家组成的对证券发行人和证券信用进行等级评定的机构。

证券信用评级的主要对象为各类公司债券和地方债券，有时也包括国际债券和优先股票，普通股股票一般不作评级。普通企业征信机构提供的信用调查报告不向社会公开，仅供委托人决策参考，而信用评级机构提供的信用评级报告主要向社会公众公开，为公众决策提供参考。

知识链接

关于证券评级的重要规定

《信贷资产证券化试点管理办法》规定，资产支持证券在全国银行间债券市场发行与交易应聘请具有评级资质的资信评级机构，对资产支持证券进行持续信用评级。

4. 其他信用信息服务机构

除上述征信机构外，征信市场上还活跃着被归类为数据服务商或信用服务公司的其他信用信息服务机构。例如，Credit Karma 在美国通常不算作征信公司。

有的国家将征信机构定义为收集或评估消费者信用信息，并向第三方机构提供信用报告（consumer report）的机构，其信用报告用于消费信贷、保险、雇佣及其他交易活动的资格评估。有人会将数据服务商（data broker）定义为通过多种渠道收集消费者信息，加工处理后出售给信息使用者的机构，其数据产品用于营销、反欺诈等目的。随着业务多元化发展，二者的业务多有交叉，数据服务商往往以数据挖掘等金融科技为业务支撑，因此也常被业界归类为新兴征信服务公司。

（三）征信行业监管

征信行业涉及众多企业与个人的信用信息，责任巨大。征信行业是一个新兴行业，需要受到规范，因而有必要设立专门的部门，监督与规范征信业的发展。

《征信业管理条例》第三十三条规定："国务院征信业监督管理部门及其派出机构依照法律、行政法规和国务院的规定，履行对征信业和金融信用信息基础数据库运行机构的监督管理职责，可以采取下列监督检查措施：（一）进入征信机构、金融信用信息基础数据库运行机构进行现场检查，对向金融信用信息基础数据库提供或者查询信息的机构遵守本条例有关规定的情况进行检查；（二）询问当事人和与被调查事件有关的单位和个人，要求其对与被调查事件有关的事项作出说明；（三）查阅、复制与被调查事件有关的文件、资料，对可能被转移、销毁、隐匿或者篡改的文件、资料予以封存；（四）检查相关信息系统。进行现场检查或者调查的人员不得少于2人，并应当出示合法证件和检查、调查通知书。被检查、调查的单位和个人应当配合，如实提供有关文件、资料，不得隐瞒、拒绝和阻碍。"

（四）征信行业标准

制定征信技术标准，指导征信机构规范业务流程，为系统实现互联互通、信息共享及信息安全奠定基础。征信行业标准的主要内容包括信息标识标准、信息分类及编码标准、网络通信标准等。

（五）征信市场

征信市场是生产与交换征信产品和服务的各种关系的总和，是征信机构提供征信服务的目标市场，主要由征信服务、征信对象和信息源单位组成。一个积极的、有效的征信市场，是构建征信体系的关键，需要政府政策的支持、民众信用意识的提升以及宣传广度与深度的拓展。

（六）征信教育与科研

根据相关组织的测算，我国已经步入了信用经济的时代。我国征信行业迈入了规范发展与创新融合的阶段，需要大量的征信人才去发展征信市场和支撑征信理论研究。这也就需要我国的高校建立完善的征信人才培养体系。

案例分析

企业征信助力绿色金融

案例：

在绿色金融政策推动下，部分企业征信机构尝试开发了基于多源数据的绿色金融模型，通过数据要素驱动绿色产业识别与信用评估，解决中小微企业融资难题。以某地征信为例，该地征信联合百望云（一家票财税融一体化解决方案服务商），研发了依托合规授权的发票数据，整合企业工商、税务、社保及交易流水等异构数据，结合人工智能技术的动态征信模型。该模型每月处理千万家企业发票，实时清洗并匹配绿色产业关键词；每日接入约 10GB 征信数据，通过分布式存储与计算实现企业信用记录实时打标；通过区块链技术增强数据可信度，降低交易成本。模型的运用促进了相关绿色金融产品创新，识别绿色贷款项目的精准度有了大幅提升，帮助中小微企业获得低息贷款，缓解了融资难问题。

分析：

征信模型创新对助力绿色金融发展意义深远。本案例中，征信机构突破传统财务指标限制，融合非结构化数据与动态交易行为，构建多维度信用评分模型。这一模型依赖于人工智能 NLP 技术来分析发票文本中的绿色产业关键词，并结合供应链交易频率来评估企业绿色资质。基于 TF-IDF 算法匹配《绿色产业指导目录》可以确保数据标签的一致性。应用这一系列技术与模型，可实现发票与交易流水交叉验证，从而确定资金真实用途，这在一定程度上识别了绿色项目的“漂绿”风险。本案例表明，现代征信需融合大数据和人工智能技术，方能应对绿色经济与数字经济的双重挑战。

模块小结

本模块介绍了征信的概念、由来，以及征信的一系列作用。

征信业务的顺利开展需要遵循真实性、全面性、及时性和隐私保护的原则。征信的基本流程可以概括为制订数据采集计划、采集数据、核实与处理数据、分析数据、形成信用报告。

同步练习

一、判断题

将各家银行的信息汇集，保证借款者的信息能够及时传递到信贷市场，有助于降低各家贷款机构的信息优势和隐含的租金，迫使每个贷款机构的贷款价格更具竞争力。（　　）

二、单选题

1. 征信机构应基于第三方立场提供被征信人的历史信用记录，不对信用报告的内容妄下结论，在信用报告中要摒弃虚伪偏袒的成分，以保持客观中立的立场，这体现的是征信的（　　）原则。

A. 真实性　　B. 全面性

C. 及时性　　D. 隐私保护

2. （　　）是信贷交易在信息不对称情况下发生的问题，不良贷款风险往往来自那些积极寻找贷款的人，征信可以使授信机构在贷款审批环节避免信息不对称，化解逆向选择风险。

A. 道德风险减轻　　B. 逆向选择减轻

C. 道德风险增加　　D. 逆向选择增加

三、简答题

1. 什么是征信?

2. 简述征信的基本流程。

模块二 国外征信市场与机构

学习目标

1. 了解美国征信市场发展历程
2. 掌握美国征信市场以市场为主导的发展模式，了解美国的征信机构
3. 熟悉欧洲征信市场以政府为主导的发展模式
4. 熟悉日本个人征信市场以行业协会为主导的发展模式

素养目标

培养辩证思维，了解各国不同历史文化背景下不同的征信模式，用辩证的思维和发展的眼光看待征信模式的选择

AI提示词

征信市场发展模式	益博睿	邓白氏
公平信用报告法	专业征信机构	征信服务公司
普通企业征信机构	资本市场征信机构	法兰西银行

学习指导

本模块介绍国外征信市场的发展模式，美国、法国、德国、日本等国家的主要征信机构。感兴趣的读者可以参阅相关文献资料，了解各国征信机构的特色与历史。

单元一　美国征信市场与机构

一、美国征信市场发展历程

美国征信行业现在已经形成了较为成熟完备的运作模式、法律体系和监管机制，其发展大体经过了萌芽初创期、快速发展期、法律完善期、兼并整合期、稳定成熟期等五个阶段。

（一）萌芽初创期

这一时期为 19 世纪中期至 20 世纪 20 年代末。这一时期为美国资本市场发展初期，大规模的工业发展吸引了众多投资者，由此产生了对企业征信的市场需求。1841 年，刘易斯注册了美国首家征信事务所，并逐渐发展为企业征信领域中最具影响力的公司——邓白氏（Dun & Bradstreet）集团。

此外，消费信用也悄然兴起。1860 年，美国第一家个人信用局在美国纽约布鲁克林成立。这一时期美国征信行业的特点是非营利，信贷主体以零售商为主。

（二）快速发展期

这一时期为 20 世纪 30 年代至 20 世纪 60 年代末。20 世纪 20 年代末，世界经济危机爆发，信用违约率不断上升，美国政府为控制信用风险，制定了一系列政策进行引导，促使征信机构不断涌现。

二战后，美国经济持续快速增长，居民消费水平提升，信贷需求激增，零售服务信用迅速发展，消费信用开始走进千家万户，这些因素叠加起来，驱动征信市场快速发展。在这个阶段，征信机构开始收费。从市场范围来讲，大多数仍为区域性公司。

（三）法律完善期

这一时期为 20 世纪 70 年代至 20 世纪 80 年代初。这一时期是美国征信行业最为重要的时期，关于征信的法律相继出台，对征信需求方、授信方、消费者和行业自身进行了全方位立法，形成了以《公平信用报告法》为核心的法律体系，为征信市场的健康发展奠定了坚实基础。同时，信用卡业务不断发展，VISA 等银行卡联盟相继诞生，逐渐出现全国性金融机构，促进了消费信贷的发展，并对个人信息甄选产生巨大需求，为征信行业爆发性成长注入强大动力。

（四）兼并整合期

这一时期为 20 世纪 80 年代至 20 世纪末。20 世纪 60 年代末，美国征信公司数量超

2 000 家。到 20 世纪 80 年代，受到互联网信息技术兴起、全国性银行大规模整合等外力驱动，征信行业进入残酷的洗牌和整合期，小规模或区域性的公司成为被并购的对象，数量逐渐减少为 20 世纪末的 400 家左右，并逐渐出现全国性的征信巨头。

环联于 1988 年开始提供个人征信服务，在并购多家地方征信局后，成为美国三大征信巨头之一。1997 年美国服务业普查数据显示，规模前四位的征信公司的收入总和占整个行业总收入的 50%以上。

（五）稳定成熟期

这一时期为 21 世纪初至今。美国个人征信市场已经形成益博睿（experian）、艾克飞（Equifax）、环联（Trans Union）三足鼎立的稳定格局，各地小型征信机构则依附于三家巨头开展业务；而美国企业征信市场则被邓白氏完全掌控。总体上，以上四家征信巨头营业收入约占美国征信市场的 70%。

在这一时期，美国征信行业的特点是专业化和全球化。美国征信机构在业务上不断扩展，不再是仅仅依靠提供征信查询服务获取收入，而是创新产品，提供多样化增值服务，开放更多元的征信应用。同时，加快拓展海外市场，积极进行海外布局，并逐渐在全球征信领域中占据领先地位。

二、美国征信市场发展模式

（一）美国征信机构的市场化业务

美国作为全球征信行业发展最成熟的国家之一，无论是个人征信，还是企业征信，都采用市场化运作模式，政府和联储仅扮演监管者的角色。正是基于此模式，美国征信行业才极具活力，拥有全球最大的市场规模。

美国的征信机构均独立于政府和联储之外，按照纯市场化的方式运作。最有影响力的三大个人征信机构益博睿、艾克飞、环联和企业征信机构巨头邓白氏，都由私营部门创立，直接参与市场竞争并以营利为目的。这些征信机构获取信息需要向信息提供者支付费用，而信息使用者使用信息则需要向征信机构付费。

美国征信服务覆盖各行各业。美国征信机构注重产品的多元化和丰富性，并且广泛开拓客户领域。具体说来，不仅向金融行业提供信用报告、信用评分等基础征信服务，还向政府、教育、医疗、保险、电信等其他行业提供市场营销、决策分析、人力资源、商业信息平台等信用衍生服务。目前，美国征信机构来自传统金融行业的收入占比已不足 50%。

（二）美国征信法律法规与监管模式对市场化运作的支持

美国的征信立法保证了美国征信市场的市场化运作。美国征信法律的立法目的有别于其他经济发达国家和国际公约。美国《公平信用报告法》注重维护公正、有效的信用征集系统，而个人隐私保护居于第二位。经济合作与发展组织（经合组织，OECD）于1980年制定的《个人数据的隐私保护和跨国界流动的指导原则》提出了数据征集有限原则，即任何个人数据征集必须合法公正，并且在数据主体同意的情况下进行。大部分国家都遵循此项国际公约，但美国例外。在美国，是否有权获取数据取决于是否有"合理目的"，而不取决于是否有本人许可。因为美国认为，在数据采集和使用过程中，过多、过严的限制不利于征信行业的发展。

美国以多部门共同监管为主、行业协会自律为辅的监管格局规范了美国征信市场的市场化运作。美国的征信立法在于保护信用消费者权益，明确政府管理部门职能并建立失信惩戒机制，这些内容分散在不同的法案中，因而美国政府并未设立专门类似征信管理局之类的征信监管机构，而是通过立法或自然分配的形式将监管职能分配至相关部门，由多部门共同监管。根据法案授权，其信用法案的执行和监管机构可以分为银行系统和非银行系统两类。银行系统的执法机构包括财政部货币监理署、联邦储备系统和联邦储蓄保险公司，主要监管商业银行的信贷业务。非银行系统的执法机构包括联邦贸易委员会、国家信用联盟管理办公室、储蓄机构管理局等，主要监管征信和追账行为。此外，美国《多德-弗兰克法案》加强了证券交易委员会对信用评级机构的监管，准许证券交易委员会在内部成立信用评级办公室，对全国认定的评级组织进行监管，赋予证券交易委员会规则制定权。同时，联邦储备委员会内设立了一个全新的、独立的联邦监管机构——消费者金融保护局，管理并执行针对消费者金融监管的联邦管理制度。

总之，美国完全市场化模式能够高效运转的基础，在于完善的监管和法律制度。在市场化模式下，政府监管主要体现在制定和细化征信相关法律规范方面，行政手段相对弱化。

英国、加拿大等也采用市场主导的征信模式。

三、美国个人征信体系

除了业界比较知名的三大征信机构，美国还有为数众多的专业征信机构和征信服务公司。因此，美国的个人征信体系可以分为三个不同的层次。

（一）全国性征信机构

美国三大个人征信机构——益博睿、艾克飞和环联属于全国性征信机构，受美国监管机构监管，历史悠久，商业模式成熟。它们分别在不同的地域经营自己的业务，益博睿在西海岸发展，环联以北部为中心，艾克飞集中在东海岸。尽管三家征信机构的数据源有95%是相同的，覆盖了大约90%的美国人，但由于数据处理方式不同，最终的信用报告和信用评分的内容也有所不同。

三家机构在技术、价格、覆盖率、数据质量、信用风险咨询、评分服务等方面存在竞争，但在信用报告和信用评分服务方面又存在合作关系。例如，它们联合成立了一家公司用以整合三家的信用报告，进行最终销售；为了挑战费埃哲（FICO）公司对于个人信用评分技术的垄断，它们联合成立了信用评分公司，共同推出了 Vantage 信用评分。

阅读资料

益博睿（experian）

益博睿在美国和英国都是最大的个人信用信息产品供应商，是全球领先的跨国征信集团公司，建立并维护消费者和企业的信用及营销信息的综合数据库。按照“提供有分析的信息服务产品，以帮助机构和个人管理风险，并取得商业和金融决策的回报”的业务思路，益博睿将业务划分为信用服务、决策分析、营销支持和互动服务四个领域。目前，益博睿形成了包括信用信息、信用解决方案、营销信息、营销方案、消费者与商家数据信息、直接与消费者的互动服务六大板块的产品体系。

阅读资料

环联（TransUnion）

环联提供的产品包括四个方面。一是信息服务，包括营销服务、欺诈和身份管理、风险管理、追账管理，服务的市场包括汽车、账款追收、通信、金融服务、保健、保险、零售等。二是房地产服务，包括客户获取、住所信息、抵押物评估等。三是全球服务，包括发展征信基础设施的咨询服务、技术专利使用权、国际账款追收、资产登记等。四是消费者服务，包括高级信用监测和身份盗用保护产品，为金融机构提供在线及离线信用管理解决方案、营销分析和响应管理等。

（二）专业征信机构

专业征信机构提供具有行业性或其他特色的信用报告产品，以满足不同的用途和需求。这些专业征信机构往往围绕征信中的某一个局部市场开展经营，规模较小，无法和全国性征信机构竞争，其信用报告一般是满足对消费者信息更深度的查询需要。其中规模较大的机构会受到监管。

这些专业化的征信机构，面向某一个行业、某一种服务或某一种人群，聚焦于特定市场或消费者细分领域，整合多个信用数据源，给放贷者提供定制化的分析工具或信用报告。例如，支付信息征信公司（Payment Reporting Builds Credit，PRBC）是一个替代数据的专业征信机构，该机构允许消费者自己注册，通过提交自己的偿还记录，如房租、公共事业、电信缴费等信息，建立正面信用记录的信用档案。这些专业征信机构和传统的几大征信机构存在千丝万缕的联系，有的本身就是这些传统征信机构的子公司。从信息共享的角度来看，专业征信机构和传统征信机构有一些交互，互为补充，在近十年得到快速发展。

（三）征信服务公司

征信服务公司包括信用报告分销商、代理商或其他相关征信服务公司。这些征信服务公司主要服务于机构用户，提供增值产品或服务，以填补市场空白。有的分销商或代理商附属于大的征信机构，有的是独立的。分销商按批发价获取信用报告，然后更新和更正数据，再提供评分服务。有时征信服务公司进一步添加数据或合并从不同征信机构得来的报告。

代理商提供数据源（美国有许多数据提供商给征信机构提供数据），由数据挖掘公司或决策分析商，如费埃哲等提供征信技术。图 2－1 展示了美国个人征信产业链的基本框架，其中箭头方向表示数据流动的方向。随着大数据时代的到来，整个个人征信机构及其产业链上相关公司的增长速度都非常可观。

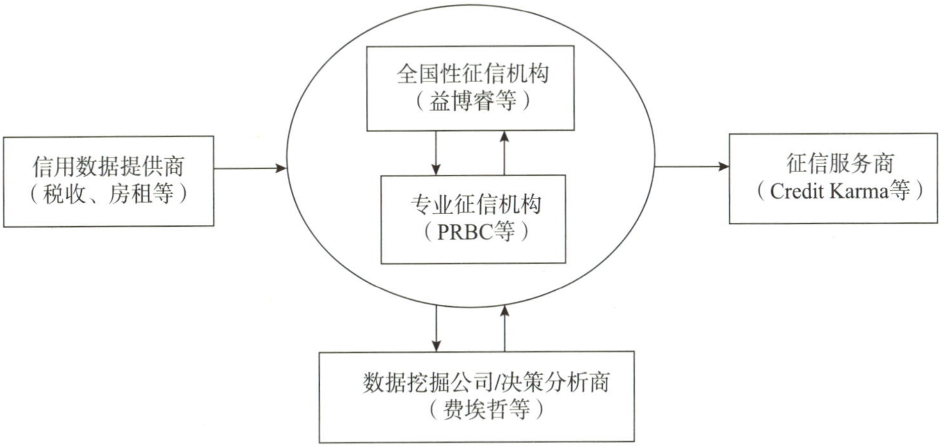

图 2－1　美国个人征信产业链的基本框架

目前，还出现了新兴的征信服务公司，它们服务于征信服务产业链的某一个环节或某类人群。

总体上，无论征信巨头还是新兴个人征信机构，无一例外都使用和加工了“数据”与“信息”，都提到自身会“运用数据改善决策”。也就是说，征信巨头和新兴个人征信机构都不只做狭义的征信，而是越来越像费埃哲，衍生出咨询公司的功能。征信机构的业务创新进一步拓宽了征信概念的内涵。

阅读资料

费埃哲

费埃哲（FICO）为美国个人消费信用评估公司。美国的个人信用评分系统主要是费埃哲推出的，FICO 评分系统也由此得名。美国人经常谈到的“你的得分”，通常指的是 FICO 评分。费埃哲跟征信巨头不同，它本身并不掌握消费者个人或企业的信用数据，而是向三大个人征信机构购买数据，以此为基础建立评分系统，并通过征信巨头售卖信用评分。可以说，三大个人征信机构既是 FICO 信用评分的原材料生产商，又是其产品经销商。

费埃哲是决策管理的领导者，FICO 评分系统使用的预测分析技术，可以帮助企业在整个组织和客户生命周期中实现决策的自动化、改进和关联性连接。FICO 评分系统能帮助客户提高盈利率、减少欺诈损失、管理信贷风险、满足监管与竞争要求，并快速获取市场份额。大多数世界领先的银行和信用卡发行机构、保险公司、零售商、医疗保险机构及其他公司都采用了费埃哲的解决方案。

阅读资料

Credit Karma

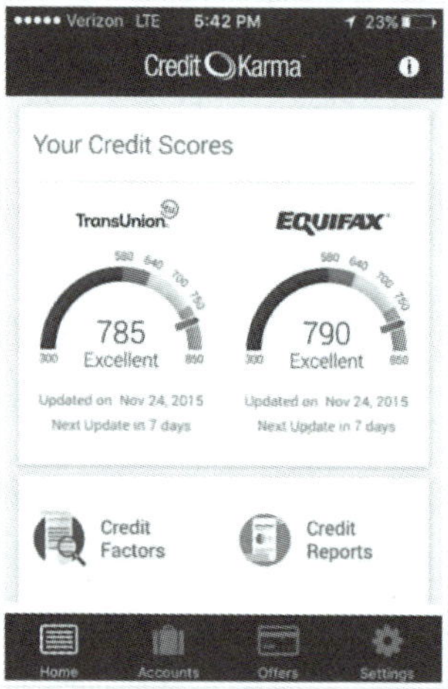

Credit Karma 和传统征信机构合作，并在某些方面对传统征信机构构成了挑战。不同于三大个人征信机构向用户收取费用的查询方式，该公司向用户提供免费信用报告和在线查询信用积分服务，同时帮助用户寻找性价比最高的金融产品，如办理信用卡、一般贷款等，并与金融机构分成获利。它更像一种全面的财务管理工具，提供信用查询只为吸引越来越多的人使用它，它是一种渠道的创新，旨在向更多的人推荐合适的服务来获取收入。

阅读资料

Zest AI

Zest AI，原名 ZestFinance，是美国一家新兴的互联网金融公司，由互联网巨头谷歌的前信息总监和金融机构 Capital One 的信贷部高级主管联合创办。其主营业务是将机器学习与大数据分析融合起来，以非银行用户享受正常的金融服务为目标，为信用评分较低或无信用评分的人群提供精准的信用评分以及信贷服务。其研发团队主要由数学家和计算机科学家组成，前期的业务主要是提供放贷服务，后来专注于提供信用评估服务，旨在利用大数据技术重塑审贷过程。

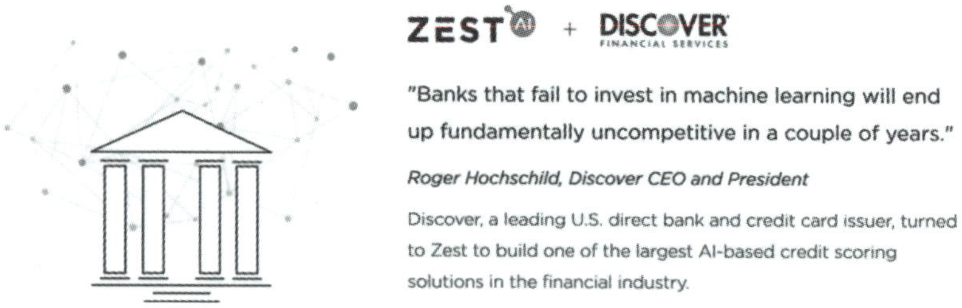

该公司的核心竞争力在于数据挖掘能力和模型开发能力，其擅长利用 10 个预测分析模型，对上万条原始信息数据进行快速分析，并得到最终消费者信用评分。该公司约为数万名客户提供服务，规模并不大，实际效果还难下定论。后来，该公司获得京东投资，成立名为 JD-ZestFinance Gaia 的合资公司，其信用模型将应用于京东金融的消费金融体系。

四、美国企业征信体系

企业征信机构包括普通企业征信机构和资本市场征信机构，普通企业征信机构主要是邓白氏，资本市场征信机构有穆迪（Moody's）、标准普尔（Standard and Poor's）、惠誉（Fitch）。

（一）普通企业征信机构

早期美国征信机构设立的初衷，是试图管理企业贸易中的信贷风险。相对于个人信用体系，企业信用体系出现得更早。美国企业信用市场目前主要被邓白氏所垄断。邓白氏成立于 1933 年，由邓氏公司（R. G. Dun&Co.）和白氏公司（J. M. Bradstreet&Co.）合并而成。在美国，企业征信机构还包括小企业金融交易所（Small Business Financial Exchange，SBFE）等。

企业征信机构通过搜集企业的信贷历史来解决商业机构和该企业之间信贷交易的信息不对称问题，也推出一些评分产品，来预测企业是否有偿还贷款的可能性。例如，邓白氏推出了还款指数评分（Paydex Score）。企业征信的非标准化，给数据的自动化和批量处理带来了很多问题，所以盈利不如个人征信。和个人征信相比，企业征信所受的监管比较宽松，对信用数据采集和服务的要求也比较低。小微企业征信和个人消费者征信的业务具有相似性，实际上三大个人征信机构都有涉足企业征信业务。

阅读资料

邓白氏

邓白氏坐落在美国新泽西州，是纽交所早期上市公司之一，拥有覆盖美洲、欧洲和亚洲的多家子公司和关联公司。邓白氏通过不同的渠道采集数据，包括公共记录、交易记录、电话供应商、电话采访、印刷品、数据和商业公开资料等。邓白氏提供的征信产品主要包括：帮助客户降低信用风险、增加现金流、提升利润实现能力的风险管理方案；帮助使用者寻找优质客户、促进业务增长的销售与市场拓展方案；使得商务专家能够更好地对公司、执行机构和各行业进行研究，便捷地定位潜在客户的电子商务方案；可以掌控来自客户供应商的现有收入，帮助使用者抵御严重的财务、操作和监管风险的供应管理方案。此外，邓白氏还有针对中小企业的信用产品和服务，如信用报告，企业信用档案的建设、维护、更新、升级、管理，新客户拓展和债务催收等产品。

（二）资本市场征信机构

资本市场征信机构，也就是信用评级机构，是金融市场上一个重要的服务性中介机构，由专门的经济、法律、财务专家组成的，对证券发行人和证券信用进行等级评定的组织。证券信用评级的主要对象为各类公司债券和地方债券，有时也包括国际债券和优先股票。

美国资本市场征信被穆迪、标准普尔、惠誉三大信用评级机构垄断。穆迪的创始人是约翰·穆迪，他在 1909 年出版的《铁路投资分析》一书中发表了关于债券资信评级的观点，使资信评级首次进入证券市场，他开创了利用简单的资信评级符号来分辨多家公司发行的债券的方法，正是这种方法才将资信评级机构与普通的统计机构区分开来，因此后人普遍认为资信评级最早始于穆迪的铁道债券资信评级。标准普尔由普尔出版公司和标准统计公司于 1941 年合并而成。标准普尔主要对外提供关于股票、债券、共同基金和其他投资工具的独立分析报告。惠誉于 1913 年由约翰·惠誉创办，起初是一家出版公司，1924 年就开始使用 AAA 到 D 的评级系统对工业证券进行评级。近年来，惠誉进行了多次重组和并购，规模不断扩大。其业务主要包括国家、地方政府、金融机构、企业和机构融资评级。1975 年，美国证券交易委员会认可上述三家公司为“全国认定的评级组织”，三家公司就此垄断了美国资本市场信用评级，进而影响国际评级行业。

单元二 欧洲征信市场

一、欧洲征信市场发展模式

欧洲各国和地区的社会背景、政治体制、法律体系以及文化环境等多方面的差异明显，因此，欧洲征信行业没有统一的组织和运营模式。目前，欧盟各成员国征信体系差异很大，有政府主导的公共征信模式，有市场主导的私营征信模式，也有兼容型征信模式。

政府主导模式由中央银行建立公共征信系统，注重法律法规的约束和行政监管的运用，征信体系设立的目的主要在于为金融机构信贷和中央银行监管提供信用信息。法国、德国、意大利等国均主要依靠国家和政府组建征信机构，其征信体系发展遵循政府主导模式。该模式有以下特点：

（1）征信机构组建：主要的征信机构由政府部门组织成立和运行。

（2）信用信息获取：商业银行等金融机构被强制性地要求定期向公共征信机构提供企业和个人的信用信息。

(3) 信息数据范围：公共征信系统的数据主要包括企业和个人的借贷信息，与市场化的征信机构相比，该系统的信息范围要窄许多，基本不搜集诸如企业地址、业务范围、所有者名称等信息。

(4) 信用信息使用：部分公共征信系统的使用需要授权，如中国人民银行征信数据库，只有被授权的中国人民银行职员或金融机构职员才能通过公共征信系统查询相关信息，其他任何人均不能在未得到授权的情况下通过该系统查询企业和个人信用状况。

二、政府主导模式的分类

在政府主导模式中，根据征信体系是否存在私营征信机构，可分为纯粹的政府主导模式和混合偏政府主导模式。

(一) 纯粹的政府主导模式

这种模式以法国为代表。法国没有私营征信机构，其征信体系是典型的纯粹的政府主导模式。法兰西银行于 1946 年组织成立了法国唯一一家征信机构，即信用服务调查中心，由其建立中央信贷登记系统（包括企业信贷登记系统和个人信贷登记系统）。法国企业征信体系（法国的企业信贷登记系统）于 1984 年开始运行，根据法律规定，所有被法兰西银行监管的单位，即商业银行、财务公司、保险公司等均必须接入企业信贷登记系统，每月报送企业客户的信用信息，经过分析和整理，反馈给各金融机构。法国个人征信体系（个人信贷登记系统）的设立源于《防止以及解决个人贷款问题的法案》。个人信贷登记系统所收集的数据主要是个人信贷信息，且只提供个人的负面信息。根据相关法律规定，银行、融资代理公司、租赁公司等金融机构都必须向个人征信系统报送个人在信贷、租赁、分期付款及信用卡等方面的逾期、拖欠或透支情况。此外，该系统还通过法院、媒体等渠道采集个人负面信息。因此法国的个人征信系统相当于一个全国性的个人贷款不良行为档案库。

除了法国，希腊、土耳其等国家的征信体系也是纯粹的政府主导模式，即征信机构均由政府监管部门出资设立，征信体系由公共征信机构构成。

(二) 混合偏政府主导模式

这种模式以德国为代表。德国公共征信系统由多个成分组成，其中以德意志联邦银行的信贷登记中心系统为核心。受 20 世纪 20 年代末世界经济危机的影响，德国经济出现衰退，出现大量坏账并且危及银行的生存。为了恢复经济，确保信贷资源的服务质量，德国政府于 1934 年建立了世界上第一个公共征信系统。德国的公共征信系统主要包括其中央银行——德意志联邦银行的信贷登记系统、地方法院工商登记簿、法院破产记录以及地方法院的债务人名单等。德意志联邦银行是德国唯一可以对金融机构行使信贷数据统计权利的机构，各类金融机构必须每月向联邦银行报送各类信贷业务数据。此外，联邦银行信贷登记中心系统还可通过信息共享机制控制银行业内部的信用风险。

不同于法国，德国有私营征信机构，主要包括从事企业与个人信用调查、信用评级、信用保险、商账追收、资产保理等业务的信用服务公司。Schufa、Creditreform、Buergel 是德国最主要的三家征信调查和评估机构，其中以 Schufa 的经营范围最为广泛，受认可程度最高。

政府主导模式和市场主导模式的主要区别体现在公共数据库和私营数据库对于信息的保有量上。包括德意志联邦银行的信贷登记中心系统在内的德国公共征信系统提供了较为全面的征信信息，市面上约 80%的征信信息来源于公共征信系统。所以说，德国的征信体系属于混合偏政府主导模式。

除了德国，意大利、西班牙等国家的征信体系也属于混合偏政府主导模式，既有公共征信机构，又有私人征信机构，但无论从信息体量，还是监管要求来看，都以公共征信机构为主导。

小贴士

欧洲其他几个国家的征信市场模式

英国、瑞士、瑞典等国家与美国相同，属于市场主导的征信市场模式，征信机构都由私人部门组建和拥有。在英国，从事个人征信业务的公司是益博睿和艾克飞。

单元三 日本征信市场

一、日本征信市场发展模式

日本的征信业起步较早，发展较为成熟。不同于市场主导征信模式和政府主导征信模式，日本采用行业协会运作的个人征信中心与市场化运作的企业征信机构并存的模式。日本征信体系的突出特点体现在行业协会运作的个人征信体系上，行业协会实行互惠互利的会员制，且行业协会在征信机构组织与监管领域发挥着重要职能。

日本征信业的发展大致可分为萌芽阶段、形成阶段、成熟阶段三个阶段。

一是萌芽阶段（19 世纪 90 年代至 20 世纪 60 年代）。这一时期成立了最早的征信公司“商业兴信所”，主要为银行提供企业资信调查。由于行业门槛较低，大量企业和个人涌入，行业呈鱼龙混杂的局面。

二是形成阶段（20 世纪 70 年代初至 20 世纪 80 年代后期）。这一阶段征信市场上寡头集中的趋势逐步显现，帝国数据银行和东京商工所这两大征信公司占据了征信市场近 70%的市场份额。个人征信业开始起步，消费信贷业协会和信用产业协会等个人信用信息中心相继成立。

三是成熟阶段（20 世纪 80 年代后期至今）。1987 年日本财政部确认几家本土评级机构为指定评级机构，将其评级结果用于监管目的，日本国内债券评级业务正式开始商业化运营。全国银行消费者信用信息中心（KSC）、株式会社日本信息中心（JIC）和株式会社信用信息中心（CIC）逐渐发展成日本个人征信市场的三大信用信息中心。至此，日本征信市场基本形成了以国内行业协会为主导，个人征信和企业征信并存的行业格局，并进入快速发展阶段。

二、日本个人征信体系

日本个人征信体系属于典型的行业协会主导模式，日本各行业协会共同出资组建会员制的个人信用信息中心，由会员单位提供自身所掌握的个人信用信息，信用信息的查询服务也仅对会员开放，信息的提供和查询都采用收费方式，但只收取成本费用，不以营利为目的。当前日本个人信用信息中心呈三足鼎立之势。

（1）全国银行消费者信用信息中心（KSC）。KSC 以商业银行、非银金融机构、银行附属公司等金融机构为会员，与其他协会的数据中心就消费者的不良信用记录进行业务交换，建立了企业信息的交换制度和系统。

（2）株式会社日本信息中心（JIC）。全国信用信息中心联合会会员主要有消费者金融公司、银行信用卡公司、担保公司、租赁公司等，其服务包括信用信息收集、管理及提供。

（3）株式会社信用信息中心（CIC）。CIC 主要向商业信用授信机构（如赊销厂商）提供消费者信用调查，业务量在日本消费者征信体系及其产业中是最大的，其前身包括以汽车系统和流通系统的信用卡公司为中心的“信用信息交换所”和以家电系统的信用公司为中心建立的“日本信用信息中心”等，会员主要是百货商店、银行的信用卡公司、家电企业信贷公司、汽车行业信用卡公司、租赁公司、保险公司等。

在成立之初，这三大信息中心的运营都是相对封闭的，个人信用信息仅在各自行业体系内进行共享交换。1987 年，在日本银行业协会、消费信贷业协会和日本信用卡行业协会的联合促进下，日本建立了跨行业的信用信息共享网络（CRIN），此后三家机构可以通过 CRIN 进行状态发生改变的个人信用信息的共享和交换，包括个人逾期贷款的偿还以及债务催收等。之后，JIC 和 CIC 还实现了通过金融信息网络来交换信贷交易余额等信息，从而对借款人的过度负债和信贷欺诈等问题进行更好的控制和解决。

三、日本企业征信体系

（一）企业征信机构

日本的企业征信呈寡头垄断状态。日本的企业征信被国内最大的两家企业征信机构——帝国数据银行和东京商工所垄断，二者占有近90%的市场份额。它们的业务范围包括：企业信用调查、信用风险管理、数据库服务、营销服务、电子商务支持、催收账款、市场调查、行业分析报告、海外企业信息报告、个人或法人财产征信、破产信息报告等。此外，还有一些以关西、九州等特定区域为业务中心的中小型征信公司，但企业实力与市场份额均较小。面对日本庞大的征信需求，以邓白氏为代表的外国公司曾计划直接进入日本市场，但鉴于日本本土征信机构已经具有相当的实力，加之日本国内讲究人际关系，对外资征信机构采取抵制态度，邓白氏被迫放弃最初计划，最终以委托东京商工所代为调查的方式间接开展在日本的业务。

（二）企业评级机构

在日本金融服务局注册的信用评级机构由本土评级机构、穆迪、标准普尔和惠誉在日本的分支机构等构成。由于政府扶持，日本国内评级市场一直由其国内最大的两家评级机构主导，主要业务范围包括信用评级（包括贷款和债务工具评级）、国内外金融市场和行业趋势研究、资产管理研究与分析、国外政策与经济研究、信息咨询和出版评级出版物等。

模块小结

本模块介绍了三种不同的征信发展模式。美国征信市场以市场为主导，政府监管主要体现在制定和细化征信相关法律规范方面，行政手段相对弱化。美国个人征信体系可以分为全国性征信机构、专业征信机构和征信服务公司三个不同的层次。美国企业征信体系包括以邓白氏为主的普通企业征信机构和三大评级机构主导的资本市场征信机构。法国等国家的征信市场以政府为主导，突出特征是依靠国家和政府组建征信机构，重视行政监管手段的运用。日本目前没有商业化运作的个人征信机构，个人征信业务由行业协会设立的个人信用信息中心负责，企业征信和信用评级均采用市场化运作模式。

同步练习

一、判断题

1. 美国政府专门设立了类似征信管理局的征信监管机构。（　　）

2. 证券信用评级的主要对象为各类公司债券和地方债券，有时也包括国际债券和优先股票。（　　）

二、单选题

1. 在美国，管理并执行针对消费者金融监管的机构是（　　）。

A. 联邦储备委员会内设立的消费者金融保护局

B. 财政部货币监理署

C. 联邦储备系统

D. 国家信用联盟管理办公室

2. 美国《多德-弗兰克法案》加强了（　　）对信用评级机构的监管。

A. 联邦储备系统

B. 储蓄机构管理局

C. 证券交易委员会

D. 联邦储备委员会内设立的消费者金融保护局

3. 美国的支付信息征信公司（PRBC）是一个替代数据的（　　）。

A. 全国性征信机构　　B. 专业征信机构

C. 征信服务商　　D. 数据挖掘公司

4. 以下国家中，征信市场发展模式为纯粹的政府主导模式的是（　　）。

A. 法国　　B. 德国　　C. 西班牙　　D. 英国

三、多选题

1. 以下国家中，采用市场主导征信模式的有（　　）。

A. 美国　　B. 日本　　C. 英国　　D. 加拿大

2. 以下机构中为资本市场提供信用评级业务的有（　　）。

A. 邓白氏　　B. 标准普尔　　C. 益博睿　　D. 惠誉

四、简答题

1. 简述美国个人征信体系及个人征信机构的分类。

2. 政府主导的征信模式具有什么特点？

3. 为什么说日本个人征信体系属于典型的行业协会主导模式？

模块三 国内征信市场与机构

学习目标

1. 了解国内征信市场发展历程
2. 掌握我国征信市场“双轮驱动”的发展模式
3. 熟悉我国政府驱动型征信机构，能够在相关门户网站查询征信信息
4. 了解我国市场驱动型征信机构

素养目标

1. 强化责任意识，明白征信信息可能产生的广泛影响，从而树立对征信数据质量和结论负责的意识
2. 培养家国情怀，意识到信用体系建设对国家经济发展和国际竞争力提升的意义，将个人信用行为与国家利益相结合

AI 提示词

双轮驱动　　国家信用信息基础数据库

政府部门信用信息数据库　　国家企业信用信息公示系统

动产融资统一登记公示系统　　地方政府征信数据库

学习指导

本模块介绍国内征信市场的发展模式和征信机构的基本情况，其中涉及诸多门户网站，读者可登录相关网站，熟识各平台提供的数据项目。

单元一　国内征信市场概述

一、国内企业征信市场发展历程

中国征信业的发展可以追溯到 20 世纪 30 年代初。当时上海已经有 5 家外国投资者开办的企业信用调查机构，包括日商办的上海兴信所、帝国兴信所和东京兴信所，美商办的商务征信所和中国商务信托总局。

1932 年，由著名民主人士、银行家章乃器先生牵头，多家中资金融机构共同发起成立了专职征信机构“中国征信所”。1945 年，多家官办金融机构合作开办的“联合征信所”在重庆成立。无论是“中国征信所”还是“联合征信所”，都曾经为当时的经济运行提供了丰富而宝贵的信息。

我国当代企业征信业的发展可分为三个阶段。

（一）第一阶段（20 世纪 80 年代后期至 1994 年）：中国企业征信起步

中国当代企业征信起源于 20 世纪 80 年代后期。当时，经过改革开放，中国的对外经济合作取得了很大发展。越来越多的海外投资者和出口商需要了解中国合作伙伴的情况，中方也需要对国外合作伙伴进行了解。为了促进国际贸易和外国投资，当时的对外经济贸易部决定由所属的计算中心和世界著名企业征信机构邓白氏公司合作，互相提供国内外企业的信用报告。

为适应企业债券的发行和管理，1988 年，中国人民银行批准成立了第一家信用评级公司——上海远东资信评估有限公司。1992 年，中国第一家专门从事企业征信的公司——北京新华信商业风险管理有限责任公司成立，标志着中国的企业征信业开始进入市场化运作阶段。

1992 年至 1994 年期间，中国经济进入新一轮高速发展期，大量外资涌入中国。当时绝大部分企业（包括外资企业）在日常交易中遇到的信用风险问题很小。新华信等企业征信服务公司所服务的对象主要是那些准备在华投资的海外公司和外国政府性的出口保险机构。

这一阶段企业信用信息获取的难度很高，信用报告的内容简单。除了一些促进外商投资和国际贸易的政府部门能够提供一些有关信息，几乎没有任何其他信息渠道。甚至企业的基本注册资料的获取都要费尽周折。大部分信息需要调查人员向目标公司及其关系机构直接访问获取。

（二）第二阶段（1995 年至 2012 年）：中国企业征信稳步发展

1. 中国人民银行企业征信逐步建立

这一阶段，日益繁荣的信用交易催生大量的征信需求，倒逼中国人民银行加快征信金融基础设施建设。1995 年，中国人民银行印发《贷款证管理办法》，拉开了我国中国人民银行征信服务的序幕。1997 年，中国人民银行开始推动银行信贷登记咨询系统建设，2002 年初步建成全国、省（自治区、直辖市）、市（地、州、盟）三级联网的银行信贷登记咨询系统，从事企业征信业务。2004 年，银行信贷登记咨询系统升级为全国集中统一的企业征信系统。2006 年，全国集中统一的企业和个人征信系统全部建成，并实现全国联网运行。同时，中国人民银行征信中心（即央行征信中心）成立。至此，中国人民银行建立了全国范围涵盖企业和个人、由中国人民银行征信中心负责的征信服务框架体系。中国人民银行征信中心积极推动全国各类放贷机构接入金融信用信息基础数据库，逐步实现对放贷类金融机构的广泛覆盖。

为解决我国信贷实践中存在的中小微企业不动产担保资源短缺、动产资源闲置与融资担保难的问题，中国人民银行征信中心建成应收账款质押登记公示系统（即目前的动产融资统一登记公示系统）。

2. 市场化企业征信迅猛发展

这一阶段，跨国公司开始在投资的子公司中引入国际上成熟的企业信用风险管理机制，企业征信机构开始大量服务于国内贸易中的信用交易。上海、北京、广东等地率先启动区域社会征信发展试点，一批地方性征信机构建立并得到迅速发展，部分信用评级机构开始开拓银行间债券市场、信用评级等信用服务领域，国际知名信用评级机构先后进入中国市场。市场化企业征信机构如雨后春笋般得到了迅猛发展，逐步形成一个崭新的现代征信服务产业。

（三）第三阶段（2013 年至今）：中国企业征信规范发展

1. 中国人民银行企业征信全面规范

2013 年，《征信业管理条例》颁布实施，填补了我国征信史上的法律空白，开启了我国企业征信机构规范发展的阶段。中国人民银行征信中心积极创新，进一步丰富征信服务事业的内容和形式，不断提升征信服务履职能力。2013 年，中国人民银行征信中心建成应收账款融资服务平台，为企业与金融机构之间搭建起应收账款融资供需信息对接桥梁。2019 年，中国人民银行征信中心积极参与动产担保统一登记试点方案制订，在动产融资登记公示系统平台上新增生产设备、原材料、半成品、产品抵押登记服务，并在北京、上海地区展开试点。

2. 市场化企业征信现代化发展

《征信业管理条例》授权中国人民银行对企业征信机构发放牌照。2021 年的《征信业务管理办法》从流程上对企业征信进行了规范。目前，中国人民银行征信管理局公布全国逾百家企业征信机构在中国人民银行分支行完成备案。

随着消费金融、供应链金融的发展，原有的数据服务商、供应链上的核心厂商、电商平台、地方政府的服务平台等，依据各自需求纷纷成立企业征信公司；伴随着云计算、大数据等技术的发展应用，企业征信信息渠道逐步拓宽，维度与体量逐步增加，新型的算法与模型不断在实践中得到检验和完善，新型企业征信机构、新型数据服务公司或将掀起企业征信发展的新浪潮。

港台地区
企业征信

二、国内个人征信市场发展历程

我国的个人征信体系建设起步于 20 世纪 80 年代后期。其发展历程大致可分为两个阶段。

（一）第一阶段（1988 年至 2013 年）：中国个人征信起步阶段

这一时期的征信公司以资信评级业务为主，规模普遍较小。1996 年之后，国家和地方各级政府陆续搭建各种各样的信息共享平台。1997 年中国人民银行筹建银行信贷登记咨询系统，收集整理银行个人信贷信息。1999 年，经中国人民银行批准，上海资信有限公司成立，成为全国首家从事个人征信业务的机构，标志着个人征信服务的重要突破。为适应我国消费金融市场起步发展的要求，2004 年中国人民银行开始推动全国集中统一的个人征信系统建设。2006 年，全国集中统一的企业和个人征信系统全部建成，并实现全国联网运行，中国人民银行征信中心专用于企业和个人征信系统的建设、运行和维护。2009 年，中国人民银行开始控股上海资信有限公司。2013 年《征信业管理条例》正式明确全国集中统一的企业和个人征信系统为金融信用信息基础数据库。

（二）第二阶段（2013 年至今）：中国个人征信快速发展阶段

2013 年《征信业管理条例》明确规定我国个人征信业实行牌照制，同年中国人民银行出台《征信机构管理办法》，进一步加强对个人征信机构的监管。2015 年中国人民银行印发《关于做好个人征信业务准备工作的通知》，要求芝麻信用、腾讯征信、前海征信等 8 家市场机构做好个人征信业务准备，希望通过引入社会机构，建立起覆盖互联网机构的金融信息和商业信息共享平台。在试点 3 年之后，8 家机构因在业务或者公司治理结构上不具备第三方独立性等原因，均未获得个人征信牌照。

2018 年百行征信成立，百行征信成为我国第一家获得个人征信业务牌照的机构。中国人民银行颁发个人征信牌照，标志着国内个人征信行业打破了由政府主导的局面，向市场化模式转变。近几年，朴道征信和钱塘征信也相继获得了个人征信业务的经营牌照。

当前，我国已形成了以中国人民银行征信中心为基础，市场化征信机构为补充的个人征信服务体系。中国人民银行征信中心的金融信用信息基础数据库已成为全球最大的征信系统之一，而市场化征信机构则通过提供多样化的征信产品和服务，满足了不同市场主体的需求。

总体来看，我国个人征信机构的发展经历了从无到有、从试点到普及、从政府主导到市场驱动的过程。随着法律法规的完善和市场需求的增长，个人征信机构将在促进金融市场健康发展、提升社会信用意识等方面发挥更加重要的作用。

三、我国征信市场发展模式

既不同于美国以市场为主导的发展模式，也不同于部分欧洲国家以政府为主导的发展模式，我国征信市场发展模式属于“政府+市场”双轮驱动。政府方面，主要是以中国人民银行征信中心负责的国家信用信息基础数据库为主导。截至 2024 年末，金融信用信息基础数据库收录的自然人数为 11.6 亿，收录的企业和其他组织有 1.4 亿户。向中国人民银行征信系统查询信用报告已成为金融机构信贷业务的必要环节。在世界银行《营商环境报告》信用信息指数评估中，数据库为主要考评对象，我国在此项指数上位居世界前列。市场方面，市场化征信机构满足多元化征信需求。一是发展市场化个人征信机构。中国人民银行先后批设了百行征信等多家个人征信机构，实现个人非贷海量替代数据全面共享应用。二是企业征信机构备案。中国人民银行征信管理局公布的数据显示，全国共有多家企业征信机构在中国人民银行分支行完成备案，已实现企业注册登记等公开信息的全覆盖。三是培育具有国际竞争力的信用评级机构。截至 2025 年 3 月，在中国人民银行备案的法人信用评级机构有 48 家。其中，外国法人独资的信用评级机构有 2 家，分别是惠誉博华信用评级有限公司和标普信用评级（中国）有限公司。在“引进来”的同时，我国本土信用评级机构也在逐步“走出去”，提高国际影响力。目前，我国已形成以大型债券市场信用评级机构为主、小型信贷市场信用评级机构为辅，多种所有制形式并存的评级市场架构，评级市场总体实力不断提升。

单元二 政府驱动型征信机构

一、政府驱动型征信机构概述

（一）政府驱动型征信机构的定义

顾名思义，政府驱动型征信机构是指建设主体为政府及相关部门的征信机构。政府驱动型征信机构的建设与维护主体主要包括以下三类：

（1）中国人民银行征信中心及中国人民银行下属机构。2006 年中国人民银行设立的中国人民银行征信中心，作为中国人民银行直属事业单位，专门负责企业和个人征信系统（即国家信用信息基础数据库，又称企业和个人信用信息基础数据库）的建设、运行和维护。中国人民银行下属子公司上海资信有限公司建有网络金融征信系统（NFCS）。

（2）政府部门的征信数据库是由政府相关部门在行政过程中建立的征信系统，如司法、质检、药监、环保、税务等行政机关的数据库。

(3) 地方政府建立的征信数据库是由各个地方政府针对本地区的信用主体建立的征信数据库。江苏、广东、上海等陆续建立了地方性征信数据库。

(二) 政府驱动型征信机构的特点

征信机构可以有多种获取信息的模式，如数据中心模式、第三方征信模式、共享查询模式等。中国人民银行征信中心、中国人民银行下属子公司等政府驱动型征信机构由于其建设主体的原因，一般都采用数据中心模式。

在政府驱动型征信机构采用的数据中心模式下，业务机构（如银行、税务部门）将产生的主体信用信息主动报送数据中心，数据中心对数据合并整理后，对外统一提供数据服务，如图 3-1 所示。

图 3-1　数据中心模式

数据中心模式主要有以下三个特点：

(1) 业务机构主动上报提交数据。

(2) 业务机构收集的是标准化、相对单一的主体信用数据。

(3) 数据中心一般是行政化运作，获取的数据具有纯粹、完整、及时、权威的特点。

二、中国人民银行征信中心及中国人民银行下属机构征信系统

(一) 中国人民银行征信中心

中国人民银行征信中心是典型的数据中心模式。征信系统的信息查询端口遍布全国各地的金融机构网点，信用信息服务网络覆盖全国。以金融信用信息基础数据库为例，其通过专线与商业银行等金融机构总部的数据库相连接，并通过商业银行等金融机构内部的联网系统将终端延伸至商业银行等金融机构的分支机构的信贷人员的业务柜台，实现企业和个人信用信息从各金融机构流入金融信用信息基础数据库，经过汇总后实现数据实时流向金融机构。其中，前者表现为金融机构向金融信用信息基础数据库报送数据，后者表现为金融机构根据有关规定向金融信用信息基础数据库实时查询企业和个人信用报告。

目前，中国人民银行征信中心已经建立起了体系完善、功能互补、相互支持的服务框架体系，全国集中统一的企业和个人征信系统、动产融资统一登记公示系统、中征应收账款融资服务平台已成为我国重要的金融基础设施。

1. 全国集中统一的企业和个人征信系统

在我国征信体系中，金融信用信息基础数据库是核心骨干力量，依托各金融机构数据搭建的全国统一的金融信用信息基础数据库，是我国非常重要的金融基础设施，是国家防控金融风险、提高信贷市场效率、保障金融业稳定发展的信息服务平台。该数据库已成为全球规模最大、收集信息全面、覆盖范围较广和使用频率较高的信用信息数据库，包含企业征信系统和个人征信系统。通过整合银行信贷信息，同时接入信托、证券、保险、金融租赁、财务公司、汽车金融、小额贷款、融资性担保等各类金融机构信息，以及社保、公积金、环保、欠税、民事裁决与执行等公共信息，汇集形成较全面的企业和个人征信报告，并广泛应用于各金融机构的信用风险管理，有效解决信贷领域的信息不对称问题。

金融信用信息基础数据库设置了个人信用信息基础数据库和企业信用信息基础数据库两个部分。

个人信用信息基础数据库主要采集和保存个人在商业银行的贷款、信用卡、担保、社保、公积金等信用信息，以及个人身份识别信息，并向商业银行提供个人信用信息联网查询服务，满足商业银行防范和管理信用风险的需求，同时服务于货币政策和金融监管的需要。伴随着我国信用体系建设的不断深入和社会信用意识的增强，个人信用信息基础数据库收录信息主体数量稳步提升。

企业信用信息基础数据库主要从商业银行等金融机构采集企业的基本信息、借款与担保等信贷信息，以及企业主要的财务指标、环保、欠缴税款、民事裁决与执行等信息，全国各商业银行可与其联网查询。

2. 动产融资统一登记公示系统

动产融资统一登记公示系统（原应收账款质押登记公示系统）已经成为全球典型范本。我国动产融资登记公示系统根据法律授权和动产融资实践发展需要，采用全球先进公示登记理念，面向全社会提供 7×24 小时的登记和查询服务。目前，该系统已实现全国范围内生产设备、原材料、半成品、产品、应收账款、著作权等动产和权利担保的在线登记与查询，部分地区生物活体、农作物、农户民宿经营权、碳排放配额等动产的在线登记和查询，进一步提高了动产和权利担保融资效率，使企业融资更加便利。

3. 中征应收账款融资服务平台

中征应收账款融资服务平台可助力企业融资，解决应收账款确认的难题，促进企业盘活动产。《中华人民共和国中小企业促进法》第二十条明确规定，国家鼓励中小企业及付款方通过中征应收账款融资服务平台确认债权债务关系，提高融资效率，降低融资成本。当前的中征应收账款融资服务平台已实现核心企业应付账款确认，政府采购中标信息与合同信息、财政支付信息以及成交信息的快速交互，可帮助中小企业盘活在核心企业和财政部门的应收账款，实现信贷融资。

（二）中国人民银行下属网络金融征信系统

中国人民银行征信中心出资入股的上海资信有限公司，既开展征信数据库建设，又提供征信服务。该公司开发的网络金融征信系统（NFCS）主要收集全国的网络借贷、小额贷款、消费金融、融资租赁等互联网金融及非银行金融信用信息，并向合作机构提供个人征信开放查询服务。

三、政府部门信用信息数据库

政府部门信用信息数据库是由政府相关部门在行政过程中建立的征信系统，如法院、海关、税务等。2018 年，政府部门信用信息数据库进行了重组与整改。

（一）国家市场监督管理总局信用信息数据库

2018 年 3 月，国务院批准组建国家市场监督管理总局，将国家工商行政管理总局的职责、国家质量监督检验检疫总局的职责、国家食品药品监督管理总局的职责、国家发展和改革委员会的价格监督检查与反垄断执法职责、商务部的经营者集中反垄断执法以及国务院反垄断委员会办公室等职责进行整合。

国家市场监督管理总局官网提供了一系列信用信息数据库的链接，包括国家企业信用信息公示系统、中国市场监管行政处罚文书网、全国 12315 平台、全国个体私营经济发展服务网等，如图 3－2 所示。

图 3－2　国家市场监督管理总局信用信息数据库相关链接

1. 国家企业信用信息公示系统

国家企业信用信息公示系统，又称全国企业信用信息公示系统，2014 年上线运行，是由国家工商行政管理总局依据《中华人民共和国政府信息公开条例》《企业信息公示暂行条例》等有关规定进行信息公示的系统，现由国家市场监督管理总局主办，如图 3－3 所示。

图 3－3　国家企业信用信息公示系统

国家企业信用信息公示系统公示的主要内容包括：市场主体的注册登记、许可审批、年度报告、行政处罚、抽查结果、经营异常状态等信息。公示的信息来自市场监督管理部门、其他政府部门及市场主体。政府部门和市场主体分别对其公示信息的真实性负责。

2. 中国市场监管行政处罚文书网

中国市场监管行政处罚文书网是一个提供市场监管行政处罚文书检索查询服务的网站见图 3－4。该网站提供了多种查询方式，查询者既可以输入当事人姓名、企业名称或统一社会信用代码进行查询，也可以按照食品、药品、价格、广告、知识产权、网络交易、直销传销、特种设备等热门主题分类查询。该网站的开通运行有效增进了信息共享，保障了公众知情权和监督权，优化了营商环境。

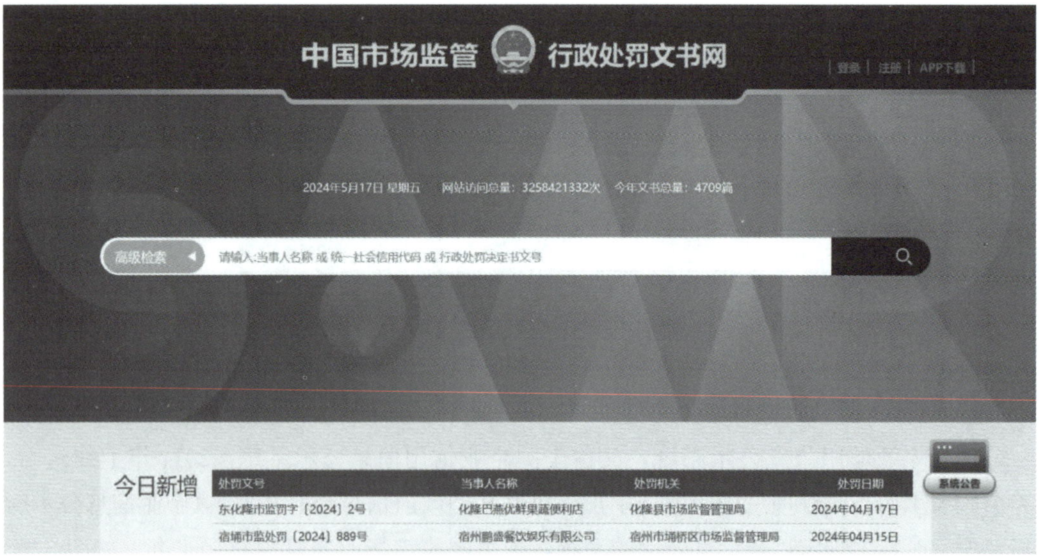

图 3－4　中国市场监管行政处罚文书网

（二）中华人民共和国海关总署信用信息数据库

中华人民共和国海关总署是国务院直属机构，负责全国海关工作、组织推动口岸“大通关”建设、海关监管工作、进出口关税及其他税费征收管理、出入境卫生检疫和出入境动植物及其产品检验检疫、进出口商品检验、海关风险管理、国家进出口货物贸易统计等。

近年来，中华人民共和国海关总署加快建设“互联网＋海关”全国一体化在线政务服务平台，保证通关证件资料一地备案、全国通用，一次提交、共享复用；加快建设服务进出口企业的信息公共服务平台，收集梳理各国进出口产品准入标准、技术法规、海关监管政策措施等，为进出口企业提供便捷查询咨询等服务，实现信息免费或低成本开放。中华人民共和国海关总署网站主页如图 3－5 所示。“互联网＋海关”全国一体化在线政务服务平台，如图 3－6 所示。

图 3－5　中华人民共和国海关总署网站主页

图 3－6　“互联网＋海关”全国一体化在线政务服务平台

“互联网＋海关”全国一体化在线政务服务平台将重要的平台系统信息进行了汇总。在“互联网＋海关”全国一体化在线政务服务平台页面下方，有公示平台链接，包括重点商品查询、知识产权备案（知识产权海关保护备案子系统）、企业信息公示（中国海关企业进出口信用信息公示平台）等，如图 3－7 所示。

图 3－7　公示平台

1. 知识产权海关保护备案子系统

知识产权海关保护备案，是指知识产权权利人，按照《中华人民共和国知识产权海关保护条例》的规定，将其知识产权的法律状况、有关货物的情况、知识产权合法使用情况和侵权货物进出口情况以书面形式通知海关总署，以便海关在对进出口货物的监管过程中能够主动对有关知识产权实施保护。从事进出口业务的外贸企业和生产企业需要了解有关知识产权在中华人民共和国海关总署备案的情况，可以通过这一系统（见图 3－8）查询知识产权备案情况。

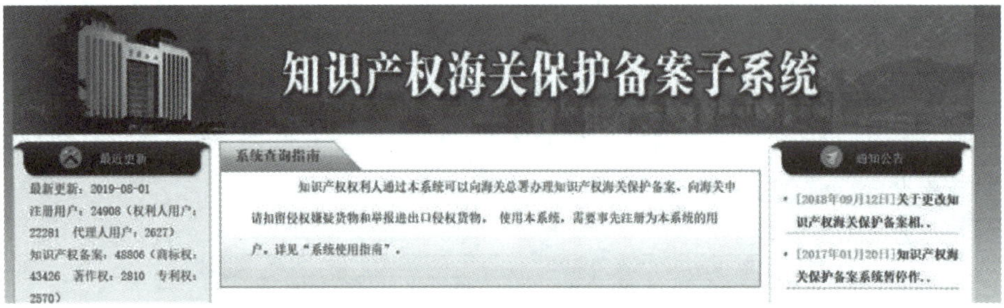

图 3－8　知识产权海关保护备案子系统

2. 中国海关企业进出口信用信息公示平台

中国海关企业进出口信用信息公示平台（见图 3－9）运用大数据、互联网，主动对接国家统一信用信息交换共享平台。公民、法人和其他组织可通过该平台查询企业信用状况，平台向社会公示企业在海关注册登记信息、信用等级、行政处罚信息、特定企业资质及失信企业名单等信用信息。进出口企业的信用状况、违法状况也被纳入企业信用体系评价标准，促进进出口信用信息共享共用，实现守信联合激励、失信联合惩戒。

图 3－9　中国海关企业进出口信用信息公示平台

（三）国家税务总局纳税信用数据库

国家税务总局设立纳税信用数据库，包括纳税信用 A 级纳税人查询和重大税收违法案件数据库，如图 3－10、图 3－11 所示。设立该数据库旨在提高纳税人依法纳税意识，惩戒严重税收违法行为，规范税务机关执法行为，推进社会信用体系建设。

图 3－10　国家税务总局网站主页

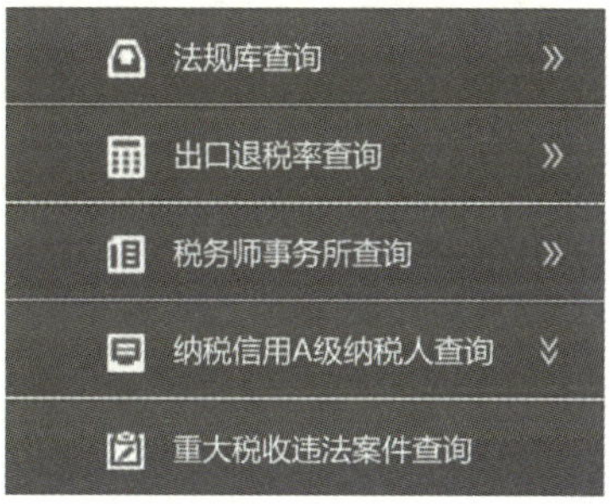

图 3－11　“纳税服务”栏目的相关查询

（四）最高人民法院中国执行信息公开网

为推进社会信用体系建设，对失信被执行人进行信用惩戒，促使其自动履行生效法律文书确定的义务，根据《中华人民共和国民事诉讼法》相关规定，最高人民法院制定《最高人民法院关于公布失信被执行人名单信息的若干规定》。社会各界可通过中国执行信息公开网查询全国法院（不包括军事法院）失信被执行人信息，如图 3－12 所示。

图 3－12　中国执行信息公开网

（五）国家信息中心信用中国

国家信息中心（国家电子政务外网管理中心）是国家发展和改革委员会直属事业单位。在国家发展和改革委员会、中国人民银行指导下，国家信息中心主办了信用中国网站。信用中国是政府褒扬诚信、惩戒失信的窗口，主要承担信用宣传、信息发布等工作，使用社会信用体系建设部际联席会议成员单位提供的对社会公开的信用信息。

（六）其他政府部门的信用信息数据库

1. 国务院国有资产监督管理委员会

国务院国有资产监督管理委员会拥有国有企业的资产、经理人员、并购、政策等信息。

2. 国家外汇管理局

国家外汇管理局拥有所管辖有外贸经营权企业从事外汇交易活动的外汇交易额、进出口货物情况、结汇情况、应收账款情况等信息。

3. 房屋管理局

房屋管理局主管房地产登记管理工作，确认房屋权属，办理房屋所有权登记和初始登记、转移、变更、注销及设定他项权属登记，拥有所管辖区域内所有房屋登记信息。房屋管理局没有固定唯一的官方名字，不同地区名称不同，如北京市有北京市住房和城乡建设委员会，上海市有上海市住房和城乡建设管理委员会。

4. 公安局车辆管理所

公安局车辆管理所拥有所管辖区域内所有机动车所有权登记信息。

四、地方政府征信数据库

（一）信用中国（上海）

信用中国（上海）是上海市社会信用体系建设的基础平台，承担信用信息互联互通的枢纽作用，对接国家信用信息共享平台和其他省（自治区、直辖市）信用信息平台，负责公共信用信息共享、发布和服务工作。

该平台打造上海市“信息流动的枢纽、开放服务的窗口、支撑服务的载体”，致力于推动公共部门（包括行政机关、司法机关、公共企事业单位和社会组织等）产生或掌握的公共信用信息向社会开放，建立上海市公共信用信息应用服务的单一窗口，结合线上线下统一布局，面向政府部门、企业、个人等信息主体，以及符合条件的信用服务机构提供信息查询等服务，如图 3－13 所示。该平台主要具有信息归集查询、信用联合奖惩、信用监测预警、信用统计分析、信用市场培育等功能，全力支撑政府应用、市场应用和社会应用。

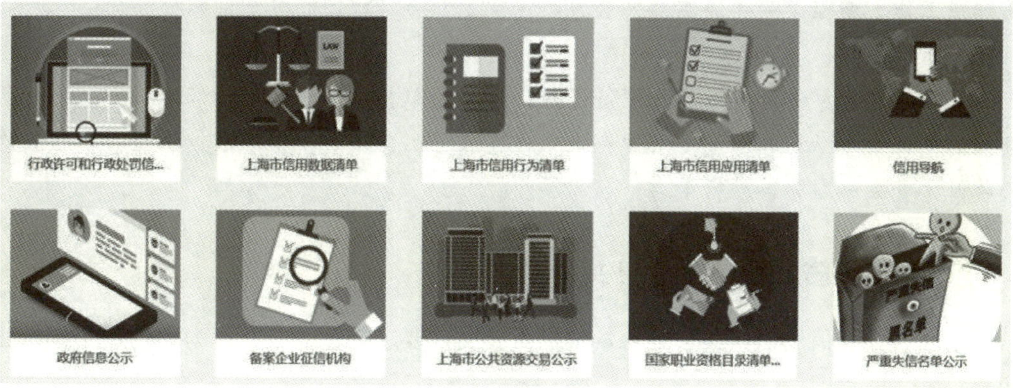

图 3-13　信用中国（上海）相关信息公示系统

阅读资料

信用上海小程序

信用上海小程序整合原有诚信上海 App 和上海市公共信用信息服务平台 App 服务功能，根据信用应用需求以及用户交互需求重新规划建设。信用上海小程序，优化页面效果和功能布局，设有信用报告、经营主体合规一码通、信用名片、信用修复、异议处理、窗口预约、预警信息、信用导航、授权管理等模块，在移动端实现查询法人信用报告、异议处理、信用惠企等功能。

案例分析

上海市精神文明建设委员会办公室率先应用信用大数据实施文明单位创评管理

案例：

文明单位创建是上海市群众性精神文明创建体系的重要组成部分，是提升社会建设和社会治理水平的重要方式。上海市精神文明建设委员会办公室（简称上海市文明办）在全国范围内率先探索应用信用大数据实施文明单位创评管理，是深化信用应用与文明单位内涵建设相融合的创新实践，助力打响上海诚信“文化品牌”。

上海市文明办借助市信用中心的大数据，以“上海市文明单位”多家预申报单位为试点，嵌入公共信用核查和评价。上海市文明办调整新一轮创建标准，在申报通知中明确信用要求，对存在严重失信行为的单位，初审不予通过；对公共信用评分低于 500 分的，提示初审上报部门，进行重点审核和重新评估，评估结果确实不符合要求的，初审不予通过。经过信用甄别和重新评估，对照单位自查、区级核查，多家单位因为信用记录问题被建议重新审核申报资格，有效推动了在文明单位创评中对相关失信主体实施失信惩戒工作，增强了荣誉资质的公信力，保障了社会资源便利分配的积极导向。

分析：

上海市文明办借助大数据和征信资源，使文明单位创评管理更加客观公正。借助大数据的创评管理活动客观上要求被评审单位在日常工作中重视信用建设和维护，仅仅在验收时才查缺补漏将再难行得通。

（二）山西省社会信用信息共享平台

山西省社会信用信息共享平台，根据重要文件要求搭建而成，现为“信用中国（山西）”。

该平台作为政府部门服务门户，初步建立了信用信息归集共享和联合奖惩的联动机制。该平台与山西省投资项目在线审批监管平台等对接，实现信息自动化采集，推动业务协同应用，促进跨部门、跨领域联合奖惩。该平台在政府采购、招标投标、行政审批等方面对相关主体予以信用奖惩；同时，通过“信用山西”网站公开发布严重失信主体名单信息，形成“一处失信处处受限”的氛围。

作为地方社会信用体系建设的重要平台，山西省社会信用信息共享平台具有两大特色。

1. 开展小微企业及农村信用体系试验区建设

小微企业及农村信用体系建设是地方社会信用体系建设的重要组成部分。中国人民银行太原中心支行研发的全省统一的小微企业及农村信用信息系统，为全省各市、县的中小微企业及农户搭建了一个基于互联网的、集中管理的数据库系统。

2. 加强诚信教育，促进全省青年信用体系建设

山西省下发通知，要求从学习教育、志愿公益、就业创业、婚恋交友、信贷租赁、抚养赡养、医疗健康、出行旅游八大重点领域开展青年信用体系建设，青年信用体系通过记录和评价青年的诚信状况，把志愿服务、获奖、培训等正面信息作为加分信息，应用到青年教育、就业、创业、融资、婚恋等方面。

单元三 市场驱动型征信机构

一、市场驱动型征信机构概述

（一）市场驱动型征信机构的定义

市场驱动型征信机构是指以民营资本投资为主，以营利为目的，为企业与个人提供征信服务的征信机构。它包括百行征信等个人征信机构和市场上大部分的企业征信机构。

（二）市场驱动型征信机构的分类

市场驱动型征信机构的运营模式较为灵活，行业之间存在自由竞争，具有收集信息丰富、征信服务多元化等特征。为满足市场化运作的要求，市场驱动型征信机构在获得主体信用信息时，会依据实际情况选择不同的运营模式，而且同一征信机构可能兼具多种运营模式。根据采集信用信息模式的不同，市场驱动型征信机构可以分为数据链接中心共享模式、数据分发中心模式、行业数据中心模式、大数据征信模式等。

（1）数据链接中心共享模式：通过建立数据链接中心，将不同机构和数据源的数据进行整合和共享，从而提高征信数据的准确性和完整性。

（2）数据分发中心模式：通过收集和整理来自多个数据源的数据，将其分发给不同的机构和用户，为他们提供征信服务。

（3）行业数据中心模式：通过与特定行业的企业合作，收集和整合行业内的相关数据，为该行业的企业提供征信服务。

（4）大数据征信模式：通过互联网技术收集和分析大量的数据，包括个人的社交、消费、金融等方面的信息，从而评估个人信用状况。

这些运营模式各有特点，征信机构可以根据不同的需求和场景进行选择和应用。同时，市场驱动型征信机构也在不断创新和优化自己的运营模式，以适应市场的变化和需求。

知识链接

大数据征信模式

大数据征信是指利用大数据技术对个人或企业的信用信息进行收集、整理、分析和评估的一种征信模式。与传统征信模式相比，它具有数据来源广泛、处理速度快、评估维度多等优点。大数据征信通过多种渠道采集数据，包括公共数据、企业数据、电商数据、社交媒体数据等。

大数据征信模式的出现，为金融机构、电商企业等提供了更加全面、准确的信用评估服务，同时也为个人和企业提供了更多的信用服务选择。但需要注意的是，大数据征信也存在数据安全、隐私保护等问题，因此加强监管和规范十分重要。非持牌征信机构往往利用数据优势，切入征信产品或应用等环节。目前，以该模式运营为主的征信机构包括百融云创、同盾科技等。

二、市场驱动型个人征信机构

中国人民银行征信中心和市场驱动型征信机构都是国家社会信用体系建设的重要组成部分，前者主要服务于银行、证券、保险等传统金融机构，后者则专注于互联网金融领域，为消费金融、网络借贷等机构提供征信产品和服务。二者是“政府＋市场”双轮驱动征信框架的重要构成部分。我国“错位发展、功能互补”的征信市场格局如图 3－14 所示。

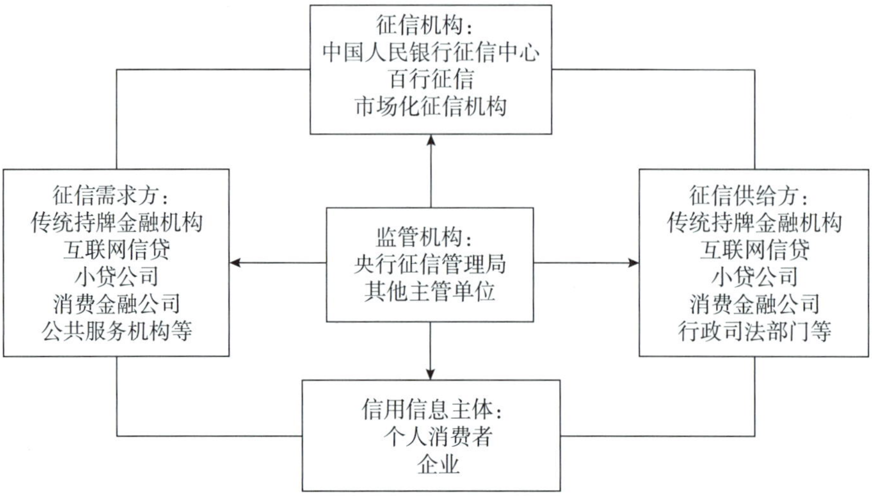

图 3－14　我国征信市场格局

百行征信和朴道征信是我国持牌的市场化个人征信机构，同为经营个人征信业务的持牌机构，两家机构在业务上各有侧重。

（一）数据源与运营模式

两家机构的官网显示，百行征信的个人信息源主要包括个人基本信息、信贷信息、航旅信息、支付信息、互联网行为信息、司法信息、行政处罚信息。朴道征信的个人信息源主要包括核验信息、司法信息、信贷信息、支付交易信息、出行信息、公共信息、基于互联网行为的评价信息、基于网络通信服务的评价信息。从官方数据源种类可得两家机构有一定的同质信息，但实际上两家机构的数据还是有其自身特色的。百行征信积累了在网络借贷等互联网金融领域获得征信的数据；朴道征信则更注重利用其股东的技术和数据优势，来获取非信贷替代数据。

（二）业务与市场定位

百行征信利用包括互联网金融数据在内的征信数据开展个人征信活动，依托各股东单位在征信产品上的优势，业务种类多元，包括个人信用报告、特别关注名单、信息核验平台、场景定制评分、多头申请检测、信贷行为标签、共债预警等。其服务对象包括银行、消费金融机构、汽车金融机构和互联网小贷等。

朴道征信则侧重于非信贷替代数据的挖掘分析，主要为“信用白户”、科技和小微企业融资等金融服务提供支持。朴道征信的产品包括信用画像、反欺诈类征信产品、信用评分类征信产品以及个人征信报告等。朴道征信则与多家市场化数据机构建立了合作关系，如与同盾科技、冰鉴科技等签署了战略合作协议，以丰富其征信服务供给。

知识链接

百行征信的成立背景

2015 年中国人民银行批准 8 家机构做好开展个人征信业务的准备工作，各家机构纷纷推出市场化的个人信用评分等产品和服务，给用户带来了巨大的便利。同时也出现了用户被迫让渡数据财产权、滥用个人隐私信息和信用评分、征信信息用于非信贷领域等诸多问题，实际展业情况与市场需求和监管要求存在较大差距。

百行征信产生于个人征信牌照“难产”之际，也是个人征信机构和监管博弈的产物。最终中国人民银行并没有向这 8 家机构单独发放牌照，而是向百行征信颁发了我国第一张个人征信业务牌照。百行征信是我国个人征信领域里程碑式的建设成果，不仅能够缓解个人征信产品有效供给不足问题，还有利于提高行业风险防控水平，特别是互联网金融领域的风险治理，防止个人信息被滥采滥用、违法获利等。

三、市场驱动型企业征信机构

中国人民银行征信管理局公布数据显示，全国有多家企业征信机构和法人信用评级机构在中国人民银行分支行备案。这样，企业征信机构和信用评级机构可以提高信用交易的效率和安全性，促进信用市场的健康发展。目前，国内大部分企业征信机构和信用评级机构都属于市场驱动型。

企业征信机构主要负责收集、整理、分析和提供企业的信用信息，包括企业的基本信息、财务状况、经营业绩、信用记录等。征信机构经营的目的是帮助金融机构、企业、政府等了解企业的信用状况，从而降低信用风险。不同的征信机构在数据来源、评估方法、服务范围等方面可能存在差异，用户可以根据自己的需求选择合适的机构。我国市场化的企业征信机构包括中诚信征信、鹏元征信、华道征信等。除了个人征信业务，百行征信等也提供了一系列企业征信产品和服务。

评级机构是根据企业的信用状况、财务状况、经营风险等因素，对企业进行信用评级，评估企业的偿债能力和信用风险水平。评级机构的评级结果通常用于债券发行、贷款审批、投资决策等方面，为投资者和金融机构提供参考。我国市场化的信用评级机构包括中诚信国际信用评级有限责任公司、联合资信评估股份有限公司等。

模块小结

本模块介绍了我国征信市场“政府＋市场”双轮驱动的发展模式。

政府驱动型征信机构，主要包括中国人民银行征信中心及中国人民银行下属机构，包括国家信用信息基础数据库、动产融资统一登记公示系统、中征应收账款融资服务平台等。政府部门的信用信息数据库，是由政府相关部门或行业协会在行政过程中建立的征信系统，如国家市场监督管理总局、最高人民法院、海关总署、国家税务总局所建的信息系统。地方政府征信数据库的建设也为区域征信提供了更丰富的服务。

市场驱动型征信机构，主要包括百行征信等市场化的个人征信机构、市场化的企业征信机构以及信用评级机构。

同步练习

一、单选题

1. 1988 年，中国人民银行批准成立的第一家信用评级公司是（　　）。

A. 中华征信所　　B. 联合征信所

C. 上海远东资信评估有限公司　　D. 中诚信征信

2. 2013 年，国务院颁布的征信业首部行政法规是（　　）。

A.《征信业管理条例》

B.《征信机构管理办法》

C.《社会信用体系建设规划纲要（2014—2020 年）》

D.《关于做好个人征信业务准备工作的通知》

3. “信用中国”由（　　）主办，它是政府褒扬诚信、惩戒失信的窗口，主要承担信用宣传、信息发布等工作。

A. 国家发展改革委　　B. 中国人民银行

C. 国家市场监督管理总局　　D. 国家信息中心

4. 通过收集和整理来自多个数据源的数据，再将其分发到不同的机构和用户，为其提供征信服务的征信模式是（　　）。

A. 数据链接中心共享模式　　B. 数据分发中心模式

C. 行业数据中心模式　　D. 大数据征信模式

二、多选题

1. 在我国征信体系双轮驱动的发展模式中，以下选项中，（　　）体现了市场方面的作用。

A. 国家信用信息基础数据库的建设

B. 2015 年中国人民银行批准前海征信等 8 家企业开展个人征信业务

C. 2018 年中国人民银行向百行征信颁发个人征信业务牌照

D. 市场上的企业征信机构中 80%以上是民营资本兴办的

2. 登录中华人民共和国海关总署，可以查询（　　）。

A. 舱单信息　　B. 知识产权信息

C. 重点商品信息　　D. 企业进出口信用信息

3. 中国人民银行征信中心在 2013 年全资成立了上海资信有限公司，该公司开发的网络金融征信系统（NFCS）主要收集（　　）的信息。

A. 全国网络借贷　　B. 小额贷款

C. 消费金融　　D. 融资租赁

三、简答题

1. 根据采集信用信息模式的不同，市场驱动型征信机构有哪些模式？
2. 国家企业信用信息公示系统公示的主要内容有什么？
3. 常用的政府部门信用信息数据库有哪些？

模块四 企业征信业务

学习目标

1. 掌握企业征信报告的概念与分类

2. 熟悉中国人民银行企业征信报告和企业信用评级报告的基本内容与用途

3. 能够建立企业资信调查报告框架

4. 掌握企业资信调查的主要方式

5. 了解商账追收的概念与业务运作

6. 了解数据增值、市场营销、信用风险管理服务的相关内容

素养目标

1. 弘扬契约精神，懂得尊重和履行契约，培养重承诺、守信用的品质

2. 注重职业道德，奠定良好的信用管理职业道德基础，塑造职业形象，维护职业声誉

AI 提示词

标准企业征信报告　企业信用评级报告　企业资信调查报告
量化指标分析报告　商账追收　数据增值服务
市场营销服务　信用风险管理服务

学习指导

当前企业征信市场产品种类丰富，尤其是国外征信市场，读者可浏览各征信机构官网，对复杂的企业征信产品进行梳理，对比和总结中外企业征信产品的异同。

单元一 企业征信报告

一、企业征信报告的概念

企业征信报告是将采集的企业信用信息进行验证、整理、分析后形成的客观反映被征信企业信用状况的信息集合报告，是全面记录企业各类经济活动、反映企业信用状况的文书，是企业征信机构的基础产品。

企业征信报告涵盖的内容十分丰富，既包括企业股东情况、管理情况、经营情况、财务情况，也包括关联企业情况、上下游企业情况，还包括行业情况、宏观经济情况、政府政策情况以及相关的具体数据、具体指标等。企业征信报告可以解决信用交易中信息不对称的问题。

二、企业征信报告的分类

（1）按照生产者的不同，企业征信报告分为中国人民银行企业征信报告和第三方征信机构企业征信报告。

近年来，随着大数据、云计算的发展，不同数据源、不同技术的企业征信机构创新出许多新的征信产品，但基于金融机构交易数据的中国人民银行企业征信报告仍占据绝对主导地位，当前市场的几十亿企业征信市场价值基本都是中国人民银行企业征信报告产生的。

（2）按照使用者的不同，企业征信报告分为商业银行版征信报告、普通企业版征信报告、政府版征信报告和监管版征信报告等。

上述分类是根据不同主体的实际需要，对信息主体的信息进行灵活组合、加工和分析得出的。征信报告的分类还有很多种，可以说，征信报告如何分类取决于商业需要和公共服务需要。

（3）按照内容的不同，征信报告分为标准征信报告、信用评级报告、资信调查报告等。

知识链接

中国人民银行企业征信报告的版本和结构

中国人民银行企业征信报告的目标用户主要有银行、政府、其他机构、信息主体自身四种。报告的主要内容包括报告头、报告说明、基本信息、有直接关联关系的其他企业、财务报表、信息概要、信贷记录明细、公共记录明细、声明信息明细等 9 个部分，这 9 个部分与目标用户的不同组合方式构成了下表中不同版本的企业征信报告。

不同版本的企业征信报告

	银行版	政府版	社会版	自主查询版
报告头	√	√	√	√
报告说明	√	√	√	√
基本信息	√	√	√	√
有直接关联关系的其他企业	√	无	无	√
财务报表	√	无	无	无
信息概要	√	无	√	√
信贷记录明细	√	无	无	√
会共记录明细	√	√	√	√
声明信息明细	√	√	√	√

三、企业征信报告的用途

企业征信报告的主要用途有以下几个方面：

（1）被征信企业用来自查污点、自证清白和自我分析；

（2）调查了解借款人的偿债能力与偿债意愿，协助授信银行等金融机构规避信用风险，为金融机构等主体与企业间的合作提供信用信息支持；

（3）全面及时掌握客户、供应商、合作企业的风险状况，帮助赊销企业规避信用风险，为企业商务交易和信用管理决策提供信息和评估支持；

（4）增强信用信息的透明度，用于政府部门招标或审计机构进行财务审计等活动。

知识链接

常见的需要查询企业征信报告的情况

（1）初次与客户交往，客户有潜力成为赊销客户；（2）对客户群体进行常规性的定期检查；（3）客户要求提高赊销额度；（4）客户有重大项目合作意向；（5）客户的订单陡然增加，不论是在授信额度内，还是客户要求增加授信额度；（6）与客户有贸易纠纷；（7）客户要求改变交易方式；（8）客户的管理团队发生变化；（9）客户是私营企业，其老板个人情况发生变化；（10）客户突然大量抛售产品；（11）客户被他人拖欠货款；（12）存在长账龄的逾期应收账款。

四、标准企业征信报告

（一）标准企业征信报告的作用

标准企业征信报告相对简单，内容较全面，但分析程度较浅。以中国人民银行企业征信报告（自主查询版）为例，主要有两方面的作用：

一是供企业主动了解自己的征信记录，如查看征信报告中是否存在不良信贷信息、比较征信报告中的贷款余额与自身实际的借款账面余额是否相符等。

二是企业查询后提供给交易对手、政府部门或其他机构使用，作为自身资质及信用状况的证明，比如提供给拟合作的投资伙伴，或政府部门对企业进行招标时要求企业提供自己的征信报告，以证明无不良记录。

（二）标准企业征信报告的内容

以中国人民银行企业征信报告（自主查询版）为例，一份标准的企业征信报告一般包括报告头、报告说明、基本信息等内容。

1. 报告头

报告头为征信报告的起始部分，用于描述征信报告的生成时间、查询信息等基本要素。打印和下载时，报告头以封面的形式呈现，封面展示的数据项包括名称、机构信用代码、中征码、报告日期等要素，如图 4－1 所示。

企业征信报告

（自主查询版）

名称：报告样本公司

机构信用代码：G11110108116779***

中征码：1101080000000***

报告日期：2019-08-12

图 4－1　企业征信报告的报告头

2. 报告说明

报告说明部分主要是对征信报告中的数据源、部分专有名词，以及一些需要补充说明的重要事项进行说明。

3. 基本信息

基本信息展示了信息主体的基本属性，包括身份信息、主要出资人信息、高管人员信息等。

（1）身份信息。身份信息主要包括企业的名称、统一社会信用代码、注册地址、登记注册日期、有效截止日期、最后一次年审日期等。

（2）主要出资人信息。主要出资人信息包括注册资金、出资方名称、证件类型、证件号码、币种、出资金额、出资占比等。

（3）高管人员信息。高管人员信息包括职务、姓名、证件号码、性别、出生年月等，按照高管人员类别依次展示法定代表人、总经理和财务负责人的信息。

社会信用代码

4. 有直接关联关系的其他企业

本部分展示与该企业存在一级关联关系的企业。关系类别只展示大类，为家族企业、母子公司、投资关联、担保关联、出资人关联、高管人员关联、担保人关联。

5. 信息概要

信息概要主要是为了让企业能够迅速了解自己的征信报告主要包含哪些内容、总体的违约情况和负债情况，提高阅读明细记录的针对性，提升解读征信报告的效率。

（1）描述性文字。

此部分描述信息主体的总体信用状况，具体包括三部分：

一是信贷信息总体描述，包括信息主体首次与金融机构发生信贷关系的年份、发生信贷关系的金融机构数量，以及目前仍存在信贷关系的金融机构数量。

二是公共信息总体描述，即对信息主体在遵纪守法方面的表现做提示性说明，主要展示信息主体的欠税记录、民事判决记录、强制执行记录、行政处罚记录。

三是声明信息总体描述，即对信息主体项下是否存在报数机构说明、征信中心标注和信息主体声明等信息进行提示。

（2）当前负债信息概要。

此部分主要描述信息主体当前负债及或有负债的总体情况（见图 4－2），包括未结清的由资产管理公司处置的债务、担保代偿、欠息和垫款汇总信息，以及各类未结清信贷业务汇总信息。

☞当前负债信息概要

由资产管理公司处置的债务			欠息汇总	
笔数	余额	最近一次处置完成日期	笔数	余额（元）
1	20 000	2011－01－23	1	1 000

垫款		担保及第三方代偿的债务		
笔数	余额	笔数	余额	最近一次还款日期
1	10	1	20 000	1 000

	正常类汇总		关注类汇总		不良/违约类汇总		合计	
	笔数	余额	笔数	余额	笔数	余额	笔数	余额
贷款	2	1 456 908	1	2 300	1	23 030	4	1 482 238
类贷款	5	12 234 890	1	22 390	1	890 300	7	13 147 580
贸易融资	2	1 456 908	1	2 300	1	23 030	4	1 482 238
保理	3	234 450	1	4 300	2	45 050	6	283 800
票据贴现	3	34 780	1	5 800	2	3 000	6	43 580
银行承兑汇票	2	34 000	1	3 908	1	55 000	4	92 908
信用证	1	45 020	1	43 708	1	2 340	3	91 068
保函	1	42 900	1	3 908	1	78 290	3	125 098

图 4－2　企业征信报告中的当前负债信息概要

（3）已还清债务信息概要。

此部分主要展示该信息主体已还清债务的总体情况（见图 4-3），包括已结清的由资产管理公司处置的债务、担保代偿、垫款汇总信息，以及各类已还清信贷业务信息的汇总信息。

☞已还清债务信息概要

由资产管理公司处置的债务			被剥离负债汇总			欠息汇总	
笔数	原始金额	处置完成日期	笔数	金额	最近一次被剥离日期	笔数	最近一次结清日期
1	20 000	2009-01-12	2	30 000	2010-05-01	3	2010-05-01

垫款汇总			担保及第三方代偿的债务		
笔数	金额	结清日期	笔数	金额	追偿完毕日期/代偿还清日期
1	20 000	2011-01-23	1	20 000	2011-01-23

	贷款	类贷款	贸易融资	保理	票据贴现	银行承兑汇票	信用证	保函
不良/违约类笔数	1	6	1	2	0	0	0	0
关注类笔数	1	6	1	2	0	0	0	0
正常类笔数	2	10	2	4	5	100	100	50

图 4-3　企业征信报告中的已还清债务信息概要

（4）对外担保信息概要。

本部分展示信息主体名下当前有效的对外担保汇总信息。

6. 信贷记录明细

本部分通过逐笔详细描述信息主体的信贷业务信息，反映信用主体借钱和还钱的历史的具体信息。本部分展示当前负债信息、已还清债务信息、对外担保信息。

（1）当前负债信息。当前负债信息部分按照信息受金融机构关注程度展示：由资产管理公司处置的债务、担保代偿、欠息、垫款、不良和关注类业务、正常类业务。

（2）已还清债务信息。已还清债务信息部分按照信息受金融机构关注程度展示：由资产管理公司处置的负债、担保代偿、垫款、贷款、贸易融资、保理、票据贴现、银行承兑汇票、信用证、保函等。

（3）对外担保信息。对外担保信息部分展示：保证担保、抵押担保、质押担保。

7. 公共记录明细

公共明细部分展示：欠税记录、民事判决记录、强制执行记录、行政处罚记录、社会保险参保缴费记录、住房公积金缴费记录、获得许可记录、获得认证记录、获得资质记录、获得奖励记录、拥有专利记录、出入境检验检疫绿色通道信息、进出口商品免检信息、进出口免检分类监管信息、上市公司或有事项、公共事业缴费记录。

调整展示顺序是为了先展示信息主体不遵纪守法的信息，再展示正面公共信息，最后展示比较敏感的信息。

8. 声明信息明细

声明信息明细部分（见图4-4）依次展示：报数机构说明、征信中心标注、信息主体声明。报数机构说明通常为信息主体信用信息的一部分，所以优先展示。征信中心标注通常包括两方面的信息：一是描述与信息主体有关的重要事项，二是对征信报告中所采集的信用信息进行异议标注，所以放在报数机构说明之后展示。信息主体声明主要是信息主体对异议处理情况所进行的申述，所以放在最后展示。

☞报数机构说明

内容	报送机构	添加日期
该信息主体曾于2009年5月被起诉，法院判决赔偿金额为50 000元	中国建设银行股份有限公司北京市分行	2010-10-10

☞征信中心标注

内容	添加日期
该信息主体于2009-02-18被起诉，法院判决赔偿金额为50 000元。	2009-03-18

☞信息主体声明

内容	添加日期
本企业于2009年5月被环保部门处罚20 000元，于6月底将罚款缴清。但环保部门未对该数据进行更新。	2009-12-12

图4-4　企业征信报告的声明信息明细

实训操作

中国人民银行企业征信报告的查询

1. 企业查询自身征信报告

目前，查询中国人民银行征信中心企业信用信息基础数据库征信报告，需要企业去现场办理。根据规定，企业法定代表人可以亲自或委托经办人代理前往中国人民银行征信中心、征信分中心及其辖内企业征信报告查询网点现场查询。

(1) 法定代表人办理时所需材料：

1) 法定代表人身份证；

2) 公司营业执照；

3) 公章、法定代表人章；

4) 企业征信报告查询申请表（可在中国人民银行征信中心官网下载）。

(2) 委托经办人代理时所需材料：

1) 经办人身份证；

2) 法定代表人身份证；

3) 公司营业执照；

4) 公章、法定代表人章；

5) 企业征信报告查询申请表（可在中国人民银行征信中心官网下载）；

6）企业法定代表人授权委托证明书（可在中国人民银行征信中心官网下载）。

2. 本企业以外的其他单位或个人查询企业征信报告

本企业以外的其他单位或个人查询企业征信报告的，应取得企业书面授权。本企业以外的其他单位或个人办理时需准备企业法定代表人授权委托证明书、经办人身份证、公司营业执照、公章、法定代表人章等材料。

企业征信一般建议去各大城市的征信分中心查询，部分城市在各区指定的银行也可以查询。

需要注意的是，无论是企业自查，还是非本企业查询，除了查询者需要携带必要的证件材料，被征信企业还需具备以下条件：

(1) 企业必须有中征码（原贷款卡编码）。中征码是企业开立基本户后才有的，若因查询不到中征码而导致无法获取征信报告，可咨询基本户开户行。

(2) 企业必须已开立银行基本户，且非“久悬户”，否则可能无法正常获取征信报告。企业基本户一年内未进行任何操作，可能会被银行列入“久悬户”。

五、企业信用评级报告

（一）企业信用评级报告的概念

企业信用评级报告是由第三方征信机构对信息主体的信用状况进行判断，并给出信用等级，评估在一定期间内目标企业的信用风险水平的征信报告。

知识链接

信用评级

信用评级最初产生于20世纪初期的美国，穆迪公司的创始人约翰·穆迪开始对当时发行的铁路债券进行评级，后来信用评级延伸到各种金融产品中。

信用评级的定义有狭义和广义两种。狭义的信用评级是指独立的第三方信用评级机构对债务人如期足额偿还债务本息的能力和意愿进行评价，并用简单的评级符号表示其违约风险和损失的严重程度，如贷款逾期。广义的信用评级是评级方对评级对象履行相关合同、经济承诺的能力和意愿进行总体评价，如工程招标。

关于信用评级，无论是狭义还是广义，其内涵大致相同：

首先，信用评级的根本目的在于揭示受评对象违约风险的大小，而不是其他类型的风险，如利率风险、通货膨胀风险及外汇风险等。

其次，信用评级所评价的目标是经济主体按合同约定如期履行债务或其他义务的能力和意愿，而不是企业本身的价值或业绩。

（二）企业信用评级报告的用途

企业信用评级报告既是政府采购、招标投标、资质审核等经济活动的通行证，也是项目融资的敲门砖。需要注意的是，企业信用评级报告的有效期为一年，若有效期内投标人出现重大信用危机，则需要重新进行信用评级。

知识链接

信用评级报告的必要性

国家发展和改革委员会等部门出台的《关于建立健全招标投标领域优化营商环境长效机制的通知》中，鼓励在招标投标活动中引入第三方信用服务机构，对投标人进行信用评级，并将评级结果作为评标的重要参考，强调通过第三方信用评级，提升招标投标活动的透明度和公平性；支持第三方信用服务机构依法依规参与信用信息共享平台建设，推动信用信息在招标投标活动中的应用。

《国务院办公厅关于加快推进社会信用体系建设构建以信用为基础的新型监管机制的指导意见》中，鼓励第三方信用服务机构依法依规提供信用评价、信用评级等服务，支持其在政府采购、招标投标、行政审批、市场准入等事项中开展信用评价；强调通过市场化机制，推动第三方信用服务机构为政府监管和企业经营提供专业化、市场化的信用服务。

各种关于第三方信用评级的政策法规陆续出台以后，越来越多的省市逐渐将第三方征信报告作为招投标活动中投标企业的准入门槛，并给予投标企业信用等级优良者3～5分的加分。因此，几乎所有参与投标的企业都会申办第三方征信报告，可是有些投标企业分不清企业征信报告和企业信用评级报告，结果错失机会。

（三）标准企业征信报告与企业信用评级报告的区别

标准企业征信报告与企业信用评级报告有诸多不同，如表4-1所示。二者在招投标环节，标准企业征信报告仅作参考之用，而企业信用评级报告是必备资料，且投标必须满足一定信用等级。

表4-1　标准企业征信报告与企业信用评级报告的区别

项目	标准企业征信报告	企业信用评级报告
报告出具者	征信机构或商业银行	第三方信用评级机构
是否公开	否	是
主要内容	基本信息、信贷信息、公共信息和声明信息等	评估结果、评级要点、企业概况、经营状况、财务状况等
信用等级划分	一般使用1～6的风险指数由低到高表示停业概率	一般划分为三等九级，符号为：AAA、AA、A、BBB、BB、B、CCC、CC、C，每个等级可用“+”“－”进行微调，表示略高或略低于本等级，但不包括AAA+
在招投标中的作用	评标时的参考文件	投标的准入门槛

六、企业资信调查报告

（一）企业资信调查报告的概念与分类

1. 企业资信调查报告的概念

企业资信调查报告是企业征信机构接受客户委托，对客户交易对手的资历与信用进行调查后形成的结论性报告。相比标准企业征信报告，企业资信调查报告属于委托类调查产品，根据客户委托进行资信调查，满足客户个性化需求，调查具有指向性，重点突出，目标明确。

企业资信调查报告的生产者包括企业征信机构、律师事务所等。企业资信调查报告的使用者包括企业、金融机构等。对企业客户而言，企业资信调查报告能帮助企业客户在全面了解对手资信的基础上，确定合适的合作方式和结算方式；对金融机构客户而言，企业资信调查报告能为金融机构确定信贷计划、处理逾期账款等提供重要参考。

2. 企业资信调查报告的分类

企业资信调查报告根据不同分类标准，可进行不同划分。按报告内容描述特点不同，企业资信调查报告分为简单调查报告与详细调查报告。按报告用途不同，企业资信调查报告分为一般调查报告和专项调查报告。专项调查报告包括企业注册情况报告、产权调查报告、信息采集报告、信用核查报告、经营背景报告、付款行为分析报告、供应商评估报告、决策层个人信用报告、企业家族调查报告、渠道销售企业专用信用报告、担保方资格审查信用报告、竞争对手调查报告、市场调查报告、行业调查报告、国家风险调查报告等。

（二）企业一般资信调查报告的主要内容

相比就某一领域进行深入调研的企业专项资信调查报告，企业一般资信调查报告可以较全面地涵盖企业资信情况，企业一般资信调查报告的内容包括但不仅限于以下内容：

1. 基本情况

基本情况包括企业成立时间、经营范围和业务变迁、注册资本与变迁、企业性质、企业名称及商标、基本股东构成、经营项目等。相比标准企业征信报告，企业一般资信调查报告可以结合线下现场调查，更注重目标企业资信情况的动态变化，时效性、准确性更强。

2. 组织机构与经营管理者情况

组织机构与经营管理者情况包括企业主要股东及其背景、股份结构、资本变动、董事监事、实际经营管理团队与劳务状况等。经营管理者往往决定企业的兴衰成败，卓越的经营管理者可以临危不乱，再造生机，使亏损企业重新崛起；平庸的经营管理者，即使接手优良企业，也会使企业渐丧优势。企业一般资信调查报告会结合线上与线下调查，通过直接面谈、间接调查、同业评价、社会评价等方式综合评估经营管理者情况。劳务状况包括企业人员的数量、构成比例、流动率、薪金水平、出勤状况和工作态度等。劳资之间协调与否对企业发展有很大影响。劳务状况的评估调查是标准企业征信报告所不具有的，因为这一内容更依赖现场有针对性的实地调研。

3. 经营与运营管理情况

企业经营条件包括自然条件、厂房条件、设备条件、技术条件等客观性条件。此项内容专业性较强，与行业调研结合紧密，依赖线下调查获得第一手资料。

运营管理调查包括经营与管理机构的设置、经营与管理计划的制订和执行、内部统计三大类内容，范围极广，涉及生产活动、销售活动的方方面面。

4. 财务情况

企业一般资信调查报告会对企业流动比率、速动比率、资产负债率、存货周转率、营业利润率等重要财务指标进行核实校验与分析；会调查企业与银行的往来贷款，描述目标企业的偿债能力等。

5. 其他内容

企业一般资信调查报告还会说明行业动态、发展前途、市场情况、关联企业等，综合分析企业的历史和现状，给出评定结论。

（三）企业资信调查的主要方式

根据国际惯例，企业资信调查有以下四种方式。

1. 通知调查

在调查前通知调查对象，由调查对象提供客户总目录与账簿资料及其他相关资料，然后，调查人员采用抽样的方法，对相关单位和个人进行访问即为通知调查。如果客户委托内容中有内部管理一项，调查人员还要对调查对象内部员工进行访问，并查阅内部管理制度等，最终出具调查报告。这种方式能够较全面地了解调查对象的信用情况，但对调查人员的理论素养及分析判断能力要求较高。通知调查一般在客户与调查对象洽谈战略性合作关系时进行。

2. 全面秘密调查

在调查前不通知调查对象，由调查人员对调查对象的信用情况进行全面的调查访问即为全面秘密调查。这种方式调查时间长、花费大，对调查人员素质要求较高，调查结论真实性较高。

3. 表面秘密调查

在调查前不通知调查对象，由调查人员在外围对调查对象的信用情况进行随机的调查访问即为表面秘密调查。由于难以取得调查对象的配合，因此表面秘密调查全面性不够，同时，因访问对象较少且与调查对象关系较远、了解较少，有时可能得出片面的结论。这种方式适用于客户与调查对象发生一次性合作时使用。

4. 通知与秘密相结合的调查

这种调查全面但花费较高。

知识链接

征信机构开展外商资信调查的渠道

我国国际贸易合作交往频繁密切，若国内企业缺乏对外商的事先资信调查，则会致使经济纠纷大幅度增加。知彼知己，才能防范商业欺诈。企业可以尝试从以下渠道开展外商资信调查：

1. 通过国内的咨询机构调查

我国境内已建立一批咨询调查机构，可随时接受客户的委托，提供全球范围内外商资信调查报告。

2. 通过国内往来银行向国外的往来银行调查

中国银行在世界上许多国家和地区设有分行、办事处等机构，与当地的银行之间有业务往来、信息沟通，企业向其发出资信调查函，可得到帮助。

3. 利用工商名录进行调查

工商名录分国内工商名录和国际工商名录。国际工商名录收录了各国著名的贸易公司的商号、电报、电话、传真、公司地址、主要经营项目及主要经营情况。这类名录通常是由各国商会编制的。

4. 通过我国驻外商务机构调查

目前，中国驻外使领馆提供一种文件认证服务，国内工商机构在登记时一般以此为准。这种认证文件对于在国内注册公司是足够的，若与外商合作，企业还要结合其他因素综合考虑。

5. 通过国外咨询机构或调查公司调查

国外著名的咨询机构、资信调查公司的调查报告详细准确。对于公司背景的调查，它们可从政府公司注册机构、税务局、银行、信用评估机构等地获取相关资料。通常需要交费取得这些资料，而且只能是有资格的机构才能取得资料。

6. 委托律师参与资信调查

律师可按委托人的要求到被调查人所在地调查户籍档案、到工商登记机构调查企业登记材料、到房地产管理部门调查房产情况等，为调查对象出具资信调查法律意见书。

案例分析

海外赊销交易中买方主体的资信调查

案例：

国内某旅游用品出口商C公司在一次海外展会中结识了匈牙利D公司华人业务负

责人王经理，双方自 2011 年开始小额贸易。在近两年的交易过程中，C 公司觉得匈牙利 D 公司操作规范、付款及时，双方逐渐建立起互信关系。交易期间，王经理作为匈牙利 D 公司的唯一联系人，包括询盘、定价、运输、提货、付款等在内的全部操作均由其出面完成，C 公司一度忽略了对新市场的分析研究和对交易伙伴的冷静判断。2023 年，C 公司决定扩大与匈牙利 D 公司的交易规模，将单次交易金额由几万美元大幅提高至 40 万美元，支付方式为货到付款（O/A）45 天，期望依托匈牙利 D 公司开拓东欧市场。

货款到期日已过，匈牙利 D 公司发生了拖欠。经多番追讨，匈牙利 D 公司始终未能偿还欠款。于是 C 公司向中国出口信用保险公司（简称中信保）通报可能损失。按照惯例，中信保首先向匈牙利 D 公司发出了质询函，匈牙利 D 公司负责人签发书面回函，称从未与 C 公司进行贸易往来，在 2021—2022 年从未向 C 公司支付过任何款项，对相关欠款并不知情，并进一步表示其公司没有“王经理”。带着诸多疑问，中信保就案件展开了深入调查。

C 公司表示，从“王经理”的身份看，其在历史交往中所使用的邮箱后缀清晰显示为匈牙利 D 公司，对于其业务负责人的身份，也有相关名片为证，凭这两点可以充分证明“王经理”系匈牙利 D 公司雇员，其行为应由匈牙利 D 公司承担法律后果。从买卖双方的历史贸易单证看，提单的通知人和收汇水单的付款人均显示为匈牙利 D 公司，相关单据是证明贸易事实的有力证据。从此次拖欠款项涉及的货物情况看，根据船运公司确认，货物已由匈牙利 D 公司凭正本提单提货，推测目前货物就在匈牙利 D 公司控制之下，其否认欠款属无赖之举。

中信保经分析认为，C 公司的主张存在诸多漏洞：

第一，以名片及邮箱后缀来认定“王经理”的行为由匈牙利 D 公司承担法律后果存在不确定性，对于此类疑似诈骗的案件，除非有清晰、完整、有说服力的证据链支撑，否则法院很难支持 C 公司的主张。

第二，证明贸易事实存在最有效、最直接的书面证据，是经双方签署生效、符合一国法律形式要件的合同文书，其他如提单或付汇水单等单证仍需结合更多证据才具备主张事实存在的前提条件。

C 公司仅以两份简单文件为支点，难以支撑起整个贸易事实。中信保经对相关贸易单证和操作环节的反复分析，并通过专业渠道对匈牙利 D 公司展开背景调查，发现匈牙利 D 公司成立仅数年时间，业务规模总体并无明显增长，管理层中除一人为匈牙利本土人士外，其余均为华人。最后，中信保通过各种渠道查清“王经理”并非匈牙利 D 公司员工，而是中国香港 E 公司的负责人，“王经理”通过中国香港 E 公司在内地采购商品后转卖给匈牙利 D 公司，“王经理”认为 C 公司的货物质量有问题，因而拒不付款。而中国香港 E 公司是一家典型的“皮包公司”，像“王经理”这样的“幕后老板”无须现身，仅委托当地专业的会计师事务所或秘书公司负责年检等相关事宜，即可使公司保持“存续”状态。中国香港 E 公司注册资本仅 1 万港元，在法律上承担有限责任，一旦陷入商业纠纷并被诉诸法律，其承担责任的经济能力十分有限。

从惯常的思维角度看，无论在匈牙利还是在中国香港，民事法律救济在过程和结果上都充满不确定性，且相关工作在金钱成本和时间投入上难以估量。中信保决定放弃对中国香港E公司和匈牙利D公司提起民事诉讼的常规追讨策略，而是将矛头集中指向“王经理”，在中国香港的法律体系下，积极推动相关司法部门认定和追究“王经理”的刑事责任。在巨大的压力下，“王经理”以公司名义主动提出和解，C公司从经济角度权衡利弊后，最终接受了和解方案，挽回了部分损失。

分析：

本案例中，C公司对贸易对手的背景身份缺乏最基本的了解，暴露出C公司在法律领域的相关知识、经验和技术积累比较薄弱，在信息收集、客户管理、风险预警等贸易流程的重要环节上存在管理缺位。

出口企业要在合作初期即对买方客户展开资信调查，对买方的发展历史、经营状况、主营产品、诉讼记录、管理层变动等重要信息进行收集整理，必要时应要求买方提供工商注册记录、纳税证明、买方负责人或业务员身份证等证件信息；有条件的出口企业还可以委托第三方调查机构，对买方资信状况做进一步核实，或亲自出国对买方进行实地考察。对买方关键信息进行动态更新，对重要的资质文件进行存档管理，可以有效排除那些资质不良、信用较差、存在较大违约风险的买方企业，有效防范贸易风险。

与此同时，单证是国际贸易交往中权利及义务流转的重要载体，单证管理不仅体现在事前的识别和防范上，更体现在风险发生后如何妥善应对上。出口企业应以贸易合同为基本框架，对相关出运、交付、质检等操作环节的履约情况进行详细记录，对涉及的相关贸易单证和函件进行归档备案，围绕国际买卖的债权债务关系形成相对完整的证据链条，一旦发生风险或合同纠纷，能够在第一时间做出反应，积极寻求法律救济。

七、量化指标分析报告

量化指标分析报告也称风险指数报告。在评估企业信用风险水平时，除了第三方信用评级机构给出的信用评级，还有诸多其他信用风险量化指标。第三方征信机构可以根据客户的要求，提供定制的风险指数，生成个性化的量化指标分析报告。

企业资信评级和风险指数可用于确定授予企业群的总体信用额度和特定企业的个体信用额度。风险指数通常是预测企业的违约率，经过一定换算，能够求出授信额度的参考值，以指导授信工作。在数据条件不充分或者有其他目的的情况下，企业征信机构也可以制作用于预测其他风险的指数，如预测调查对象技术性破产可能性的风险指数。

知识链接

量化指标的制作

第三方征信机构可以根据客户的要求，提供定制的风险指数，最终生成量化指标分析报告。企业征信机构量化指标的制作流程大致包括 6 个操作步骤：

（1）分析、选择相关的风险因素。

（2）确定评级的指标。

（3）分配指标权重，形成评价指标体系。

（4）计算企业的资信分值与级别。

（5）分析资信评级结果是否与实际情况相符。

（6）指导授信工作，确定信用额度。

单元二 商账追收

一、商账追收的概念

商账追收是指专业机构通过专业的追收服务，帮助企业及时高效地收回逾期账款或应收账款，降低企业坏账率，防范和规避由于赊销交易带来的风险。规范的商账追收是现代商业经济运行必不可少的润滑剂，作为债务双方的中间人，商账追收还能够协调商业矛盾，降低交易成本。

我国商账追收服务发展时间短，生存环境艰难，法律地位不稳固，在信用服务行业中发展严重滞后，产品缺乏、专业性不够、覆盖面小、规模小，难以满足市场需求。国内开展商账追收业务的主体主要有四类：金融机构内部催收部门、征信机构、第三方外包催收机构、律师事务所。金融机构内部催收部门催收，主要通过电话、短信、信函等方式提醒还款，或通过协商重组债务实现清收。征信机构以非诉手段为主，一般依托征信业务的广泛渠道和专业信息调查能力，通过数据分析、协商谈判等方式追收，部分公司提供债务重组服务。第三方外包催收机构需与金融机构签订外包协议，并接受委托方监督，不得自行开展催收业务。律师事务所的追收方式与征信机构差异较大，追债业务以诉讼为主，其周期长、成本高，适用于金额较大或法律关系复杂的债务。

二、征信机构商账追收业务特点

（1）相对法律程序而言，征信机构商账追收是一种较为温和的追收形式。商账追收机构既作为债权人的代理人向债务人施加压力，又努力帮助债务人寻找解决纠纷的办法；既阐明债权人的立场，又客观分析债务人的情况。

（2）通过不断施加压力，实现回收账款的目标。一方面，商账追收机构与各行业协会、信息收集公司、大型数据库保持密切的联系，增加征信上报通道，通过提高违约成本，形成社会惩戒机制，进而降低客户的违约率；另一方面，商账追收机构利用专业的法律知识向债务人施加法律压力。商账追收行业有国际范围内的追账协会，在国际范围内对债务人进行追踪。

(3) 有针对性地制定追收方案，提高追收效率。对不同逾期期限、不同客户类型（强硬型、阴谋型、合作型、感情型、固执型、虚荣型等）进行分类管理，提高追收效率。

(4) 商账追收机构采用按劳取酬方式收费，不收回欠款就不收取佣金。

三、征信机构商账追收业务运作

完整的商账管理一般包括前期的资信调查、中期的征信信息监测和后期的商账追收。商账追收以追回账款为目标，业务流程可划分为两个阶段：

第一阶段，应收账款跟踪管理阶段。企业将部分或全部应收账款委托给商账追收机构，由其负责管理这些应收账款。一般情况下，商账追收机构在与企业客户（债务人）沟通时，均以企业（债权人）的身份出现，以便客户的理解。

通常在出货日，客户将发票复印件传给应收账款管理公司，由其专业人员将发票复印件、债务人有关资料和销售报告等进行整理和编号，建立应收账款档案。在货到日，应收账款管理公司要以客户服务代表的身份通过电话或传真，主动与客户取得联系，目的主要是表达对客户是否收到货物的关切，注意客户是否有异常反应，记录货物到达日。应收账款管理公司在货物到达一段时间以后，需要与客户联系，询问货物的质量、包装、毁损、变质等情况，了解客户对于货物的满意程度。在货款到期前一周，应收账款管理公司要再一次与客户联系，可视客户情况选择录音电话、传真甚至登门拜访等多种形式，了解客户对交易是否满意，并提醒客户货款的到期日。在货款到期日前一两天内，应与客户直接联系，询问其是否已将货款汇出以及未汇出的原因。

第二阶段，应收账款催收阶段。货款到期后，企业客户还没有付款，商账追收公司应开始催收应收账款。首先出具追收方案，方案被企业认可后，双方签订商账委托合同。追收方案要首先考虑采用内勤催收的方式。内勤催收无法取得成效时，再考虑通过外勤催收。如上述方式都不成功，可由律师出面追讨，律师将与债务人进行沟通，强调诉讼的后果，争取诉讼前解决问题。如果债务人没有协商解决的意图，经过调查，债务人有偿付能力的，商账追收公司就向客户建议提起诉讼。如果企业同意进行法律诉讼，商账追收公司就着手进行诉讼和财产保全事宜，协助进行财产调查和法院执行，以收回欠款。

知识链接

逾期债务的追收方式

1. 直接扣除债款

债务协议有约定的，债款直接从借款人或保证人的账户中扣除。在订立借贷或贸易合同时，债权人要把握主动权。

2. 及时主张债权

直接要求债务人、保证人履行债务。按照规定，债权人主张权利是导致诉讼时效中断的一种方式（诉讼时效中断是指诉讼期间重新计算）。催款通知书是债权人主张权利的凭证，可引起诉讼时效的中断，防止逾期贷款超过诉讼时效丧失法律保护。催款通知书要由债务人签字，保证人、法人、财务负责人签署回执。

3. 申请强制执行

在符合法律规定的条件下，可以向人民法院申请强制执行借款人、保证人的财产或者向人民法院申请支付令，以及时弥补债权人的损失。

4. 行使代位权

债务人无力偿还债务，但债务人享有别的债权，且怠于行权时，债权人可依法向人民法院请求以自己的名义代位行使债务人债权。

5. 行使撤销权

债务人放弃到期债权、无偿转让财产、以明显不合理的低价格转让财产时，债权人可申请人民法院撤销债务人以上行为。撤销权自债权人知道或应当知道撤销事由之日起一年内行使。

6. 行使抵销权

银行与债务人互有到期债务时，可依法将自己的债务与对方债务抵消。一方在主张抵消时应当通知对方，通知自到达对方时生效，抵消不得附加条件或期限。

7. 提前追究违约责任

债务人明确表示不履行债务时，债权人可依法要求债务人在债务履行期满之前承担违约责任。

8. 申请破产

以上手段都无法收回债务时，债权人可申请借款人、保证人破产。

案例分析

不良贷款的成功清收

案例：

2021 年 7 月，A 集团与 B 县政府签订合作协议，A 集团投资 100 亿元，用地 4 500 亩；建设信息产业园，并于同年 8 月在 B 县经济开发区注册 C 咨询有限公司（以下简称 C 公司），注册资金 1 亿元，主营计算机软件等产品的研发、生产、销售。公司成立后，着力于产业园区的开发建设，累计投入资金 2 亿元，在建工程建筑面积约 74 亩，其中服务中心等已投入使用，标准厂房已出租，已有一家电脑公司落户并开始生产经营。

农业银行 B 县支行于 2021 年 9 月对 C 公司发放首笔保证贷款 4 000 万元，之后最高贷款余额达 1.48 亿元，2023 年末开始逐步下降，至 2024 年 3 月贷款余额降至 9 990 万元。

而在经营过程中，C 公司为 D 科技发展公司担保，进而引发了诉讼，2024 年 2 月，D 科技发展公司所在省高院查封、冻结了 C 公司的土地使用权及银行账户，标的总额 1.56 亿元。C 公司经营陷入困境，农业银行 B 县支行的贷款存量 9 990 万元，全部因此成为不良贷款。

银行应该如何清收该笔不良贷款？

分析：

2025 年 1 月，农业银行 B 县支行成功收回 C 公司的全部贷款 9 990 万元，贷款利息 583.5 万元，诉讼费用等 210.5 万元。银行成功收回不良贷款的原因在于：

(1) 逐步减少信用额度。2023 年下半年起，A 集团的风险就初露端倪，农业银行 B 县支行意识到这个问题，及时发出风险预警，减少信用额度，2023 年下半年减少 3 000 万元，2024 年又减少 1 800 万元，截至诉讼日信用贷款余额降至 9 990 万元。

(2) 及时将股权质押转换为土地抵押。在农业银行 B 县支行贷款的发放过程中，曾经有 6 000 万元的上市公司股权质押贷款，在后期的信贷管理中，农业银行 B 县支行要求企业书面承诺将剩余土地抵押给该行，并选择适当时机及时把股权转换成土地抵押。事实证明，这一举措为后期的完整清收创造了前提条件，因为随着 A 集团经营的恶化，其流通股也仅值 1 元/股，法人股更不值钱，质押股权大幅贬值，而抵押的土地则由抵押时的 7 万元/亩升到处置时的 10 万元/亩。

(3) 积极与 C 公司联系，共同寻求妥善解决方案。2024 年 2 月 C 公司账户及资产被冻结后，农业银行 B 县支行积极与 C 公司高层沟通，商讨贷款处置方案，要求企业落实 3 个月的贷款利息以减少损失，同时督促企业加强与法院的沟通，争取尽早对封冻财产采取解冻措施，以实现银行对抵押资产的处置，取得了案件处理的主动权。

单元三 其他企业征信产品

一、数据增值服务

数据增值服务，是指征信机构依据庞大的数据资源，向客户提供信用监测、行业研究等服务。

（一）信用监测与信息提示

信用监测包括对目标企业的重大新闻、诉讼记录、注册信息、股东信息、财务状况、账户信息、商标专利等信息的动态监控服务。

信息提示是指信息主体的信息出现重大变化，征信机构认为这一变化会引起信息主体风险状态改变时，及时向客户发出提示。这项服务的出现是因为客户每查询一次信息主体的信用报告，都要付费，所以在贷后管理中不能保证经常实时查询。

（二）行业研究

行业研究类产品主要包括行业风险指数和行业研究报告。

行业风险指数是指集合行业中大量企业的信用信息，经专业风险评价模型计算得出的结果，以反映行业风险状况与变化趋势。

行业研究报告是根据客户需求，对某一行业或行业中主要公司进行的统计分析，一般涉及宏观经济环境、行业竞争环境、行业发展机会和风险等。此类报告可为投资项目的可行性分析、市场进入方案分析、新产品开发分析等提供重要参考。

二、市场营销服务

市场营销服务，是指通过客户分类评价、评分卡、大数据画像等方法，来准确评估客户个人，进而帮助企业客户识别潜在客户、获取新客户、提高客户留存率、开发更符合客户需求的产品、以最符合客户习惯的方式联系客户等。市场营销服务可应用于整个营销管理中，主要包括客户获取、营销产品组合管理、客户风险分析等环节。

市场营销类产品从严格意义上说不是征信产品，是征信机构利用其庞大的数据信息，经过加工，为商业机构提供的市场营销服务。这类服务受国家法律约束，在一些对个人隐私有严格保护的国家，此类产品的开发受到严格控制。

三、信用风险管理服务

信用风险管理服务，是指征信机构利用自身数据处理和分析技术，以及基于自身经验开发的应用程序等，为客户提供应用程序服务、业务流程管理服务、内部软件开发服务等，帮助客户评估和管理信用风险，提高盈利能力。这是征信机构提供的综合性高端服务，充分体现了征信机构作为一个风险管理专家的特征。常见的信用风险管理服务包括：

（1）评分系统开发服务。

此项服务能够帮助客户开发各种评分工具，以预测违约率等。

（2）应用程序服务。

此项服务能够根据客户需求，开发程序系统以供客户管理业务，辅助决策。

国内企业征信服务产品主要集中在基础征信领域，以提供信用报告服务以及以此为基础的信用评分服务。随着多元化征信市场格局逐步形成，企业征信服务产品日益丰富，服务于经济和社会的能力也不断增强。

阅读资料

邓白氏的业务条线

根据邓白氏的年报，其业务可以概括为：提供风险管理解决方案和市场营销解决方案。

1. 风险管理解决方案

风险管理解决方案帮助客户减少面临的信用风险、操作风险和合规风险，使客户改善现金流、提高盈利能力。该方案可以帮助客户回答以下问题：我是否应该向新客户授信？我是否可以和这家公司做生意？我应该提供多大的信用额度？这个客户会及时还款吗？我如何规避供应链资金断裂风险？我是否满足监管要求？

风险管理解决方案的主要产品如下：

(1) D&B CreditTM：订阅服务，实时获取完整的邓白氏数据库信息，监测相关企业，并获取相关分析。

(2) 多样的商业信息报告：按次付费服务（以交易为基础）。

(3) 数据即服务（Data as a Service，DaaS）产品：将邓白氏的内容直接整合到客户每天使用的应用平台上。

(4) 企业监控和改善自己信用状况的服务。

(5) 供应商风险管理产品：监测、预警和分析供应商风险。

(6) 合规套件：通过审查和监测客户与第三方服务商来帮助客户满足反洗钱、反贿赂和反腐败监管要求。

邓白氏在风险管理解决方案上的竞争对手是企业内部相关团队和包括艾克飞和益博睿在内的企业外部服务商。

2. 市场营销解决方案

市场营销解决方案帮助客户回答以下问题：谁是我最好的客户？我该如何分配销售资源？我如何确保我的客户数据是准确的、及时的、稳健的？如果我想营销，应该找哪些人？我如何利用在线广告触达潜在客户？

市场营销解决方案的主要产品如下：

(1) 客户数据整合解决方案：净化、确认、连接和丰富客户自己的信息。

(2) 工作流程解决方案：提供上市公司和非上市公司、行业和高管、全球市场营销和研究员信息来帮助企业客户向其客户传递信息。

(3) 数据即服务（Daas）产品：客户关系管理（Customer Relationship Management，CRM）是邓白氏关注的领域，即帮助企业客户管理自己的数据、提高销售收入和改善客户关系。邓白氏还和一些第三方应用服务商建立了关系，这种合作将邓白氏的产品整合进第三方应用服务商的服务。数据即服务产品的战略目标是让客户在任何时间、任何地点只要有需要就能获得邓白氏的数据。

(4) 培训业务、电子认证产品、市场分析服务、通讯录服务等：邓白氏的市场营销解决方案在各细分解决方案（如市场细分和数据管理）上有不同的竞争对手，企业内部相关团队和数据质量软件服务商都是邓白氏在此方面的竞争对手。

四、绿色评级与绿色征信数据产品

2020年9月，习近平主席在第七十五届联合国大会一般性辩论上向国际社会作出碳达峰碳中和的郑重承诺；“十四五”规划明确提出，强化绿色发展的法律和政策保障……大力发展绿色金融。当前中国的ESG评级与绿色征信作为绿色金融的基础设施正呈逐步发展态势。ESG是环境（Environmental）、社会（Social）和治理（Governance）的英文缩写，反映企业发展过程中在环境、社会和治理三个方面的责任。ESG评级（绿色评级）是指对目标企业自身、债务工具或发行人面临的ESG风险和发展机会进行评估。绿色征信数据产品是指与可持续金融领域相关的数据及产品，包括绿色可持续金融服务的目标企业的原始数据、可持续金融工具或产品、行业的ESG概况、ESG特征或风险敞口等信息。

国内ESG服务提供商具有多样性。一是国内评级公司，如联合信用管理有限公司的子公司联合赤道环境评价股份有限公司发布了首个完整的“主体＋债项”绿色评级认证方法体系；二是指数公司和数据公司，如中证指数有限公司2020年发布沪深300ESG指数系列；三是专业从事ESG业务的公司和组织，如绿色金融专业服务机构商道融绿等。相对应地，国内绿色评级与绿色征信数据产品和服务种类也在不断丰富，主要包括绿色认证、绿色债券信用评级、ESG评价、ESG数据服务、ESG咨询服务、ESG内部管理类系统等。

模块小结

本模块介绍了企业征信市场的主要产品。企业征信报告是企业征信系统的基础产品，按照内容的不同，分为标准征信报告、信用评级报告、资信调查报告等。标准企业征信报告以中国人民银行企业征信报告（自主查询版）为代表。企业信用评级报告是由第三方征信机构对信息主体的信用等级进行划分，常用于债项评级、招标投标等审核环节。企业资信调查报告是企业征信机构接受客户委托，对客户交易对手的资历与信用进行调查后形成的结论性报告。

商账追收是指通过专业的追收服务，帮助企业及时高效地收回逾期账款或应收账款，降低企业风险率和坏账率。

此外，国内外征信机构还开展了信息提示等数据增值服务、以客户征信数据为依托的市场营销服务、外包或合作形式的信用风险管理服务。

同步练习

一、判断题

征信报告中负债的展示顺序为先表外后表内。（　　）

二、单选题

1. 中国人民银行企业征信报告中，信息要素最全的版本是（　　）。

A. 银行版　　B. 政府版　　C. 社会版　　D. 自助查询版

2. 以下内容不属于企业征信报告中公共信息的是（　　）。

A. 欠税记录　　B. 民事判决记录

C. 行政处罚记录　　D. 关联投资记录

3. 关于信用评级报告的用途，以下说法错误的是（　　）。

A. 企业信用评级报告长期有效

B. 信用评级报告是招标投标的通行证

C. 信用评级报告是对企业偿债能力而非企业价值的评价

D. 由专业的第三方评级机构出具

4. 客户与调查对象仅发生一次性合作时，适于使用（　　）方式。

A. 通知调查　　B. 全面秘密调查

C. 表面秘密调查　　D. 通知与秘密相结合的调查

三、多选题

下列关于企业征信机构商账追收的说法，正确的是（　　）。

A. 商账追收是一种较为温和的收账形式

B. 通常采用诉讼的方式追收

C. 对客户进行分类管理

D. 追收无果也要收取佣金

四、简答题

1. 简述中国人民银行企业征信报告（自助查询版）的框架。
2. 标准企业征信报告与企业信用评级报告在用途上有什么区别？
3. 以应收账款追收为例，简述征信机构商账追收的一般过程。
4. 信用监测与信息提示类产品关注的企业征信信息主要包括哪些？
5. 国内常见的企业资信调查渠道有哪些？

模块五 个人征信业务

学习目标

1. 了解个人信用记录型报告和个人信用调查型报告的概念与用途
2. 熟悉中国人民银行个人信用报告的框架
3. 能够查询中国人民银行个人信用报告
4. 掌握个人信用评分的概念，了解常见的个人信用评分模型
5. 了解个人特征变量和反欺诈系统

素养目标

促进道德自律，培养在信用行为上的自我约束和自我监督能力，做到言行一致、表里如一

AI 提示词

个人信用记录型报告　个人信用调查型报告　个人信用评分
个人特征变量　反欺诈系统

学习指导

本模块内容与征信实务紧密结合，芝麻信用等征信平台可以了解个人信用状况。个人征信与个人社会生活息息相关，本模块的学习有助于读者建立维护个人良好征信记录的意识。

单元一　个人征信报告

一、个人征信报告的概念

个人征信报告是全面记录个人信用活动、反映个人信用状况的文件，属于个人信用信息基础数据库的基础产品，是个人的经济身份证，被广泛应用于贷款审批、信用卡审批、任职资格审查、员工录用等领域。

二、个人征信报告的类型

理论上，个人征信机构所生产的报告产品都可以称为个人征信报告。依据国际惯例，个人征信机构生产的报告分为客观报告和主观报告两大类，也称个人信用记录型报告和个人信用调查型报告。

（一）个人信用记录型报告

个人信用记录型报告一般仅记录客观资信信息，而不做评价与数据分析。个人信用记录型报告是大型个人征信机构的主流报告产品，市场需求量大，是汇集消费者个人信用记录的基础产品。中国人民银行的个人信用报告就是典型的个人信用记录型报告。除此之外，市场上常见的个人信用记录型报告包括购房信贷信用报告、面向雇主的雇员就业报告、用于维系客户的商业报告、对评分结果进行说明的个人信用评分报告等，这些报告都客观记录了信息主体的资信状况。

制作个人信用记录型报告需要依靠巨型个人征信数据库。个人征信数据库为每个人建立了信用档案，在接到查询申请时，个人征信机构直接从个人征信数据库中调出该调查对象的资料，经过快速汇总，形成个人信用报告。个人信用记录型报告须符合一定的制定标准。

（二）个人信用调查型报告

个人信用调查型报告是征信机构为满足客户个性化需求，经过个人信用调查后形成的报告。这里的个人信用调查是指个人征信机构对自然人的信用状况进行调查和分析，包括对消费者信用价值的主观评价。相比个人信用记录型报告，个人信用调查型报告补充了更多现场访谈、调查性资料和调查员的主观评价等内容。

个人信用调查型报告的特点是注重对非公开信息和非结构化信息的搜集，获得信息的渠道通常是线下调查，并且这种服务具有定制化的特点。制作个人信用调查型报告依赖传统的个人信用调查，征信机构在接到对自然人进行调查的委托后，派调查员去采集被调查主体的信用信息，加以分析后，形成信用调查报告。

个人信用调查型报告没有严格的行业标准，制作时采用传统的资信调查作业方式。由于服务对象的需求不同，因此报告没有固定的格式和质量要求。由于个人征信机构资质水平不同，因此报告具有差异性。

个人信用调查型报告的主要客户是保险公司和雇主，其市场需求量比较小，主流的个人征信机构较少生产这种报告。目前，这种委托调查的作业方式更多地被市场上一些小型个人征信机构、律师事务所和商务调查公司所采用。在我国，此项业务主要服务于职位招聘，知了背调、萝卜猎手等机构有此类业务。

三、中国人民银行个人信用报告

（一）中国人民银行个人信用报告的分类

个人信用报告的使用目前仅限于商业银行、依法办理信贷的金融机构（主要是住房公积金管理中心、财务公司、汽车金融公司、小额信贷公司等）和中国人民银行，个人也可以在中国人民银行获取自己的信用报告。

根据使用对象的不同，个人征信系统提供了不同版本的个人信用报告，包括供银行查询的银行版、供个人查询的个人版、供其他社会服务主体查询的社会版、供征信系统管理使用的征信中心版。

（二）中国人民银行个人信用报告的内容

中国人民银行个人信用报告的内容包括：个人基本信息、信贷交易信息、非信贷交易信息、公共记录信息、本人声明与异议标注、查询记录信息。

1. 个人基本信息

个人基本信息显示客户本人的基础信息，包括身份信息、婚姻信息、居住信息、职业信息等，具体数据项包括姓名、性别、证件类型、证件号码、出生日期、学历、地址、配偶姓名等。

2. 信贷交易信息

信息概要是对个人信用状况的总体概述，包括信贷交易信息提示、信贷交易授信及负债信息概要、查询记录概要。信贷交易信息提示汇总了个人贷款和信用卡账户数量、授信总额、逾期情况等；信贷交易授信及负债信息概要详细列出了各类贷款和信用卡的授信额度、余额、逾期金额等；查询记录概要展示了最近两年内机构查询征信报告的次数及原因（见图 5－1）。

信息明细，包括资产处置信息与代偿信息（见图 5－2）、信用卡信息（见图 5－3）、贷款信息（见图 5－4）。

信贷记录

这部分包含您的信用卡、贷款和其他信贷记录。金额类数据均以人民币计算，精确到元。

信息概要

	资产处置信息	垫款信息
账户数	1	3

	信用卡	贷款		其他业务
		购房	其他	
账户数	8	4	5	8
未结清/未销户账户数	4	2	3	7
发生过逾期的账户数	4	2	2	4
发生过 90 天以上逾期的账户数	4	1	1	1

逾期记录可能影响对您的信用评价。

购房贷款，包括个人住房商业贷款、个人商用房（包括商住两用）贷款和个人住房公积金贷款。

	为个人	为企业
相关还款责任账户数	1	3

发生过逾期的信用卡账户，指曾经"未按时还最低还款额"的贷记卡账户和"透支超过 60 天"的准贷记卡账户。

图 5－1　信息概要

资产处置信息

1.2012 年 03 月 12 日，东方资产管理公司接收债权，金额为 11,000,000。截至 2014 年 11 月 11 日，余额为 920,000，最近一次还款日期为 2015 年 12 月 11 日。

代偿信息

1.2012 年 02 月 02 日以来中国人寿保险公司累计代偿金额 80，000。截至 2014 年 09 月 9 日，余额 70,000，最近一次还款日期为 2014 年 10 月 10 日。

2.2013 年 02 月 02 日以来富登融资租赁担保公司累计代偿金额 400,000。2016 年 1 月已结清。

图 5－2　资产处置信息与代偿信息

信用卡信息

从未逾期过的贷记卡及透支未超过60天的准贷记卡账户明细如下：

1. 2015年01月02日中国建设银行股份有限公司山西省分行发放的贷记卡（人民币账户，卡片尾号：4952）。截至2025年02月，信用额度5,000，已使用额度0。
2. 2015年03月11日中国农业银行股份有限公司山西省分行发放的贷记卡（人民币账户，卡片尾号：8042）。截至2025年03月，信用额度50,000，已使用额度0。
3. 2015年12月24日中国银行股份有限公司山西省分行发放的贷记卡（人民币账户，卡片尾号：6495）。截至2025年02月，信用额度10,000，已使用额度0。
4. 2017年08月28日中国工商银行股份有限公司山西分行太原分行发放的贷记卡（人民币账户，卡片尾号：5324）。截至2025年02月，信用额度19,000，已使用额度8,620。

图 5－3　信用卡信息

贷款信息

发生过逾期的账户明细如下：

1. 2008 年 8 月 30 日中国农业银行北京发放的 600,000 元（美元折人民币）住房贷款（其他机构转入），2028 年 8 月 30 日到期。截至 2016 年 7 月，余额为 572,750，当前有逾期。最近 5 年内有 1 个月处于逾期状态，没有发生过 90 天以上逾期。
2. 2008 年 9 月 30 日中国农业银行北京分行发放的 100,000 元（人民币）汽车贷款，2018 年 8 月 30 日到期。截至 2016 年 7 月，余额为 72,750，当前无逾期。最近 5 年内有 2 个月处于逾期状态，没有发生过 90 天以上逾期。

从未逾期过的账户明细如下：

3. 2010 年 5 月 8 日北京银行金融街支行发放的 200,000 元（人民币）住房贷款，2029 年 5 月 8 日到期。截至 2016 年 7 月，余额 50,000。

图 5－4　贷款信息

3. 非信贷交易信息

非信贷交易信息明细部分记录了个人最近 5 年内的非信贷交易记录，包括固定电话、移动电话、自来水费等后付费业务的缴费情况（见图 5-5）。

非信贷交易记录

这部分包含您最近 5 年内的非信贷交易记录。金额类数据均以人民币计算，精确到元。

后付费记录

机构名称：中国电信北京分公司	业务类型：固定电话后付费	记账年月：2016 年 7 月
业务开通日期：2012 年 6 月 28 日	当前缴费状态：欠费	当前欠费金额：550
机构名称：中国移动北京分公司	业务类型：移动电话后付费	记账年月：2016 年 6 月
业务开通日期：2013 年 1 月 31 日	当前缴费状态：正常	当前欠费金额：0
机构名称：北京自来水公司	业务类型：自来水费	记账年月：2016 年 6 月
业务开通日期：2014 年 1 月 31 日	当前缴费状态：正常	当前欠费金额：0

图 5-5　非信贷交易信息

4. 公共记录信息

公共记录信息包含信用主体最近 5 年内的欠税记录、民事判决记录、强制执行记录、行政处罚记录（见图 5-6）。

公共记录

这部分包含您最近 5 年内的公共信息。金额类数据均以人民币计算，精确到元。

欠税记录

主管税务机关：北京市东城区地税局　　欠税统计日期：2016 年 7 月

欠税总额：500	纳税人识别号：CN12485442333

民事判决记录

立案法院：北京市宣武区人民法院　　案号：(2015) 京民-初字第 00056 号

案由：房屋买卖纠纷	结案方式：判决
立案日期：2016 年 1 月	判决/调解结果：被告张三赔偿原告李四人民币 420,000。
诉讼标的：房屋买卖纠纷	判决/调解生效日期：2015 年 4 月
诉讼标的金额：500,000	

图 5-6　公共记录信息

5. 本人声明与异议标注

本人声明是信息主体本人对信用报告中某些无法核实的异议所做的说明。异议标注是征信中心异议处理人员针对信用报告中异议信息所做的标注或因技术原因无法及时对异议事项进行更正时所做的特别说明。

6. 查询记录

反映信息主体信用报告被查询的历史记录，显示了查询信用报告的机构、查询时间和查询理由。如图 5-7 所示，展示内容包括查询日期、查询机构和查询原因等。

银行商贷、非银行金融机构在提供产品服务时，都会以个人信用报告信息为重要参考。

查询记录			
这部分包含您的信用报告最近2年内被查询的记录。			
机构查询记录明细			
编号	查询日期	查询机构	查询原因
1	2016年7月15日	中国工商银行	贷后管理
2	2015年12月10日	中国农业银行	贷款审批
3	2015年2月12日	中国农业银行	担保资格审查
4	2015年2月10日	建元资本	融资审批
5	2015年2月1日	平安财险	保前审查
本人查询记录明细			
编号	查询日期	查询机构	查询原因
1	2016年7月25日	本人	本人查询（互联网个人信用信息服务平台）
2	2015年11月23日	本人	本人查询（互联网个人信用信息服务平台）
3	2015年10月10日	本人	本人查询（商业银行网上银行）
4	2015年9月2日	中国人民银行营业管理部	本人查询（临柜）

图5-7　查询记录

（三）中国人民银行个人信用报告解读

信用报告使用者根据个人信用报告反映的信息主体信用状况，将个人信用报告大致分为白户、正常户、黑户和“花”征信。

1. 白户

这里的白户不同于以往的“白名单”。白户有纯白户和普通白户两种。纯白户是指没有任何信用记录的信用报告，即信息主体既没有办理过贷款、信用卡、担保、特约商户认定等，也没有查询过信用报告，征信报告打印出来只有姓名和身份证号码。普通白户虽没有信贷信息，但是有过查询记录。

金融机构从白户的信用报告中得不到任何有价值的信息，对白户的审核态度较为谨慎，往往给予信息主体较低的信用评分。

2. 正常户

正常户分为信用记录良好和有违约记录两种情况。

信用记录良好的正常户是指有过贷款、信用卡、担保等记录，而且所有信贷记录均按时按额履约，没有任何逾期、代偿记录，没有频繁查询记录。信用卡使用额度占授信额度比例较低（如最近6个月平均使用额度占授信额度比例不高于60%）。有使用信用卡最低还款额的记录也是信用记录良好的报告。

有违约记录的正常户是指历史上有过逾期等违约记录，但是违约次数很少、违约时间较短、违约金额较小。金融机构在审查分析这类报告时，会对报告对象有一定的负面评价，但还可以接受。

3. 黑户

黑户是指违约次数较多、违约金额较大、违约时间较长（如连续逾期超过90天）

的信用报告。黑户基本上会被银行拒之门外，但是若信息主体努力结清逾期贷款，则自结清 5 年后，违约记录将不再显示。

4. “花”征信

“花”征信是指近期查询次数过多的信用报告。在银行授信实务中，“花”征信是贷款被拒绝的重要原因之一，因为银行认为过于频繁地查询征信，意味着信息主体非常缺钱，资金链紧张，有较大的违约隐患。至于查询多少次才算“花”征信，与各家银行的风险偏好有关，各家银行的差别也较大。

小贴士

如何维护好自己的征信记录

1. 建立个人信用记录，告别“小白”

现代社会没有信用寸步难行，银行不喜欢信用有污点的用户，但也不喜欢一点信用记录都没有的白户。所以只要你年满 18 周岁就可以开始积累个人信用记录了，可适当使用一些信贷产品，如信用卡。但是不建议在非必需时申请贷款或过多的信用卡，不建议随意为他人提供担保。

2. 定期查询信用报告

通过中国人民银行征信中心定期查询自己的征信状况，可以及时发现信用记录的问题并及时纠正或补救。中国人民银行征信中心根据《征信业管理条例》规定，每年提供 2 次免费个人信用报告查询服务。

3. 出现负面信用记录应及时修复

如果因特殊原因难以足额按约还款，要及时与贷款银行联系，调整还款计划，慎防发生拖欠等违约行为。出现信用卡逾期则要及时缴纳罚息，按时还款。

4. 减少征信查询次数

不要随意点击网上的小额贷款广告链接，可能你并不需要贷款，但点击链接可能引导你测试“信用额度”，相当于进行了一次征信查询。不要随意申请小额网贷，不要在短时间内申请太多的信用卡。频繁出现查询征信的情况，会让银行质疑你的还款能力。

5. 养成良好的消费习惯和还款习惯

不要申请太多的信用卡，容易出现还款漏还；信用卡额度不要长期占用过高，或者出现刷爆卡的情况。适度负债是良好的消费习惯，如果负债太高，银行也会拒贷。

除了信贷交易记录，公共记录也是重要内容。良好的征信记录离不开良好的个人生活习惯，比如按时交水电费、电话费，遵守交通规则等。拖欠水电费、交通违章等行为会通过个人信用报告反映出来，信息主体申请贷款时就容易被银行拒绝。

（四）中国人民银行个人信用报告相关产品

中国人民银行个人信用系统的产品以个人信用报告为主，并以此为基础衍生出一系列相关产品服务，具体如表 5－1 所示。

表 5－1　中国人民银行个人征信系统产品

产品体系	产品名称	主要内容
基础产品体系	个人信用报告	个人基本信息、信贷交易信息、公共记录信息、个人声明与异议标注、查询记录信息等
	个人信息安全提示	是否存在最近 5 年的逾期记录
	个人信用信息概要	面向个人信息主体服务，包括信贷记录、公共记录和最近 2 年内查询记录的汇总统计信息
增值产品体系	个人业务重要信息提示	面向授信机构用户服务，内容包括贷款业务“五级分类”新增“不良”；贷款或信用卡业务新增“当前逾期总额”大于 300 元的 61～90 天逾期或 90 天以上逾期；信用卡业务“账户状态”新增“呆账”；新增在其他机构的“开户日期”在提示日期前 30 天之内的贷款或信用卡；新增被法院列为失信被执行人等情况
	个人信用报告数字解读	0～1 000 分，分值对应一定违约率，分值越高信用风险越小

实训操作

中国人民银行个人信用报告的查询

1. 商业银行经过授权的查询

商业银行查询个人信用报告时必须取得被查询人的书面授权，且留存被查询人的身份证件复印件。目前，全国任一商业银行分支机构都可接入中国人民银行个人征信系统，根据规定，商业银行仅在办理如下业务时，可以向个人征信系统查询个人信用报告：

（1）审核个人贷款、贷记卡、准贷记卡申请的；

（2）审核个人作为担保人的；

（3）对已发放的个人信贷进行贷后风险管理的；

（4）受理法人或其他组织的贷款申请或其作为担保人，需要查询其法定代表人及出资人信用状况的。

2. 信息主体本人查询

中国人民银行征信中心每年提供 2 次免费查询信用报告的机会。目前可通过两种方法查询新版个人征信报告：

第一种是现场查询，居民可以前往中国人民银行各地的征信分中心或指定分支机构，进行柜台查询或自助查询。

第二种是互联网查询，通过中国人民银行征信中心官方网站提交查询申请，在第二天可以获得信用报告。需要注意的是，中国人民银行征信中心未授权任何第三方应用程序（App）提供个人信用报告查询服务。所以中国人民银行征信中心官方网站是唯一的互联网查询渠道。个人征信的互联网查询步骤如下：

（1）打开中国人民银行征信中心官网，点击进入互联网个人信用信息服务平台。

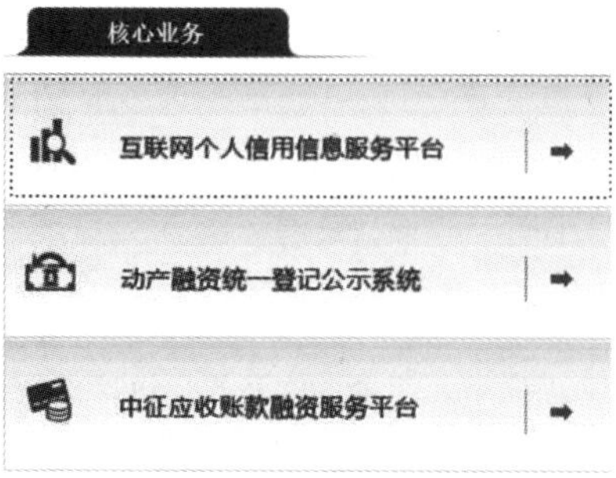

（2）进入注册界面，下载控件，设置登录名、密码等，完成注册。再进入用户登录界面，点击“登录”。

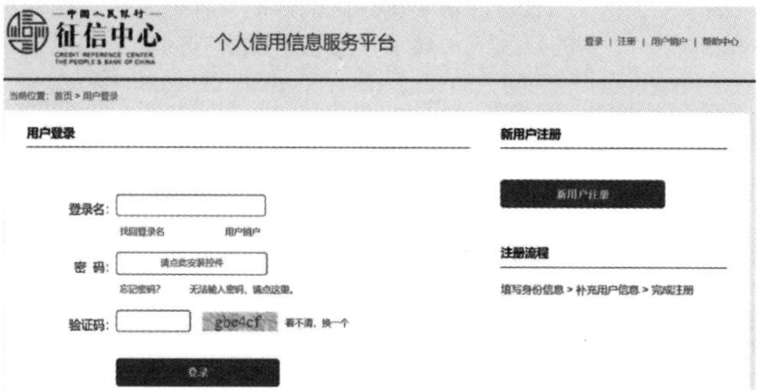

（3）登录后进入新界面，点击左侧菜单中的“信息服务”，再点击子菜单“申请信用信息”；对应的右侧界面中，选择“银行卡验证”，并勾选“选择信用信息”中全部选项，点击“下一步”。

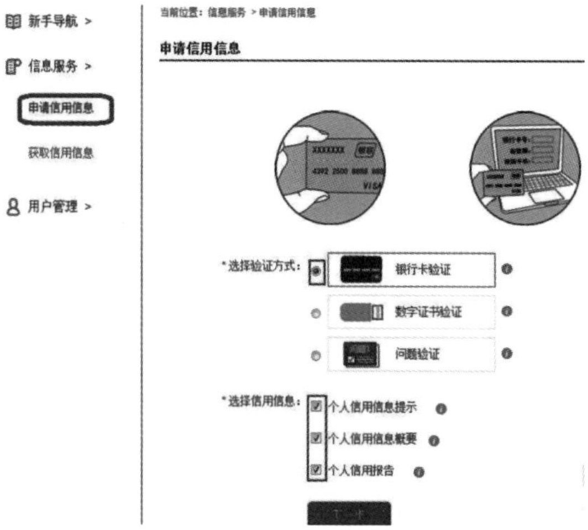

（4）在“申请信用信息”界面中点击“获取银联认证码”按钮。

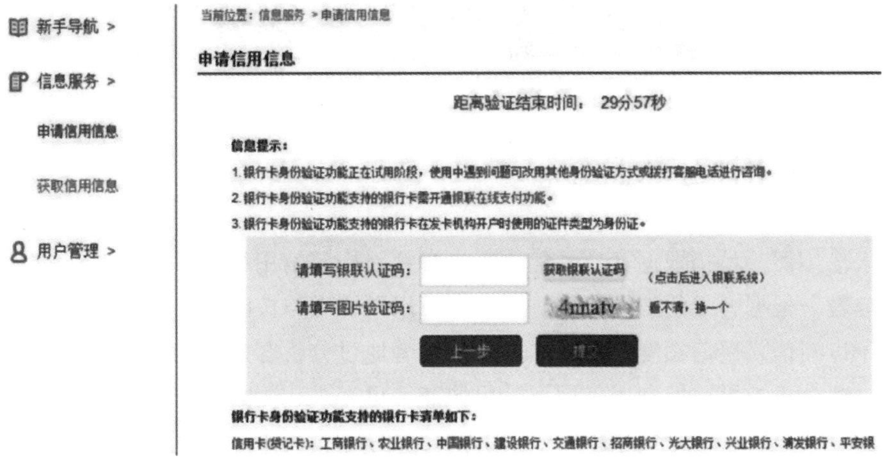

（5）在弹出的“银联账户验证服务”界面中，点击“请点击安装控件”，下载并安装运行安全控件文件之后，完成该页面各项信息的填写，点击“提交验证”。

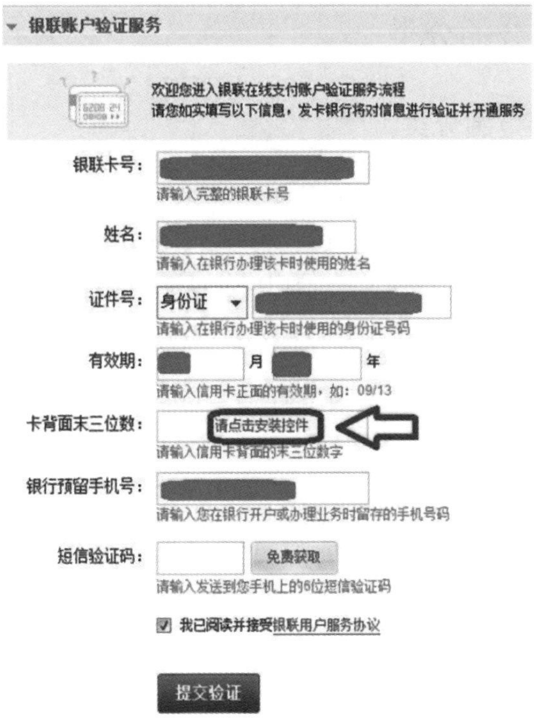

（6）验证通过后，得到银联认证码，点击回到个人信用信息服务平台页面，即步骤（4）中的页面，输入银联认证码，填写验证码后提交。

（7）申请成功。24 小时后登录平台，点击左侧“信息服务”菜单下的“获取信用信息”即可。

单元二 个人信用评分

一、个人信用评分的概念

个人信用评分是指根据客户的信用历史资料，构建信用评分模型，得到的不同等级的信用分数。根据客户的信用分数，授信者可以预测客户按时还款的可能性，并据此决定是否予以授信、授信额度和利率。虽然授信者通过分析客户的信用历史资料，同样可以得到一些分析结果，但利用信用评分更快速、更客观、更具一致性。

对商业银行来说，最常用的个人信用评分是用来预测消费者准时且足额偿还贷款的可能性的。根据信用评分可以预测失信消费者的比例，或该评分的消费者的违约率。对于信用评分产品的开发商来说，这种信用评分产品是个人征信市场的主流信用评分产品。

二、个人信用评分的分类

（一）根据适用范围分类

信用评分是一个比较宽泛的概念，会随着数据源和用途的不同而不同，不同金融机构或征信机构也会开发自己的信用评分，很难有一个信用评分可以适用于整个信贷风险决策领域。按照适用范围的不同，个人信用评分可以分为以下几种。

1. 通用评分

用来预测一系列信贷产品的偿还行为的信用评分，常常被视为通用评分，也称基本评分。

2. 行业评分

用来预测某一特定类型信贷（如车贷）违约可能性的评分是行业评分。

3. 顾客评分

一些信贷机构不依赖征信机构的评分，而是从个人征信机构中获得信用报告，自己开发信用评分来预测自己顾客人群的表现，这种信用评分被称为顾客评分。

（二）根据分析方法分类

在判断信息主体信用风险状况时，按照分析方法的不同，个人信用评分可以分为静态评分和动态评分。

1. 静态评分

静态分析指的是一种均衡状态下的分析，这种状态既可能是一种阶段性的短暂平衡，也可能是一种长久的平衡。静态评分不涉及时间变量，仅分析信息主体在均衡状态或特定时点的情况，时间和变动过程因素完全抽象化。

典型的静态评分，如申请人评分，建立在信贷价值会在未来几年保持稳定这一均衡假设上。信贷机构对借款人是否会在未来的 12 个月内出现 90 天以上的逾期支付进行评估时，会采集借款人一到两年来的信用数据，选择有效的信用评分模型，计算得到借款人的“申请人评分”。

2. 动态评分

在动态分析中，自变量（时间、收入等）改变，因变量（评分）会相应地发生改变。在基础经济学中，动态经济学阐述了一段时间状态的变化过程，将前后进行比较；而静态分析是对一种均衡状态所做的分析。

行为评分是一种动态评分。行为评分是对申请人信用评分的补充，行为评分假设越是临近当前的行为表现，越对信用评分有影响。行为评分不仅评估申请人在过去一年中支付购买的行为，还要继续动态调整评估结果，用于预测未来 12 个月的违约风险情况。行为评分通常每个月更新一次数据。

三、个人信用评分机构与产品

在个人信用评分领域有两个非常重要的方面：第一，客户信用资料的收集，指在信用消费中，调查和收集信贷申请人的信用信息；第二，利用信用评分模型进行评分，输入客户信用资料，通过信用评分模型得到客户的信用分数。基于上述两个重要方面，在个人信用评分发展过程中，逐渐产生了提供不同专业服务的公司。

首先是征信机构。征信机构通过常年收集、积累数据，建立了个人信用资料数据库，并向金融机构提供消费者个人信用调查报告的有偿服务。

其次是信用评分公司。信用评分公司根据业务需要开发各种不同的信用评分模型，将模型提供给商业银行、贷款机构、电信公司、保险公司等需要信用评分的企业。之所以有专业的信用评分公司的存在，一方面是因为各家金融机构经营不同，从目标客户的选择到风控政策的制定各有不同；另一方面是由于开发模型所依赖的数据不同，信用评分模型也因此而异。

最后是授信机构。一些授信机构会开发自己的信用评分模型。比如，银行等金融机构根据自有的数据库开发出自己的信用评分，将自身业务积累的数据作为评分的输入项，这些银行的信用评分可以直接用于信贷和风险决策。随着数据挖掘技术的发展，很多银行组建团队开发自己的信用评分模型。

（一）信用评分公司的信用评分

1. 费埃哲信用评分

（1）费埃哲通用评分。

美国的费埃哲信用评分（FICO 评分）是最具代表性的信用评分，FICO 评分的基础数据来源于美国三大个人征信机构，经 FICO 评分模型分析得出，是一种通用评分，可以广泛地被授信机构使用。美国人常谈“你的得分”，就是指 FICO 评分。

（2）费埃哲其他评分。

1）根据数据源不同，费埃哲建有不同的评分系统。费埃哲开发了三种分别由美国三大个人征信机构使用的评分系统，评分系统的名称各异（艾克飞的评分系统称为 Beacon，益博睿的评分系统称为 FICO Risk Model，环联的评分系统称为 Empirica）。费埃哲所开发的三种评分系统使用的是相同的方法，且都分别经过了严格的测试。即使客户的历史信用数据在三大个人征信机构的数据库中完全一致，从不同征信机构的评分系统中得出的信用评分也有可能不一样，但是相差无几。这主要是由于三家的信用评分模型相互独立，数据存储与处理方式不同，最终分数有些差异。

2）根据信贷产品的不同，FICO 评分模型也不同。常见的分类有：信用卡、消费贷款、房贷、助学贷款、车贷等。其中，美国 3/4 的家庭房贷是基于 FICO 评分做出的评价。

3）根据信用风险管理用途的不同，费埃哲可生产多种评分，包括欺诈风险评分、破产评分、收益评分和债务催收评分。

基于费埃哲开发的信用评分模型，每个消费者有超过 24 个不同的信用评分，可以用于不同的消费场景。据统计，全球信贷市场上大部分信用评分都是费埃哲开发的。

FICO 评分系统

阅读资料

FICO 评分人群及其金融服务机构

FICO 评分模型利用征信数据从多个评分因素考察消费者的信用风险，从 850 分（基础分值）中减分。大致来看，FICO 评分的人群分布状况呈现两头小、中间大的形态，FICO 评分处于 750～850 分的人占 40%之多，这是整个信用社会的中坚阶层，对应美国的中产阶级。同时，大量的人群远低于平均分 678 分。

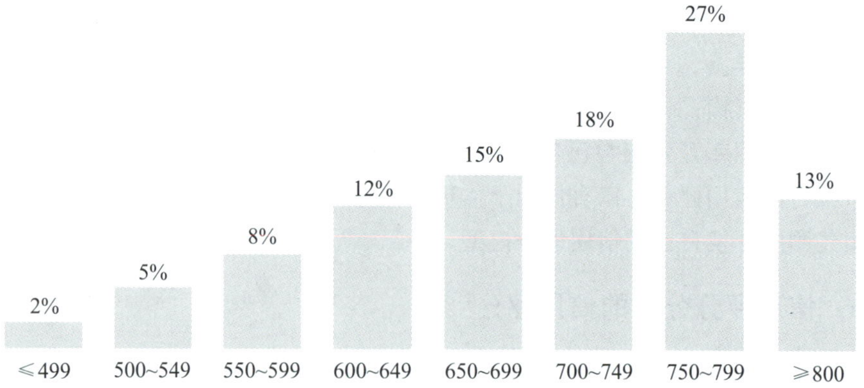

美国 FICO 评分的人群分布状况

FICO评分将服务人群分为四个区间，并对应不同的金融服务机构，如下表所示。信用记录不完整或不完善的个人消费者，依据FICO评分，往往很难被传统金融服务机构所覆盖，无法获得常规的金融服务，或者需要付出很大的代价才能获得常规的金融服务。

FICO评分人群及其金融服务机构

FICO评分	金融服务机构
>750分	美国大银行
601～750分	P2P网贷
500～600分	小贷公司
<500分	新兴互联网金融公司（Zest AI等）

2. Zest AI信用评分

Zest AI信用评分是基于大数据的评分，由于美国传统的信用风险评估体系无法覆盖全部人群，大约15%的人因没有信用评分而被银行排斥在外，无法满足基本的信贷需求。Zest AI通过大数据技术，为这15%的人群提供信用评分，并在“发薪日贷款”业务（借款人承诺在发薪日还款）上得到较好的运用。此外，Zest AI还推出了基于大数据分析的收债评分，为购车贷款、学生贷款、医疗贷款提供一种新的评分系统。

（二）征信机构的信用评分

美国三大个人征信机构开发出了不依赖FICO评分模型的信用评分，但目前这些信用评分无法和费埃哲信用评分相抗衡，只能作为信用教育素材，免费提供给消费者。

为了避免费埃哲对信用评分的垄断，三大个人征信机构成立了一个联合公司，开始共同研发Vantage信用评分。Vantage信用评分与FICO评分有两方面差异：模型不同，数据也不同（Vantage模型所用的数据是整合了三家征信机构的，而FICO评分模型是分别用了三家征信机构各自的数据），所以消费者在不同的征信机构拿到的Vantage信用评分是一致的。虽然经过不断改进，Vantage信用评分的市场份额仍仅占6%，未能对FICO评分构成挑战。

四、个人信用评分的应用

个人信用评分有着诸多应用场合，在信用额度模型、追账模型、取消模型等风险管理实务中，都有个人信用评分的用武之地。

（一）信用额度模型

信用额度模型是基于这样的事实：信用限额的使用程度与该信用的品质高低呈反向

相关关系。为了鼓励信用评分高的用户使用他们的信用额度，放贷者愿意增加他们的信用额度，并根据信用评分进行分层定价。信用额度模型综合考虑了原有额度使用程度、客户信用评分，可以辨识出哪些是可以提高信用额度，但不会带来拖欠概率显著增加的客户。

在具体授信过程中，信用评分还会被应用到调整信用额度模型、销售授权模型、利率调整模型当中。

（二）追账模型

追账模型针对的是信用阶梯的另外一端，即当某客户的借款有较高的风险演变成坏账时，需采取哪些追账措施。追账模型用于对偿付活动的持续监控，以辨别出正在恶化的账户。经验表明，早期干预能够有效地使拖欠最小化，同时能减少最终变成坏账的账户及其带来的损失。在具体授信过程中，追账模型会细化为客户拖欠模型、坏账发生模型、个人破产模型等。

追账模型中的变量包括个人信用分数、账户来源、月偿付额占余额的百分比及拖欠历史等。

（三）取消模型

取消模型可用于判断是否限制某个账户的继续提款，甚至完全取消这个账户（如果不采取这样的行动，该客户就会借出越来越多的款项，最终成为坏账）。以资产组合收益权转让及回购协议为例，取消模型类似于追账模型，在一个新的组合被购入之后，当模型发现组合包含信用评分较低的资产时，取消模型可以要求及时限定并补偿损失以获得组合回购条款下的减免。

单元三 其他个人征信产品

一、个人特征变量

（一）个人特征变量的概念

特征变量是个人征信机构提供的一类数据产品，制作特征变量是个人征信机构的一项重要技术。如果把征信机构采集的原始数据比喻为原材料，个人征信报告比喻为产成品，那个人特征变量就是征信机构售卖的半成品。

所谓个人特征变量，是准确刻画信息主体风险特征的标识变量，是把有关信息主体数量庞大的原始数据进行加工，形成的中间变量，而这些中间变量可供商业运作和商业数据模型开发之用。

个人特征变量之所以产生，并且具有较大市场，原因在于以下几个方面。

1. 个人特征变量挖掘了个人征信机构数据的价值

特征变量业务构成了个人征信机构数据处理业务的主要组成部分。在美国个人征信行业发展早期，个人征信机构还没有提供特征变量服务，个人征信服务仅限于向金融机构提供个人征信报告。当金融机构要做授信决策时，往往需要通过在线或离线形式采购批量的报告，而这种报告服务没有充分挖掘和利用个人征信机构的数据，当时的个人征信机构只起到一个通过电话或书面交换信息的共享作用，而且报告的价格相对较高。在个人征信机构开发了特征变量等一系列征信数据产品后，才使得个人征信机构的数据被授信单位更有效地利用。

2. 个人特征变量为金融机构自身构建的风险评估模型提供了数据

很多大型金融机构都投入研发力量，开发自身预测信用风险的数学模型，并将个人征信机构提供的特征变量运用到自己的模型中。由于所开发的数学模型融合了金融机构的内部数据，相比个人征信机构或信用评分产品开发商提供的通用信用评分模型，金融机构自身构建的风险评估模型具有更高的准确性。很多大型金融机构一般不使用个人征信机构提供的通用信用评分产品，仅作为参考标准。

3. 个人特征变量应符合隐私保护的要求

征信机构还会在处理的过程中，将每个账户的具体细节进行加工处理，隐蔽与账户户主隐私相关但与风险特征关系不大的信息，保留分析特征，并将有关的特征加以强调放大，形成同时保护账户户主和原始数据提供者的数据形式。

（二）个人特征变量的生成

个人特征变量生成技术，是个人征信机构在账户级别数据基础上，经过加工处理，将原始数据进行数学转换，提炼出用于刻画信息主体个人行为特征的一系列标识变量。

例如，益博睿用来处理数据的程序系统叫 STAGG。STAGG 通过“过滤器”技术对征信数据进行筛选，将筛选出的数据放入相应的细分类别中，便于进行集中管理。“过滤”之后，STAGG 把已初步分类的数据再进行一系列计算，形成“特征变量”。

二、反欺诈系统

（一）反欺诈系统的概念

反欺诈是对包含交易诈骗、信用诈骗、网络诈骗、电话诈骗等欺诈行为进行识别的一项服务。在线反欺诈是征信必不可少的一部分，常见的反欺诈系统有：用户行为风险识别引擎、征信系统、黑名单系统等。反欺诈系统能有效支持银行等金融机构进行风险管理，运用比较多的业务是信用卡反欺诈。

国内已有一些反欺诈系统平台。以占融数科为例，它是通过多场景覆盖，从社交、设备、互联网行为等维度识别欺诈风险，对线上欺诈攻击提供预警与防范服务，同时提供线上策略验证及反欺诈规则库接入服务的一站式风控服务平台。

阅读资料

益博睿反欺诈方案

国外的反欺诈产品众多。以益博睿为例，益博睿在很多国家和很多行业都推出了反欺诈解决方案，如在很多国家的次级债务市场推出了身份监测平台，开展身份验证和欺诈检测；为防止英国保障房分配、租赁过程中的诈骗行为，通过汇集、匹配社会房屋供应商的住房信息，向英国房屋协会提供了反欺诈解决方案。经过不断投入新的数据来源和技术创新，益博睿金融反欺诈方案已经比较完善，能帮助放贷机构管理信贷风险，通过筛选和身份识别来降低信贷风险，在出现损失前就制止欺诈行为的发生。

（二）反欺诈系统的运作流程

益博睿很早就推出了反欺诈侦测系统。系统通过对数据进行分析，设定多种可能的欺诈规则，并尽量从多个途径获取信息进行交叉验证，及时发现申请欺诈、开户欺诈、团伙欺诈等行为。同时，反欺诈方案尽量简化工作流程，提高反欺诈的效率，避免因审核流程过长导致金融机构客户流失的现象发生。下面以益博睿的反欺诈侦测系统为例，介绍反欺诈侦测系统的运作流程。

1. 欺诈侦测

反欺诈侦测环节最重要的就是数据。通过对数据的分析，将其转变成有用的信息，再变成知识，最后才能上升为情报。反欺诈侦测系统自动学习了多年来反欺诈过程中总结的一些规则。在申请欺诈管理中，通过分析数据可以发现：有些申请人隐瞒实际的收入信息、隐瞒目前的债务情况、隐藏住址信息、冒用别人的身份证进行申请或持有假身份证申请信贷，对于这些情况反欺诈系统都可以实时侦测出来，并送交审核。

2. 欺诈审核

对于有欺诈嫌疑的申请，审核团队将重新审核这些嫌疑申请。审核方法主要包括以下 7 种。

（1）结果比对：把客户填在申请表上的信息跟所有能够获得的资料库信息比对。资料库包括国家级征信库、地方级数据库、金融机构内部防范欺诈的数据库以及分散在不同地区、不同部门的数据库。

（2）申请表比对：比对挑出客户申请表上不一致、不合理或相矛盾的内容，以及本次申请资料信息与以前办理业务时相矛盾的信息。地址比对，除了申请人提供的一个或两个地址，还可从其他有关联的数据库中查询相关联的地址进行比对。

（3）申请频率是否有异常：如果同一个客户在最近一段时间内提出申请的次数超过具体的阈值，可以据此侦测出可能有犯罪分子尝试将同一个客户的资料在不同银行投递申请，试图蒙混过关。

（4）欺诈环：数据集中是欺诈侦测的关键，把所有能够征集到的数据，包括一些已经停止使用的数据放入一个系统进行比对，同时将一些被误侦测的欺诈，也就是异议案例也纳入系统，在下次审核欺诈的时候会自动将其从库中剔除。

（5）附加有价值的资料：数据的重新组合会使新的有价值的信息出现，这是反欺诈系统审核的一个方式。集团性欺诈是常见的欺诈行为，打击这些集团性欺诈，审核内容包括分析其提供的地址、电邮、住宅电话，以及这些信息的不同组合。欺诈团伙往往是将一些信息资料来来回回组合，然后填写在不同的申请表上。

（6）局部一致：监测客户申请表上存在矛盾的信息，如客户所填的收入与他的年龄、所从事的行业、收入的标准、拥有的房产估价等是否合理匹配。再如申请表上所填的邮编与电话号码、工作地址与住址是否吻合等，把这些局部不一致或者矛盾的信息挑出来，放入一个库中，交给另外一个审核团队，使资料重新进入审核环节。

（7）欺诈评分：反欺诈系统的灵魂就是评分。反欺诈侦测的评分模块利用了银行数据，以及从外部征集到的数据，利用系统评分模型规则，针对客户的申请表进行欺诈率评分。反欺诈系统在开发评分模型的时候，充分考虑了新增、删减、变动评分规则、数据等一系列因素带来的对评分结果有效的挑战。欺诈评分的结果除了展示一份客户申请表的欺诈率，还将整个产品线里面的客户归类，反映一家银行的某个产品吸引的客户群是否为高风险客户、一家银行的某个金融产品的市场推广方向是否正确等。

3. 调查

欺诈审核是通过反欺诈系统依据设定好的规则自动完成的。之后，征信机构会对欺诈审核的结果进行重新调查，产生调查结果以后，再把调查结果放到比对的队列里面，对模型和规则的有效性进行验证，这样系统在碰到类似申请案例后，就能自动判断是接受还是拒绝。

反欺诈系统通过嵌入银行的审核流程来侦测欺诈，整套系统涉及不同产品，能够与客户的系统接轨，安装使用上突破了系统格式、平台和地域限制，达到用尽可能少的成本投入来预防欺诈的目的。

知识链接

信用卡欺诈

信用卡欺诈的种类可简单概括为卡不在场欺诈、卡被伪造、卡被盗刷、卡邮寄被盗、身份信息被盗等。其中，卡被盗刷是最常见的信用卡欺诈行为。由于目前刷卡消费只需要签字，往往无须查验身份证，而签字又非常容易假冒，导致这种欺诈操作比较容易，往往在真实持卡人将信用卡挂失前就被大量盗刷。

反欺诈系统如何识别信用卡盗刷行为？

交易欺诈风险评分模型是以持卡人的交易行为模式为分析基础、以对比当前交易与历史交易模式的差别为分析焦点、以精密的数理统计模型（典型的是使用机器学习和神经网络模型）为分析手段、以预测当前交易为欺诈的概率为分析目标的模型。可以制定以交易欺诈风险评分模型为基础的反欺诈策略。

虽然欺诈者既可以盗取信用卡相关机密信息，也可以盗取、伪造或假冒信用卡，但是无法模仿真实持卡人的历史行为模式。这种历史行为模式往往体现在以大量的交易时间、地点、金额、商户类别、交易频率等信息为基础而提炼出来的数百个个性档案中。

在授权系统接到卡交易的授权请求后，会进行欺诈风险的评估和审核，计算交易欺诈风险评分，对于评分较差、欺诈风险高的交易既可以拒绝授权，也可以要求电话核对，然后根据核对的结果拒绝或批准授权。

模块小结

本模块对当前个人征信产品市场的主要业务做了详细介绍。个人信用报告属于个人信用信息基础数据库的基础产品，是全面记录个人信用活动、反映个人信用状况的客观文件，分为个人信用记录型报告和个人信用调查型报告。最常用的个人信用记录型报告是央行个人信用报告。

个人信用评分是根据客户的信用记录，构建信用评分模型，得到的不同等级的信用分数，常被授信机构用于决定是否授信、授信额度和利率。信用评分模型根据用途不同可以分为信用额度模型、追账模型、取消模型等。

个人征信市场的产品日益丰富，除了个人信用报告、个人信用评分，还有准确刻画信息主体风险特征的个人特征变量、对信用诈骗等欺诈行为进行识别的反欺诈系统等。

同步练习

一、判断题

金融机构授信时偏好中国人民银行个人征信报告的白名单。（　　）

二、单选题

1. 以下不属于个人信用记录型报告的是（　　）。

A. 中国人民银行个人信用报告　　B. 购房信贷信用报告

C. 雇员信用调查报告　　D. 面向雇主的雇员就业报告

2. 以下关于个人信用调查型报告的说法中，错误的是（　　）。

A. 需要符合一定的报告格式标准

B. 可满足报告使用者个性化的需求

C. 相比个人信用记录型报告，市场需求较小

D. 补充了调查员的主观性评价

3. 中国人民银行个人信用报告中公共记录的记载周期是（　　）。

A. 1 年　　B. 3 年　　C. 5 年　　D. 10 年

4. 用于判断是否限制某个账户继续提款的信用评分模型属于（　　）。

A. 信用额度模型　　B. 追账模型

C. 取消模型　　D. 欺诈鉴别模型

三、简答题

1. 中国人民银行个人信用报告的信贷交易信息展示了哪些内容？
2. 贷记卡的“逾期金额”包括哪些款项？
3. 对授信机构而言，个人信用评分的作用体现在哪些方面？
4. 个人特征变量具有哪些市场用途？

模块六 征信法律法规与监管

学习目标

1. 了解美国、欧盟、日本的征信法律法规的体系框架
2. 熟悉我国征信业的法律法规框架
3. 掌握我国信息采集、处理、使用、征信维权等环节的相关法律规定

素养目标

1. 增强法律意识，通过学习征信法律、行政法规，提升对法律在社会生活中重要性的认识，理解法律对于维护个人信用权益、规范征信活动的作用

2. 培养社会责任感，认识到个人信用信息的保护对于社会诚信体系的重要性，培养在征信活动中遵守法律、尊重他人隐私的责任感

AI 提示词

公平信用报告法　　通用数据保护条例　　《征信业管理条例》
征信机构管理办法　征信业务管理办法

学习指导

征信法律、行政法规的学习需结合相关案例，在理解的基础上熟悉法律、行政法规。我国的征信法律、行政法规正在逐步完善的过程中，读者要保持对征信法律、行政法规的关注和学习。

单元一　征信业法律法规体系

一、发达国家征信立法

（一）美国征信法律法规

健全的法律法规不仅是社会信用体系建设的重要保障，更是实施征信监管的必要依据。作为全球征信行业发展最成熟的国家之一，美国从 19 世纪 60 年代第一家个人征信机构成立到现在的一百多年间，形成了一套完整的征信法律体系和监管机制。

美国征信法律体系以《公平信用报告法》（Fair Credit Reporting Act，FCRA）为核心。该法规定了个人信息主体、信用信息提供者、征信机构等在征信活动中的权利义务关系，并从保护消费者隐私和信用报告准确性的角度出发，规定了信用报告的合法用途、负面信用信息的保存期限、信息主体获取和要求更正本人信息的权利、征信机构对信用报告准确性的法律责任等内容。

美国征信法律法规的最大特征体现在信息采集的同意权。同意权是指个人享有是否同意征信机构采集或被他人、有关机构使用其信息的权利。目前，实现信息主体同意权的方式主要是"选进"和"选退"两种方式。"选进"是指在采集或使用信息主体信息前需要取得信息主体的同意；"选退"是指除非信息主体明确提出拒绝采集或使用其信息，则视其默许同意。美国征信监管法律在实现同意权上主要采用"选退"模式。例如，一些贷款机构或保险公司为了有针对性地向目标客户群推销产品，需要定期向征信机构索取消费者信用信息。这不需要事先征得消费者同意，但消费者有权要求相关机构停止这一行为。

美国征信法律法规可以分为两大类：授信机构管理法和消费者保护法，一共有 16 项法律：《信用卡发行法》、《住房抵押披露法》、《社区再投资法》、《电子资金转账法》、《储蓄机构解除管制和货币控制法》、《甘恩-圣哲曼储蓄机构法》、《房屋贷款人保护法》、《公平信用和贷记卡披露法》、《银行平等竞争法》、《金融机构改革—恢复—执行法》、《诚实租借法》、《公平信用报告法》及其革新法、《平等信用机会法》、《公平信用结账法》、《公平债务催收作业法》、《信用修复机构法》。

美国强调行业自律，反对政府过多的监管。美国宪法中没有明确的隐私保护条款，只是在只言片语中体现了隐私保护精神。直到今天，美国仍没有制定较为严格的覆盖所有领域的有关数据采集、使用的一般性法规。美国涉及数据采集和使用的条款因领域不同而对应不同的法律。比如，在信用信息方面，对于哪些可以获取、哪些属于机密或隐私、如何采集等问题，需要综合《信息自由法》、《隐私权法》、《公平信用报告法》和《统一商业秘密法》等多部法律法规。

美国没有一个专门的信用监管机构，而是将监管权分属于 5 个政府部门——财政部货币监理局、美联储、联邦存款保险公司、联邦贸易委员会和国家信用联盟管理办公室。各监管部门依据法律监管各自的监管对象，但信用信息保护往往是其众多职能中的一部分。例如，联邦贸易委员会的职责是反对市场垄断，保护消费者权益，对信用行业的监管只是其众多职能的一部分。不仅在联邦层面，在州的层面也存在许多监管机构，甚至经常存在重复监管的现象。后来美国联邦政府才根据《多德-弗兰克法案》整合了多个部门的消费者权益保护职能，将年收入大于700万美元的大型征信机构纳入消费者金融保护局管辖。

（二）欧洲征信法律法规

欧洲国家征信行业立法体系分为国际公约、基本法律和行业准则三个层次。多数欧洲国家在上述法律制度框架内设立了专门的数据保护部门来监督征信法律、行政法规的执行情况，维护信息主体的合法权益，并接受信息主体对征信机构的投诉。

1. 欧盟征信行业国际公约

1995年欧盟颁布了《数据保护指令》，作为欧盟所有成员国的法律强制执行。该指令规定了征信信息收集、保存、处理、获取和删除的规则，以及违反该指令的法律责任，并规定了在欧盟内部各成员国之间以及欧盟与其他各国之间的跨国界征信信息的流动规则，构成了欧盟征信机构基础的监管框架。该指令成为欧盟征信机构存在和运行的前提与基础，对公共征信机构和私人征信机构使用个人数据做出了严格限制，并赋予个人在征信信息被使用时享有的一系列权利。

2018年，欧盟颁布的《通用数据保护条例》正式生效，替代了《数据保护指令》，成为重要的欧洲征信行业国际公约，该条例保留了《数据保护指令》的基本条款，并明确了“同意条款”“个体访问权”“数据可携带权”等，旨在强化个体对个人数据的权利，让数据保护措施更适应数字化时代的新形势。

此外，欧盟相关组织还颁布了其他一些国际公约，包括《消费者信用指令》《个人自动文档保护公约》《个人数据的隐私保护和跨国界流动的指导原则》等法令，要求欧盟成员国应确保个人数据跨界流动以及个人隐私的保护，防止出现非法储存个人数据、个人数据存储不准确以及滥用或泄露等现象。欧盟《资本要求指令》和《资本要求规则》两部法令对信用风险模型评估的征信规则做了明确规定，要求必须谨慎进行个人信用评价。

2. 欧洲各国征信基本法律

欧洲各国法律框架基本一致，征信机构应当遵守个人数据保护法律、消费者保护法律、银行法以及其他部门法。目前，欧洲国家对于征信行业的监管和消费者保护的法律设计普遍包括：监管机构权力、数据报送机构义务、征信机构义务、信息当事人权利以及跨境数据流动等。

在基本法律层面，欧洲各国基本都制定了个人数据保护法。在跨境数据流动方面，相较于注重征信行业发展和运作成本的美国，欧洲国家更为注重对包括隐私权在内的个人权利保护的规定。例如，有的欧洲国家禁止个人数据向第三国传输，除非第三国具有对个人数据的适当保护的能力。

3. 欧洲各国征信行业准则

在征信行业准则层次，欧洲各国立法实践区别较大。欧洲仅有部分国家制定了公共行为准则和（或）行业指南，对数据报送机构，报送数据的种类，数据的收集、保存、用途，提供给信息主体的信息，信息主体的权利等做出了更加详细的规定。例如：英国《消费者信用监管规定》规定贷款机构只能出于信贷目的进行个人信用信息的查询，不允许信贷机构将个人信用信息用于信贷发放以外的目的。

（三）日本征信法律法规

1. 个人征信体系

日本的个人征信体系重视行业自律。日本没有专门对个人征信机构进行监管的政府机构，只是在立法上为个人信息主体权益提供基本保障。日本个人征信体系主要是通过行业协会进行自律管理。首先，行业协会依据会员章程对会员的准入、退出等行为进行管理；其次，会员间信用信息的共享采取“查询＋数据报送”并行的方式，避免会员查询的随意性，加强了共享信息的及时性；再次，各信息中心按照统一的数据规范为行业会员提供共享和查询等服务；最后，对于违反法律或者协会规章的会员，协会对其进行通报批评、取消会员资格等处罚。例如，全国银行业个人信用信息中心的业务内容、业务范围、个人信用信息库的登录和运行规则都由全国银行业协会理事会来制定，要取得会员资格也必须取得理事会的承认。

日本个人征信体系遵循法律规范运行。在征信市场监管和消费者权益保护上，日本政府有意识地弱化行政干预，把重点放在顶层制度设计上，突出法律的约束作用。《贷款规制法》和《分期付款销售法》对个人信用信息的收集和使用等行为做了初步的规定：个人信用信息只能用于调查消费者的偿债能力或支付能力，不得用于其他非法商业用途。

2. 企业征信体系

在企业征信机构监管上，政府只在行业发展初期进行扶持，当市场发展步入正轨后，就逐步弱化管理职能，直至完全实行市场化运作。政府将重点放在完善立法上，如建立政府信息公开制度，并颁布《政府信息公开法》，对于政府信息公开种类、范围、行政救济等进行明确的规定，并免费向社会公开，以激发市场活力，有利于创造一个完善的市场环境，极大地推动了征信业的发展。在评级机构监管上，日本进行了较为严格的统一监管，并在立法上加以明确。《金融工具和交易法案》《内阁府令》明确了信用评级机构的监管模式。

二、我国征信法律法规

征信法律制度是调整关于征信机构对信息的收集、加工整理、提供、维护和管理活动所产生的社会关系的法律规范的总称。征信法律法规的范围覆盖信息公开、征信业务规范、授信业务规范、征信监督等。近年来，我国的征信法律制度建设不断推进，逐步建立了由国家法律、部门规章、行业规范构成的多层次制度体系，保护了信息主体权益，有力地促进了征信业的发展。

2013 年，国务院颁布了《征信业管理条例》，解决了征信业发展无法可依的问题，弥补了征信行业法律监管的空白，规范的对象主要是征信机构的业务活动及对征信机构的监督管理。具体地，该条例对征信机构设立、信用主体权益、企业信息采集、金融信用信息基础数据库管理等内容做出了一系列规定。

2013 年，中国人民银行发布《征信机构管理办法》，它是《征信业管理条例》的重要配套制度，遵循个人征信机构从严、企业征信机构从宽、征信机构市场化运作与监督管理并重、征信机构的行政监管和社会监督兼顾的监管思路，为征信机构管理提供了详尽的依据。本着便于操作执行的原则，中国人民银行以规范征信机构设立、变更和终止为主线，以征信机构公司治理、风险防控和信息安全为管理重点，对征信机构管理进行了具体的制度设计。

2016 年，《征信业务管理办法（草案）》对征信机构的信息采集、整理、保存、加工、对外提供、征信产品、异议和投诉以及信息安全等征信业务的各个环节做出具体规范。草案在个人信息的采集、个人信息使用方面更加注重个人隐私权的保护，同时在合规的基础上鼓励产品创新。

2021 年，《中华人民共和国民法典》施行，它为征信业务中涉及的个人信息处理提供了法律框架和保护措施。在个人信息保护方面，《中华人民共和国民法典》规定了个人信息的保护原则，要求处理个人信息应当遵循合法、正当、必要的原则，不得过度处理，且应当征得信息主体的同意；在信用信息的收集和使用方面，《中华人民共和国民法典》要求收集和使用个人信息应当有明确、合法的目的，并且应当是实现该目的所必需的；在法律责任方面，《中华人民共和国民法典》规定了侵犯个人信息权益的法律责任，包括民事责任、行政责任和刑事责任。

全国人民代表大会常务委员会通过了《中华人民共和国个人信息保护法》，法律自 2021 年 11 月 1 日起施行。《中华人民共和国个人信息保护法》旨在保护个人信息权益，规范处理活动，促进信息合理利用。该法规定了个人信息处理的合法、正当、必要和诚信原则，要求最小化信息收集范围，明确了个人对其信息的知情权、决定权，以及查询、更正、删除个人信息的权利；同时，该法强调了信息处理者的安全保护责任，规定了跨境信息传输的条件，并对违法行为设定了严格的法律责任。

2021 年 9 月《征信业务管理办法》经中国人民银行第 9 次行务会议审议通过，自 2022 年 1 月 1 日起施行。《征信业务管理办法》相对《征信业务管理办法（草案）》的变化主要体现在以下 4 个方面。（1）增加和完善了个人信息保护和消费者权益的内容，《征信业务管理办法》积极与《中华人民共和国个人信息保护法》配套和衔接，多处增加了个人信息保护的相关内容，如匿名化处理、设立个人信息保护负责人等，同时完善了消费者异议处理的内容。(2) 对信用信息的定义更加专业严谨，《征信业务管理办法》根据对征信应用的理解，主要围绕信贷业务给出了信用信息的定义，符合行业的主流共识，同时增加了对征信业务的定义。(3) 参照世界征信立法经验，对个人征信机构采用审计的方式，并增加了法律责任一章，进一步明确了征信机构的法律责任。(4) 让整改机构平稳过渡：《征信业务管理办法》充分考虑互联网平台、数据公司等机构与金融机构业务合作模式的调整，对本办法施行前未取得征信业务资质但实质从事征信业务的市场机构给予了一定的业务整改过渡期。

当前我国社会信用体系建设中的重要法律、行政法规还有很多，如表 6 - 1 所示。

表 6 - 1　我国社会信用体系建设中的重要法律、行政法规

法律、行政法规名称
《个人信用信息基础数据库管理暂行办法》
《国务院办公厅关于建立国务院社会信用体系建设部际联席会议制度的通知》
《征信业管理条例》
《最高人民法院关于公布失信被执行人名单信息的若干规定》
《征信机构管理办法》
《国务院关于促进市场公平竞争维护市场正常秩序的若干意见》
《金融信用信息基础数据库用户管理规范》
《征信机构信息安全规范》
《关于做好个人征信业务准备工作的通知》
《国务院关于建立完善守信联合激励和失信联合惩戒制度加快推进社会诚信建设的指导意见》
《企业征信机构备案管理办法》
《信用评级业管理暂行办法》
《中华人民共和国民法典》
《中华人民共和国个人信息保护法》
《征信业务管理办法》

单元二　征信业务管理法律、行政法规

一、征信信息采集业务法律、行政法规

(一) 个人征信信息采集

(1)《征信业管理条例》(以下简称《条例》) 为切实保护个人信息安全，针对个人

征信业务的信息采集活动，主要作了以下规定：

1）严格规范个人征信业务规则，包括："采集个人信息应当经信息主体本人同意，未经本人同意不得采集。但是，依照法律、行政法规规定公开的信息除外。信息提供者向征信机构提供个人不良信息，应当事先告知信息主体本人。但是，依照法律、行政法规规定公开的不良信息除外。征信机构对个人不良信息的保存期限，自不良行为或者事件终止之日起为5年；超过5年的，应当予以删除。向征信机构查询个人信息的，应当取得信息主体本人的书面同意并约定用途。但是，法律规定可以不经同意查询的除外。"

2）明确规定禁止和限制征信机构采集的个人信息，包括："禁止征信机构采集个人的宗教信仰、基因、指纹、血型、疾病和病史信息以及法律、行政法规规定禁止采集的其他个人信息。征信机构不得采集个人的收入、存款、有价证券、商业保险、不动产的信息和纳税数额信息。但是，征信机构明确告知信息主体提供该信息可能产生的不利后果，并取得其书面同意的除外。"

（2）《征信业务管理办法》（以下简称《办法》）在《条例》的基础上，更加注重个人隐私权的保护，载明了个人信息采集的原则，并细化和补充了征信机构采集个人信息的相关要求。

《办法》第七条载明，采集个人信用信息，应当采取合法、正当的方式，遵循最小、必要的原则，不得过度采集。《办法》第十二条规定："征信机构采集个人信用信息应当经信息主体本人同意，并且明确告知信息主体采集信用信息的目的。依照法律法规公开的信息除外。"

《办法》还对个人信息采集方案审查、对个人信息提供者的审核等问题作了规定。《办法》第十一条规定："征信机构经营个人征信业务，应当制定采集个人信用信息的方案，并就采集的数据项、信息来源、采集方式、信息主体合法权益保护制度等事项及其变化向中国人民银行报告。"

案例分析

征信机构报送信息的合规性

案例：

据微信用户反映，在使用微粒贷的过程中，如果微信银行给予自己的授信额度是5万元，哪怕只是借了1元钱，在人民银行的征信报告上显示的都是"发放贷款5万元"，给用户向其他金融机构借款带来不利影响。

微粒贷的客户信息报送行为是否合规？

分析：

微粒贷是"循环贷款"产品，根据中国人民银行征信报送规则，循环使用额度贷款按授信额度和使用额度较大者全额计算负债。循环贷款在征信报告中的"发放额度"实际为产品的"授信额度"，使用1元，却按授信额度5万元报送的方式并不违规。

根据《征信业管理条例》第十三条的规定："采集个人信息应当经信息主体本人同意，未经本人同意不得采集。"第十九条规定："征信机构或者信息提供者、信息使用者采用格式合同条款取得个人信息主体同意的，应当在合同中作出足以引起信息主体注意的提示，并按照信息主体的要求作出明确说明。"

但微粒贷在向征信机构报送客户征信数据时，未对客户进行足以引起注意的提示，不能保证信息主体对报送信息标准的知情权，导致客户在不甚知情的情况下，授权同意了微粒贷的数据报送，微粒贷上报数据的程序与相关规定不符。

（二）企业征信信息采集

(1)《条例》鼓励企业信用信息公开透明，为企业征信业务的发展提供较为宽松的制度环境。《条例》明确了企业信息采集的范围：征信机构可以通过信息主体、企业交易对方、行业协会提供信息，政府有关部门依法已公开的信息，人民法院依法公布的判决、裁定等多个渠道采集企业信用信息，采集和对外提供时都不需要取得企业的同意；企业的董事、监事、高级管理人员与其履行职务相关的信息，视为企业信息，采集和使用时也不需要取得信息主体的同意。征信机构不得采集法律、行政法规禁止采集的企业信息，不得侵犯企业的商业秘密。

(2)《办法》在《条例》的基础上，补充说明了企业信息采集禁止的行为。《办法》第十五条规定："采集企业信用信息，应当基于合法的目的，不得侵犯商业秘密。"

根据《办法》第八条的规定，征信机构不得以欺骗、胁迫、诱导的方式、不得以向信息主体收费的方式、不得从非法渠道、不得以其他侵害信息主体合法权益的方式采集信用信息。

二、征信信息处理与存储业务法律、行政法规

《办法》规定了征信机构整理、保存、加工信息要遵循客观性原则，不得篡改原始数据。

《办法》要求征信机构对信息进行审核、验证、更正。第十八条规定："征信机构在整理、保存、加工信用信息过程中发现信息错误的，如属于信息提供者报送错误的，应当及时通知信息提供者更正；如属于内部处理错误的，应当及时更正，并优化信用信息内部处理流程。"第十九条规定："征信机构应当对来自不同信息提供者的信息进行比对，发现信息不一致的，及时进行核查和处理。"

就个人不良信息保存的问题，《办法》第二十条规定："征信机构采集的个人不良信息的保存期限，自不良行为或者事件终止之日起为 5 年。个人不良信息保存期限届满，征信机构应当将个人不良信息在对外服务和应用中删除；作为样本数据的，应当进行匿名化处理。"

三、征信信息运用法律、行政法规

《办法》确立了信息使用的原则，信息使用者使用征信机构提供的信息，应当用于合法、合理的目的，不得滥用，此前信息泄露等问题较为严重。《办法》第二十二条规定："征信机构应当采取适当的措施，对信息使用者的身份、业务资质、使用目的等进行必要的审查。征信机构应当对信息使用者接入征信系统的网络和系统安全、合规性管理措施进行评估，对查询行为进行监测。发现安全隐患或者异常行为的，及时核查；发现违法违规行为的，停止提供服务。"《办法》第二十三条规定："信息使用者应当采取必要的措施，保障查询个人信用信息时取得信息主体的同意，并且按照约定用途使用个人信用信息。"

《办法》第二十五条还明确了个人查询权利：个人信息主体有权每年两次免费获取本人的信用报告，征信机构可以通过互联网查询、营业场所查询等多种方式为个人信息主体提供信用报告查询服务。

案例分析

微粒贷查询的合规性

案例：

2016年3月，有微博用户爆料，用户只是好奇打开了微信里的微粒贷页面查看一下额度，没想到微众银行居然就向中国人民银行查询了自己的个人征信记录，并记录了一次贷款申请。

微众银行回应称，当用户申请开通微粒贷（即点击查看额度）时，页面主动提示用户阅读《人民银行征信查询授权及借款相关协议》并勾选授权；如果用户没有勾选，即出现弹窗提示用户阅读协议；后续当用户输入支付密码并验证成功后，即代表授权微众银行查询征信报告。

微粒贷查询个人征信报告的行为是否合规？

分析：

《条例》第十八条规定，向征信机构查询个人信息的，应当取得信息主体本人的书面同意并约定用途。根据《条例》要求，征信系统使用者在代查用户个人征信报告前，需要取得用户的书面形式授权并明确约定具体查询用途。书面形式是指合同书、信件、数据电文（包括电报、电传、传真、电子数据交换和电子邮件）等能有形地表现所载内容的形式。微粒贷作为微众银行的互联网业务产品，没有线下网点，想要"书面"授权的可能性较低。为便于通过网络开展信贷业务，可以采取"书面授权"文件由用户拍照上传、人脸或身份证对比识别等手段，确认是申请人本人操作，确保用户知情、同意且属于真实授权。

《条例》第十九条规定，征信机构或者信息提供者、信息使用者采用格式合同条款取得个人信息主体同意的，应当在合同中作出足以引起信息主体注意的提示，并按照信息主体的要求作出明确说明。在微粒贷业务中，微信用户点击“查看额度”申请开通微粒贷时，虽然页面上有阅读协议的提示和同意的选择框，但是信用报告查询授权只是作为借款协议的其中一条列出，未单独要求用户勾选同意，且提示位置不醒目，不能足够引起用户的注意。

综合用户投诉及微众银行的解释，在微粒贷业务开通的流程中，将申请人点击“查看额度”视为申请开通；只要用户勾选了页面提示的“已阅读协议”选择框并点击“查看额度”，就认为用户授权微众银行可以查询其个人征信报告，这种“三步并两步”的做法，涉嫌侵害用户合法权益。实际上，许多用户只是想知道自己在微粒贷平台中的额度，并不是真正申请贷款。将用户基于好奇而点击“查看额度”视为授权查询个人信用报告并申请贷款，以贷款审批为由向人民银行查询用户的个人征信记录，显然涉嫌征信查询授权不规范、查询用途约定不明确、使用引人误解的介绍诱导用户开通网贷。

四、征信产品设计与报备法律、行政法规

《办法》明确了信用信息查询、信用评价、信用反欺诈产品和服务的设计与报备要求。

（一）信用信息查询产品和服务

征信机构提供信用报告等信用信息查询产品和服务的，应当客观展示查询的信用信息内容，并对查询的信用信息内容及专业名词进行解释说明。信息主体有权要求征信机构在信用报告中添加异议标注和声明。征信机构应当向中国人民银行或其省会（首府）城市中心支行以上分支机构报告信用报告的模板及内容。

（二）画像、评分、评级等信用评价类产品和服务

征信机构提供个人信用评分服务的，应当建立评价标准，不得将与信息主体信用无关的要素作为评价标准。征信机构正式对外提供信用评价类产品和服务前，应当履行必要的内部测试和评估验证程序，使评价规则可解释、信息来源可追溯。征信机构不得对信用评价结果进行承诺。征信机构应当向中国人民银行或其省会（首府）城市中心支行以上分支机构报告信用评价类产品和服务的评价方法、模型、主要维度要素。

（三）信用反欺诈产品和服务

征信机构提供反欺诈服务的，应当建立欺诈信用信息认定标准。征信机构应当向中国人民银行或其省会（首府）城市中心支行以上分支机构报告信用反欺诈产品和服务的

数据来源、欺诈信用信息认定标准。

五、征信异议与维权法律法规

《条例》明确规定个人对本人信息享有异议和投诉等权利，包括：个人认为信息错误、遗漏的，可以向征信机构或信息提供者提出异议，异议受理部门应当在规定时限内处理；个人认为合法权益受到侵害的，可以向征信业监督管理部门投诉，征信业监督管理部门应当及时核查处理并限期答复。明确法律责任，对征信机构或信息提供者、信息使用者违反《条例》规定，侵犯个人权益的，由监管部门依照《条例》的规定给予行政处罚；造成损失的，依法承担民事责任；构成犯罪的，依法追究刑事责任。

小贴士

“6·14”信用记录关爱日

“信用记录关爱日”由中国人民银行发起，定于每年的6月14日，旨在鼓励公民主动关注个人信用记录，形成健康的信用消费习惯，提高全社会的信用意识。中国人民银行积极开展征信宣传教育工作，引导社会公众关注自身信用记录，加深对征信知识的了解，不轻信“征信洗白”“不良信息铲单”等网络骗局，懂得利用各种法律手段维护自身作为信息主体的同意权、知情权、异议权、更正权、投诉权、诉讼权等合法权益，维护良好的信用记录。

案例分析

征信主体的异议权

案例：

某县农民蔡某到某银行办理信用卡时，被告知个人信用报告有贷款违约记录。后经查实，系被他人冒名贷款造成。当年3月7日，当事人持当地公安部门开具的证明到某县农村信用合作联社申请异议处理。该县农村信用合作联社立刻为其开具证明。蔡某持此证明顺利办理了信用卡。4月27日，蔡某进货又因信用报告中的不良记录被拒，再次到该县农村信用合作联社要求更正，被答复经办人出差无法办理。

此时蔡某应该怎么做？

分析：

《征信业管理条例》第二十五条规定：“信息主体认为征信机构采集、保存、提供的信息存在错误、遗漏的，有权向征信机构或者信息提供者提出异议，要求更正。征信机构或者信息提供者收到异议，应当按照国务院征信业监督管理部门的规定对相关信息作出存在异议的标注，自收到异议之日起20日内进行核查和处理，并将结果书面答复异议人。经核查，确认相关信息确有错误、遗漏的，信息提供者、征信机构应当予以更正；确认不存在错误、遗漏的，应当取消异议标注；经核查仍不能确认的，对核查情况和异议内容应当予以记载。”

案例中，某县农村信用合作联社作为错误征信信息的提供者，未在20日内更正错误信息。蔡某可向征信监管部门，即当地人行申诉。人行接到申诉后，会要求农信社协助处理，并对该项异议处理事件进行持续跟踪监督管理。若某县农村信用合作联社怠于处理，蔡某还可将其起诉至法院。案例中，某县农村信用合作联社显然对客户的征信信息失真未引起足够重视，未认识到自身征信信息报送后的维护义务及其责任。

案例分析

征信“修复”的骗局

案例：

某市公安局成功打掉一个特大电信网络诈骗犯罪团伙，犯罪嫌疑人熊某等3人出资，利用他人身份信息注册了“××信息咨询公司”，并招募人员大肆开展电信网络诈骗活动。该团伙从网上购买了大量有贷款需求且因个人征信问题无法获得正规贷款的人员信息资料，利用早已准备好的“贷款话术总纲”，通过打电话和微信等形式广泛撒网，称可以优化个人征信信息，快速获得贷款，诱骗他人缴纳“中介服务费”，组织清晰、分工明确地从事诈骗活动。该犯罪团伙在短短3个月内，非法诈骗资金达25万余元。

征信信息可以“修复”吗?

分析：

征信记录要修改，必须由报送数据的金融机构发送修改/删除信息到征信系统，中国人民银行征信系统接收到信息后会更新信用报告。只有产生征信信息的当事人（金融机构）可以修改或删除数据。征信信息的修改或删除需要经过一系列程序，即使是银行内部人员也不能违规修改征信数据。征信能够随意修复，纯属无稽之谈。

当然，如果信息主体的征信确实是由于金融机构的原因发生了错误，那么可以向金融机构提出异议。经核实确有错误的，金融机构应该进行修改/删除。

单元三　征信机构与人员监管法律法规

一、监管机构及其职能

（一）监管机构

《征信业管理条例》明确中国人民银行及其派出机构是征信业监督管理部门，依法履行对征信业和金融信用信息基础数据库运行机构的监督管理职责。中国人民银行为履行征信监管职责，设置了征信管理局，其职能主要包括：

（1）制定征信业法规、政策，制定行业发展规划、行业规范；监督征信行业的法律法规、行业规范的执行；依据征信行业运行发展情况，提出合理的立法建议。

（2）维护征信市场的公平竞争秩序，规范征信机构的竞争行为，惩治不正当竞争行为。

（3）依法审批、评估、遴选征信机构，审查批准个人征信机构的设立、变更以及业务范围，颁发（换发）“征信业务经营许可证”，管理征信机构的市场退出。

（4）负责对个人征信机构高级管理人员及从业人员实行任职资格管理，监管征信机构的征信行为，确保征信行业的安全运营。定期或者不定期开展征信业务检查。对征信企业的违法违规行为实施制裁和处罚。

（5）监督、调查、统计、分析和预测征信行业数据，与社会有关方面协调，建立金融征信统一平台。

（6）维护信用产品消费者权益，维护被征信主体权益。依法处理征信投诉。

（7）普及宣传征信及有关金融知识。

（8）与社会有关方面推动建立社会信用体系。

（9）指导和管理征信行业协会。

（10）在外事授权范围内，开展国际交流与合作。积极参与国家标准制定。

（二）监管措施

《征信业管理条例》明确国务院征信业监督管理部门及其派出机构依照法律、行政法规和国务院的规定，履行对征信业和金融信用信息基础数据库运行机构的监督管理职责，可以采取下列监督检查措施：

（1）进入征信机构、金融信用信息基础数据库运行机构进行现场检查，对向金融信用信息基础数据库提供或者查询信息的机构遵守本条例有关规定的情况进行检查。

（2）询问当事人和与被调查事件有关的单位和个人，要求其对与被调查事件有关的事项作出说明。

（3）查阅、复制与被调查事件有关的文件、资料，对可能被转移、销毁、隐匿或者篡改的文件、资料予以封存。

（4）检查相关信息系统。进行现场检查或者调查的人员不得少于 2 人，并应当出示合法证件和检查、调查通知书。被检查、调查的单位和个人应当配合，如实提供有关文件、资料，不得隐瞒、拒绝和阻碍。

小贴士

信用评级机构的监管主体

《信用评级业管理暂行办法》规定信用评级机构的监管主体包括信用评级行

业主管部门和业务管理部门。中国人民银行是信用评级行业主管部门，主管全国的信用评级监督管理工作。国家发展改革委、财政部、证监会为信用评级业务管理部门，在职责范围内依法对信用评级业务实施监督管理。

二、征信机构与人员监管

（一）征信机构准入管理

为适应社会信用体系建设对个人信用信息的征集需求，并保护好个人信息与隐私，《征信业管理条例》对个人征信机构的设立条件有严格规定，除符合公司法规定的条件外，还需具备主要股东信誉良好，最近 3 年无重大违法违规记录，注册资本不少于 5 000 万元，有符合国务院征信业监督管理部门规定的保障信息安全的设施、设备和制度、措施等条件。

相比之下，企业征信机构的设立条件较为宽松，《企业征信机构备案管理办法》规定，企业征信机构在注册地的人民银行省级分支行办理备案，并接受其监督管理。企业征信机构在备案地以外区域开展企业征信业务，设立分支机构的，应当向分支机构所在地的人民银行省级分支行申请备案，其分支机构业务由所在地人民银行分支行负责管理；不设立分支机构的，其业务由备案地人民银行分支行负责管理。

（二）金融信用信息基础数据库监管

《征信业管理条例》第二十七条规定，国家设立金融信用信息基础数据库，为防范金融风险、促进金融业发展提供相关信息服务。金融信用信息基础数据库由专业运行机构建设、运行和维护。该运行机构不以营利为目的，由国务院征信业监督管理部门监督管理。

金融信用信息基础数据库的运行应遵守《征信业管理条例》中征信业务规则的有关规定。从事信贷业务的机构有义务向金融信用信息基础数据库提供个人和企业的信贷信息，提供时需要取得信息主体的书面同意，提供个人不良信息应提前通知信息主体。金融信用信息基础数据库为信息主体和取得信息主体书面同意的金融机构和其他使用者提供查询服务。国家机关可以依照有关法律、行政法规的规定查询金融信用信息基础数据库的信息。

（三）从业人员监管

征信机构的从业人员需要具备开展征信业务所需的专业技能，尤其是高管人员，一般从专业技能、从业经验、管理能力等方面进行规定。

根据《征信机构管理办法》的规定，经营个人征信业务的征信机构的董事、监事和高级管理人员，应当熟悉与征信业务相关的法律法规，具有履行职责所需的管理能力，最近 3 年无重大违法违规记录，并应当在任职前取得中国人民银行核准的任职资格。第三十六条规定：个人征信机构任命未取得任职资格董事、监事、高级管理人员的，由中国人民银行责令改正并给予警告；情节严重的，处1万元以上3万元以下罚款。企业征信机构任命董事、监事、高级管理人员未及时备案或者变更备案，以及在备案中提供虚假材料的，由中国人民银行分支机构责令改正并给予警告；情节严重的，处1万元以上3万元以下罚款。

《个人信用信息基础数据库管理暂行办法》在对商业银行（信息报送或查询机构）的罚则中规定，当商业银行出现以下违规行为时，中国人民银行可以建议商业银行对直接负责的董事、高级管理人员和其他直接责任人员给予纪律处分；涉嫌犯罪的，依法移交司法机关处理。违规行为包括：商业银行未按照本办法规定建立相应管理制度及操作规程的，由中国人民银行责令改正，逾期不改正的，给予警告，并处以三万元罚款。商业银行有下列情形之一的，由中国人民银行责令改正，并处一万元以上三万元以下罚款；涉嫌犯罪的，依法移交司法机关处理：违反本办法规定，未准确、完整、及时报送个人信用信息的；违反本办法第七条规定的；越权查询个人信用数据库的；将查询结果用于本办法规定之外的其他目的的；违反异议处理规定的；违反本办法安全管理要求的。

模块小结

本模块介绍了征信业较发达的国家的征信法律、行政法规框架。美国注重征信行业发展和降低运作成本，倾向于简化流程；欧洲和日本注重包括隐私权在内的个人权利的保护，征信立法倾向于保护个人信用信息。

我国的征信法律制度在不断建设的过程中，现已逐步建立了以国家法律、部门规章、行业规范构成的多层次制度体系，注重保护信息主体权益和促进征信业的发展，陆续出台的《征信业管理条例》《征信机构管理办法》《征信业务管理办法》等法律、行政法规，规范了个人与企业征信业务的基本环节，包括信息采集、信息处理、信息使用、产品设计、异议维权等。

同步练习

一、判断题

1. 日本征信市场的一大特色在于政府主导。（　　）

2. 企业的董事、监事、高级管理人员与其履行职务相关的信息，视为个人信息，采集和使用时需要取得信息主体的同意。（　　）

二、单选题

1. 欧盟2018年颁布实施的（　　），成为重要的欧洲征信行业国际公约，强化了个体对个人数据的权利，让数据保护措施更适应数字化时代的新形势。

A.《消费者信用指令》　　B.《通用数据保护条例》

C.《资本要求指令》　　D.《资本要求条例》

2. 征信机构采集的个人不良信息的保存期限，自（　　）起5年。

A. 不良行为或事件发生之日　　B. 不良行为或事件终止之日

C. 不良行为或事件记录之日　　D. 不良行为或事件终止次日

三、多选题

1. 美国的征信监管机构包括（　　）。

A. 财政部货币监理局　　B. 美联储

C. 联邦存款保险公司　　D. 国家信用联盟管理办公室

2. 关于我国信息采集的法律、行政法规，以下说法正确的是（　　）。

A. 除依法公开的个人信息外，采集个人信息应经信息主体本人同意

B. 征信机构对个人不良信息的保存期限不得超过5年

C. 向征信机构提供个人不良信息的，无须事先告知信息主体本人

D. 征信机构以向信息主体收费的方式采集信息

3. 以下操作需要向中国人民银行报备的有（　　）。

A. 信用报告的模板及内容

B. 个人评分的评价方法、模型、主要维度等要素

C. 反欺诈产品和服务的数据来源

D. 反欺诈服务的欺诈信息认定标准

4. 以下关于征信机构从业人员监管的说法，正确的是（　　）。

A. 经营个人征信业务的征信机构的董事、监事和高级管理人员，只要取得国务院征信业监督管理部门核准的任职资格即可

B. 经营个人征信业务的征信机构的董事、监事和高级管理人员，应保证最近3年无重大违法违规记录

C. 个人征信机构任命未取得任职资格董事、监事、高级管理人员的，由中国人民银行责令改正并给予警告；情节严重的，处1万元以上3万元以下罚款

D. 企业征信机构任命董事、监事、高级管理人员未及时备案或者变更备案，以及在备案中提供虚假材料的，由中国人民银行分支机构责令改正并给予警告；情节严重的，处1万元以上3万元以下罚款

5.《中华人民共和国民法典》在（　　）方面规定了征信业务中涉及的个人信息处理并提供了法律框架和保护措施。

A. 个人信息保护　　B. 信用权

C. 信用评价　　D. 信用信息的收集和使用

四、简答题

1.《征信业务管理办法》载明，征信机构采集个人征信信息时应遵循怎样的原则？

2.《征信业管理条例》规定个人对自身信用信息享有哪些异议和投诉的权利？

下　篇

征信实务

模块七 征信信息采集

学习目标

1. 掌握征信信息的分类
2. 了解国内外征信信息的采集标准
3. 了解结构化数据与非结构化数据的采集方式
4. 能够使用八爪鱼采集器进行简单的网页数据采集

素养目标

1. 提升数据安全意识，认识数据安全和隐私保护的重要性，自觉维护数据的保密性和完整性

2. 培养工匠精神，信息采集的学习不可一蹴而就，应通过持续学习不断提升相关知识技能，实现自我提升

AI 提示词

结构化数据　　非结构化数据　　硬信息　　软信息

数据接口　　八爪鱼采集器

学习指导

本模块搭建信息采集的基本框架，读者要能使用采集器进行简单的数据采集。实际的数据采集往往需要程序调试等具体操作，需要配合程序设计等交叉学科的学习，感兴趣的读者可以登录八爪鱼采集器官网，对相关内容进行深入学习。

单元一 征信信息概述

一、征信信息来源

（一）个人征信信息来源

1. 授信机构

授信机构主要是商业银行、农村信用社、小额贷款公司等专业化的提供贷款的机构，以及支付宝、京东金融等互联网金融机构。授信机构主要提供个人信用交易的记录，包括交易类型、账户的开户日期、最高信贷额度、账户类型（开放式信用、循环式信用、分期付款等）、担保情况、还款情况等。

2. 行政机构

行政机构主要包括税务、海关、法院、社保、公积金中心等行政和司法部门。行政机构提供部分个人识别信息，包括身份信息、住址、需要抚养的人数、住所情况、婚姻状况、就业信息、教育程度、个人职称、政治面貌等。行政机构还提供重要的公共信息，既有负面信息也有正面信息。负面信息包括民事和刑事处分的记录、经法院裁决的民事纠纷案件终审结论、被他人起诉的情况、刑事判决记录、商账追收记录、个人破产申请、经济纠纷等；正面信息包括住房公积金缴纳、个人养老保险金、执业资格、行政奖励等。

3. 公用事业单位

公用事业单位主要是指电信企业，水、电、燃气等公共事业单位。公用事业单位提供个人缴纳电话费、水费、电费、燃气费等信息。

在一些国家和地区，通常是在征信业的发展初期，法律会强制要求有关各方进行数据共享，并使用征信机构的服务；还会赋予监管机构相应的权力，督促信贷机构加入征信系统。

阅读资料

芝麻信用个人征信信息源

芝麻信用是互联网个人征信服务的典型机构，其产品芝麻信用分，采集数据范围主要包括用户的身份特征、行为偏好、信用历史、履约能力和人脉关系五个维度。其信用信息采集渠道主要是：阿里巴巴系网商平台的消费记录、第三方支付机构支付宝的交易信息、移动终端使用的基本行为数据。

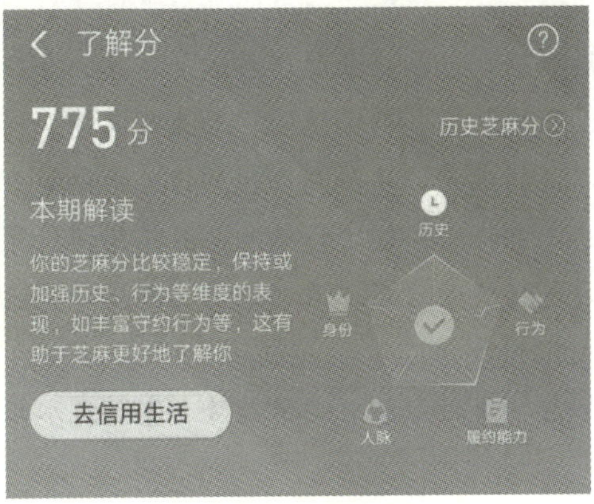

芝麻分数据源维度

（二）企业征信信息来源

1. 企业自产数据

企业征信机构直接从目标企业获取的信息，既包括企业内部 OA（办公自动化系统）、ERP（企业资源计划系统）和 CRM（客户关系管理系统）所沉淀下来的客户数据，办公数据，生产经营数据，社交数据，电商数据，支付数据，供应链数据等；也包括直接面向被调查企业进行面谈访问、实地调查、电话调研等获得的数据。

2. 政府公开数据

政府掌握的信用信息是公务信息的一部分，产生于政府执行公务或对企业实施监管的工作过程之中。征信机构的一部分企业征信信息是企业信用信息公示数据、税务数据、动产融资数据、招投标数据、司法拍卖数据、专利商标数据、行政处罚数据等。

3. 非官方的企业信用信息

非官方的企业信用信息主要是指政府公务信息之外的企业信用信息，有时也称为民间信息，特别指那些非商业化的企业信用信息。非官方的企业信用信息的主要来源是商业银行、行会商会、公用事业单位、企业的供应商、租赁公司等。此外，包括新闻数据、招聘网站数据、上市披露数据、舆情评价数据在内的互联网公开数据越来越多地被征信机构所采集和运用。

阅读资料

邓白氏的企业征信信息来源

作为国际上最大的企业信用产品供应者，邓白氏利用庞大的数据库和科学研究方法，既为企业提供交易对手的信用报告，也协助企业管理好自身信用，并为企业提升信用提供帮助。

从提供的信用产品内容来看，邓白氏收集的企业信息和提供的信用数据项内容包括但不限于：

（1）企业历史和营运数据，包括企业管理层成员信息、企业人数、标准产业分类体系、北美产业分类体系、历史状况、业务范围、开业时间等。

（2）公共记录信息，包括破产、法院判决、质押、诉讼等。

（3）邓白氏指标信息，包括财务能力评价和商业信用评价等。

（4）财务指标信息，包括流动资产、流动负债、总资产、流动比、速动比等，以及关联企业、国内所有分支机构等。

（5）贸易支付信息，包括支付习惯、支付趋势、支付流水记录等。

二、征信信息分类

（一）根据采集操作需要分类

在数据采集阶段，根据采集的具体操作需要，将计算机信息化系统中的数据划分为结构化数据、半结构化数据和非结构化数据。

1. 结构化数据

结构化数据是指可以由二维表结构来表达的数据，严格地遵循数据格式与长度规范，主要通过关系型数据库进行存储和管理，也称行数据。结构化数据的一般特点是：数据以行为单位，一行数据表示一个实体的信息，每一列数据的属性是相同的。结构化数据示例如表 7-1 所示。

表 7-1　结构化数据示例

Id	姓名	性别	电话	地址
1	张一	男	3337899	湖北省武汉市
2	田二	男	3337888	广东省深圳市

2. 半结构化数据

半结构化数据，是结构化数据的一种形式，虽不符合关系型数据库或其他数据表关联形式的数据结构，但包含相关标记，用来分隔语义元素以及对记录和字段进行分层。

3. 非结构化数据

非结构化数据，是指数据结构不规则或不完整，没有预定义的数据模型，不方便用数据库二维逻辑表来表现的数据。

（二）根据数据分析方法分类

在数据分析阶段，根据数据分析方法的不同，一般将采集到的数据划分为硬信息和软信息。

1. 硬信息

硬信息是指可量化的信息，比如企业征信中的财务报表信息和个人征信中的支付交易类信息等。

2. 软信息

软信息是指非量化的信息。在企业征信中，包括企业经营情况及业主个人情况，比如企业的所属行业、所有者组织结构、业主的行业管理经验等；在个人征信中，包括业主的技能经验、家庭背景、社会评价等。

知识链接

小微企业信用评价中的采集信息分类

从其他国家的经验看，由于小微企业信用状况具有强烈的小微企业主个人信用特征，因此将小微企业信用信息和小微企业主的个人信用信息进行关联，是各国征信机构的通用做法。

研究显示，采用企业和业主的硬信息和软信息相结合的方法，进行小微企业的信用风险评估，可弥补小微企业信息有限的不足，并且能够提高预测的准确率。专家曾多次提出加强软信息在小微企业风险评估中的作用。国际上常用的评估小微企业信用风险的硬信息和软信息汇总如下。

1. 硬信息

(1) 财务报表信息。爱德华·阿特曼最早提出使用财务报表信息开发企业信用风险预警模型。在小微企业信用风险评估中，财务信息涉及企业的盈利能力、营运能力、偿债能力等。

(2) 交易信息。交易信息对于评估小微企业的风险状况起着重要的作用。逾期还款次数、拖欠支付天数、被退回的支票数、账户盈余/亏损周期、账户余额、信贷历史长度等指标对于评估小微企业的违约风险起着关键性的作用。

(3) 业主在银行的信用记录。小微企业多数为家族企业，并且是自主经营的企业，信用风险状况可以从业主个人的信用状况反映出来。因此在评估小微企业信用风险状况的时候，很多是使用其业主在银行的信用记录信息，包括信用额度的使用率、还款行为变量、信用历史长度、信用报告的查询量、账户中信贷组合的占比等。

2. 软信息

除了量化的硬性财务指标、交易信息等，借助非量化的软信息也能够提高小微企业信用风险的预测能力。具体包括：

(1) 业主的行业管理经验。它体现为花费在管理事务上的时间、对企业是否有长远规划、是否寻求专业咨询等。

(2) 企业经营环境。它包括所在地域、所属行业情况、企业所有者组织结构形式、企业成立的年限、企业系统审计报告数据等。

（3）企业外部环境。它包括宏观经济形势、行业政策支持情况以及市场需求情况等。

单元二 征信信息传统采集方法

数据采集是征信实务的基石。征信数据采集，就是实现将不同的数据源，通过各种技术手段集中、整合和简单处理后，保存在征信机构的存储系统中，以备后续的分析和挖掘。针对不同的征信应用场景和不同的采集对象，有多种不同的数据采集方法，包括传统的数据采集方法和大数据采集方法。传统的数据采集方法采集的数据量级不超过PB，大部分个人征信机构和企业征信机构的征信实务都离不开传统数据采集方法。信息数据类型不同，征信机构需采用与之相适应的采集方法。

一、传统的数据采集

征信机构的结构化数据采集模块接入到信源单位的业务网络中，与各信源单位的业务系统相连接。不同来源的业务数据的类型和存储方式各不相同，系统需要针对不同结构的数据开发相应的采集接口，完成与各信源单位数据库的对接，实现数据库结构化数据的采集。传统的数据方法主要包括数据库数据交换、数据文件上传和接口数据采集。

（一）数据库数据交换

数据库数据交换主要是针对已建业务数据库、信息量较大、更新频繁的业务部门。征信机构为各信源单位配置了数据交换软件，可以实时或定时从各信源单位业务信息库中提取信息，与信源单位部门业务系统为松耦合结构，可以在保证部门业务信息系统安全的前提下，实现信源单位业务数据库与征信机构前置数据库之间的信息交换，如图 7-1 所示。

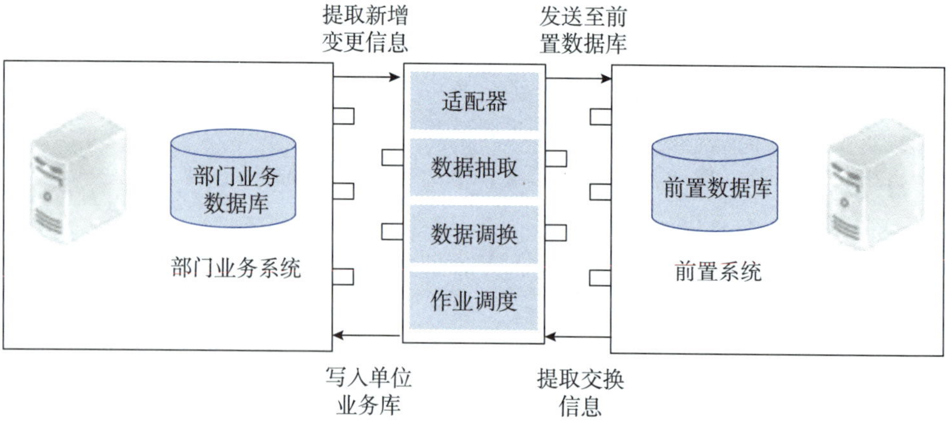

图 7-1 数据库数据交换结构图

数据交换软件通常部署在各共建信源单位内部，实现部门业务信息的自动提取与转换，同时支持手工录入与审核数据。通过数据交换平台，数据能够安全地传输到数据中心；支持双向、单向等多种交换模式。

小贴士

部门前置机

前置机是部署了前置交换系统的物理机，可在不同的通信协议、数据格式或语言之间相互转换，实现数据的传输、调度和管理，具有防火墙功能，在一定程度上保证了数据源后台的安全性。

前置机这一概念常见于银行、券商、电信运营商等机构。以银行为例，银行后台的核心业务系统是不允许外部网络直接访问的，但银行的一些业务数据又需要与外界交互，此时就需要前置机实现隔离主机的作用，前置机放在内网以外，分离内网和外网的应用，保证外部的应用不能直接访问核心业务系统，如银行的电信代收费、公积金管理系统等都依托前置机隔离了外部的直接访问。从业务角度来看，前置机提供了业务渠道与核心业务主机交流的桥梁，起着管理和调度业务渠道发起的交易的作用，可以减轻核心业务后台服务器的负担。

（二）数据文件上传

在前置服务器或中心交换服务器上为各信源单位提供专用的系统用户和文件存放目录。信源单位通过 FTP（文件传输协议）等工具，定期或实时地将既定格式的数据文件上传到服务器。信用平台通过数据交换软件实时监控文件目录，对上传文件进行解析处理后存入数据库。

（三）接口数据采集

接口数据采集主要是根据业务部门的实际情况，定制数据接口，完成各部门信用信息的对接，在保证业务部门信息系统安全的前提下，根据应用系统要求，对部门业务信息进行数据抽取和同步。

通过在各部门业务系统中建立 Web Service 接口，实现对部门业务数据的集成。建立接口管理系统，对 Web Service 接口进行规范，加强身份认证和信息安全管理，接口配置、开通、注销以及监控都通过这个系统完成。

发送数据时，业务系统将数据库中的相关信息进行提取和封装，然后调用接口，传输给前置系统。反馈结果时，接口提供两种查询机制，数据较小时采用同步查询，数据较大时采用异步查询。

知识链接

国家信用体系建设中的区县级信用信息平台数据采集

以国家信用体系建设中的区县级信用信息平台为例，平台可以在多个地理位置灵活部署数据采集器，并自动进行数据传输和管理；可以根据数据的不同来源，在不干扰信源单位业务系统正常运行的前提下，进行数据的不间断抓取，保证数据的质量。征信信息采集分以下几种情况：

（1）无信息系统的接入单位，以区县级信用信息平台为基础，按照全省区县信用信息征集目录的要求，开发相应的信用信息直报系统、信用信息填报系统。

（2）有信息系统的接入单位，征信机构采用部署部门前置机的方式进行数据采集。前置机的概念一般在银行用得比较多，银行有很多后台核心处理系统，对外提供各种接口服务。征信机构等外部机构因业务需要，需要和银行的后台系统打交道，但外部网络的访问是不被银行允许的。此时，征信机构会开发一个软件，在银行的内网中运行，然后通过专线或硬件隔离技术将运行这个软件的计算机连接到外部征信机构的外网系统上，运行这个数据交换软件的计算机，从功能上称为前置机。

（3）有独立网络系统的接入单位，直接以文件导入的方式进行采集。

二、传统的数据存储

征信机构的数据存储可使用多维数据库来实现，最常用的是关系型数据库，如MySQL、Oracle等，这些关系型数据库主要用于结构化数据管理，能够有效处理大量的交易数据和用户信息。此外，个别征信机构需要处理非结构化和半结构化数据，会使用到NoSQL。

MySQL是一种广泛使用的开源关系型数据库管理系统。MySQL开源免费，在成本方面具有很大优势，尤其适合中小型征信机构；能够处理大量数据和高并发请求，在合理配置下可以实现高效的征信数据操作。MySQL在征信机构的众多应用场景中都有广泛应用，如征信机构应用系统、征信机构网站开发等，为数据存储和管理提供了可靠的解决方案。以山西省征信有限公司为例，该机构已拥有经营数据、公积金缴纳数据、房产数据等数据量庞大的数据，其数据存储和管理采用的是MySQL+Java架构。

小贴士

MySQL、Java、Python

MySQL是数据库，主要用于数据的存储和管理。其语法相对简单，学习曲线较为平缓，方便开发人员快速上手。

Java 是一种编程语言，可以通过相关的数据库驱动程序与 MySQL 进行连接和交互，用 Java 编写代码来执行对 MySQL 数据库的增、删、改、查等操作，实现对数据的处理和业务逻辑的构建。

Python 同样是一种编程语言，也可以借助相应的库与 MySQL 相连接，利用 Python 代码对 MySQL 中的数据进行各种操作，用于数据分析、后端开发等多种场景。

总的来说，MySQL 是数据存储的工具，而 Java 和 Python 是用来编写程序实现各种功能的语言，它们之间通过特定的接口和方法实现协作，共同构建完整的应用系统。

单元三　征信信息大数据采集方法

在征信实务中，传统采集和大数据采集都有其适用的场景。当数据量在 60 万行以下的时候，使用 Excel 较为方便，MySQL 等关系型数据库系统理论上可以存储亿级别条数的数据，可以满足大部分企业征信机构的需求。大部分征信机构的数据分析任务，如企业信用评级等信用数据分析，其使用的数据量级 MySQL 数据库基本可以满足。

但随着征信业务的发展以及征信数据的多元化，在大数据应用技术发展的背景下，传统数据库和大数据库同时存在，当原来存储数据的 MySQL 容量不够了，就需要将数据迁移到 Hadoop 生态中。传统数据采集与大数据采集既有联系又有区别。传统数据采集与大数据采集的区别如表 7－2 所示。

表 7－2　传统数据采集与大数据采集的区别

区别点	传统数据采集	大数据采集
数据源	来源单一、数据量相对较小	来源多样、数据量巨大
数据类型	结构简单	数据结构多元，包括结构化数据、半结构化数据和非结构化数据
数据存储	关系型数据库	分布式数据库、分布式文件系统
数据处理方式	大多数采用离线处理方式，对生成的数据进行集中分析处理，不对实时数据进行分析	对于响应时间要求低的应用采取批处理模式集中计算；对于响应时间要求高的实时应用，采用流处理方式实时计算

大数据采集包括系统日志文件采集、利用 ETL 工具采集、互联网数据采集等。

一、系统日志文件采集

在大多数的计算机应用系统中，都有自动记录的有关系统运行的日志文件，并且这类文件都有固定的数据格式，便于采集和处理。例如，征信数据源单位数据库管理系统、Web 服务器系统的日志文件，会记录操作者的账号、操作的数据对象、具体的操作内容等。征信信息查询次数等信息，均可依托专业的系统日志文件采集工具采集。根据系统日志的内容，系统日志一般分为三类：用户行为日志、业务变更日志、系统运行日志。

对于系统日志文件的采集，可以使用海量数据采集工具，如 Apache 的 Flume、Manage Engine 的 Event Log Analyzer 等。

小贴士

日志文件采集工具

Event Log Analyzer 是一个实时、基于互联网的软件，主要用于日志收集和日常机构的事务管理，它支持多种日志类型，包括不同系统（Windows、Linux、UNIX 等）的系统日志，网络设备（路由器、交换机等），应用程序（数据库等），该软件可对上述文件进行收集、查找、分析、报告、归档，提供了对网络中用户活动、网络异常和内部威胁的实时监测。IT 部门可用 EventLog Analyzer 进行网络系统审计，生成合规性审计报表。

二、利用 ETL 工具采集

在征信机构运营过程中，会涉及其他合作金融机构的数据，这些是不同金融机构以及征信机构内部不同系统提供的内部数据，其数据内容、数据格式和数据质量差异很大，有时甚至会遇到数据格式不能转换或转换数据格式后丢失信息等问题，严重阻碍了数据的归集与共享。因此，能否对数据进行有效整合，将成为有效利用内部数据的关键。

ETL 是整合数据的重要工具，ETL 即数据抽取、转换、加载的过程。ETL 是将在线机构内部的各种形式和来源的数据经过抽取、清洗和转换之后进行格式化，整合分散、零乱、标准不统一的数据，以便于后续的分析、处理和运用的工具。采用 ETL 工具处理数据的流程有三步：（1）从数据源中提取（选择和导出）数据；（2）按照目标系统的要求，对抽取的数据进行数据类型的转换，并对一些数据质量问题（如不完整数据、错误数据、重复数据）进行处理；（3）将转换后的数据加载（读取或导入）到目标系统。ETL 工具的运作是一个典型的流水线过程，每一步都通过不同的组件完成，其简要流程如图 7-2 所示。

征信机构选择 ETL 工具，要注意 ETL 工具对平台的支持程度、抽取和装载性能的高低、对业务系统性能的影响大小等因素。常见的 ETL 工具包括 Apache Kafka、Kettle 等。

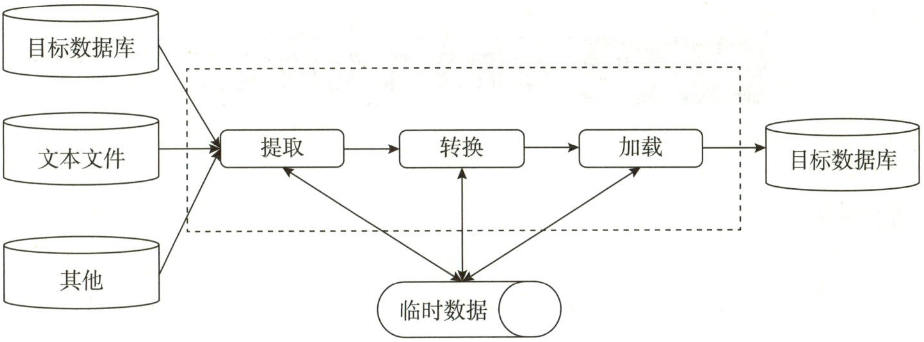

图 7-2 ETL 工具的运作流程

三、互联网数据采集

互联网数据收集，通常是借助网络爬虫实现的。网络爬虫就是定向或不定向的，按照一定的规则，对互联网上的网页数据进行抓取的程序或脚本。抓取网页数据的一般方法，是定义一个入口页面，这个页面一般会包含指向其他页面的 URL（网页资源地址），所以从当前页面获取这些 URL，并将其添加到爬虫的 URL 队列中，进入新页面后再递归进行上述操作。网络爬虫这一数据采集方法可以从网页中获取非结构化数据，并将其存储为一个统一的本地数据文件，并以结构化的方式存储。网络爬虫技术可以自动采集所有可访问的页面内容。征信机构需要大量第三方数据，而网络爬虫可应用于搜索引擎信息采集。

目前已经有很多成熟的网络爬虫工具，除了在 Python 运行环境中编写爬虫脚本，还可以利用 Paris Hub 等浏览器插件、八爪鱼等网页数据采集器等简单方便的工具。这些工具可以在很短的时间内轻松获取各种网站或网页中的大量标准化数据，帮助征信机构实现第三方数据采集和标准化，摆脱对人工搜索数据采集的依赖，降低获取数据的成本。

小贴士

网络爬虫插件 Paris Hub

Paris Hub 是一个免费且功能强大的 Web 抓取工具，可作为一个客户端工具。下载 Paris Hub 之后，在计算机上只需单击所需的数据即可轻松提取数据。该软件可以从多个页面获取数据，包括表单、下拉列表等交互操作，爬取的结果可以通过 JSON、Excel 和 API 进行访问。

单元四 数据采集器的运用

一、数据采集器简介

通用的网页信息数据采集器有火车头采集器、八爪鱼采集器等。八爪鱼采集器是国内的一个大数据一键采集平台，可以简单快速地将网页数据转化为结构化数据，存储于 Excel、SQL、TXT、MySQL 等多种格式，实现输入网址全自动化导出数据，如图 7－3 所示。

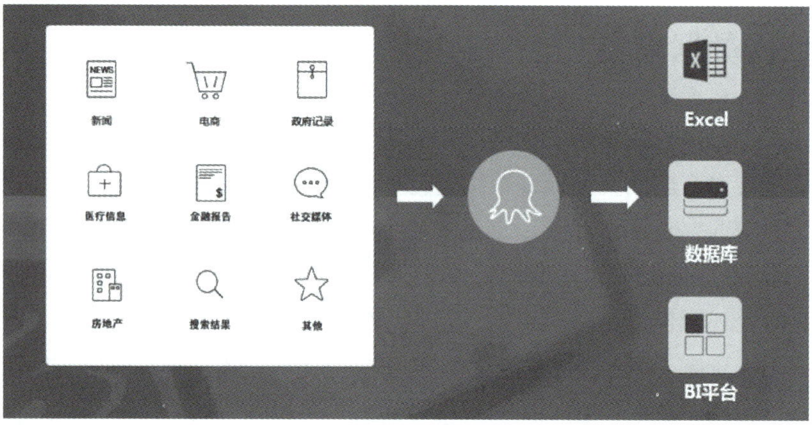

图 7－3 八爪鱼采集器的数据流

八爪鱼采集器的网页数据采集系统以分布式云计算平台为核心，可以在很短的时间内，轻松地从各种不同的网站或网页获取大量的规范化数据。市面上绝大部分网页，或者说网页上所能看到、网页源码中有的文本信息几乎都能被采集。采集器可以帮助任何需要从网页获取信息的客户实现数据自动化采集、编辑、规范化，摆脱对人工搜索及收集数据的依赖，从而降低获取信息的成本，提高效率。八爪鱼网页数据采集客户端使用的开发语言是 C♯，运行在 Windows 系统，支持一次导出百万级别数据。

八爪鱼采集器满足产品、运营、销售、数据分析、学术研究等多种工作的需求，满足的业务场景包括：（1）舆情监控——采集器可以全方位监测公开信息，抢先获取舆论趋势；（2）市场分析——采集器获取用户真实行为数据，全面把握客户真实需求；（3）产品研发——采集器强力支撑用户调研，准确获取用户反馈和偏好；（4）风险预测——采集器通过高效的信息采集和数据清洗，及时识别与应对风险。

二、采集器采集方式

八爪鱼采集器具有本地采集和云采集两种采集方式。

（一）本地采集

本地采集即单机采集，采集程序负责对网页进行打开、抓取和采集数据，通过程序语言（正则表达式等）进行修正，除了可以实现绝大多数网页数据的抓取，还可以在采集过程中实现对数据的初步清洗。如果使用程序自带的正则工具，就可以利用正则表达式将数据格式化。在数据采集的源头实现去除空格、筛选日期等多种操作。八爪鱼采集器还提供分支判断功能，可对网页中信息进行是与否的逻辑判断，实现用户筛选需求。

（二）云采集

云采集除了具有本地采集的全部功能，还可以实现定时采集、实时监控、数据自动去重、增量采集、自动识别验证码、API 接口多元化导出数据以及修改参数；同时利用云端多节点并发运行，由多台云服务器支撑，7×24 小时不间断运行，灵活契合业务场景，采集速度远超本地采集（单机采集），实现采集数据效率的最大化。

三、采集器采集原理

（一）模拟人的思维去浏览网页

八爪鱼采集器是一款模拟人的思维去访问网页文档的互联网数据采集器。整个采集流程模拟人的思维操作方式（如打开网页，点击网页中的某个按钮），通过八爪鱼采集器规则配置程序记录人工操作流程，将人工的采集动作转化为程序语言，形成一套采集规则。系统实现了完全可视化流程操作，无需专业的编程知识，采集规则的制定简单易学。

（二）通过设计工作流程完成自动化数据采集

模拟人工思维形成的采集规则是一个能进行导入导出操作的程序脚本，它对网页源码中各个数据的源代码与路径（XPath）进行准确定位，使得八爪鱼采集器可按照采集规则批量地采集用户所需的数据，代替人工操作，实现自动化。

四、采集器采集流程

在八爪鱼采集器中，其采集流程包括常用步骤和进阶步骤。

（一）常用步骤

常用步骤是应用较多的流程设计操作，如图 7－4 所示。通常来说，要实现一个网页的数据快速整理与采集，这些步骤是必不可少的，基本步骤如下：

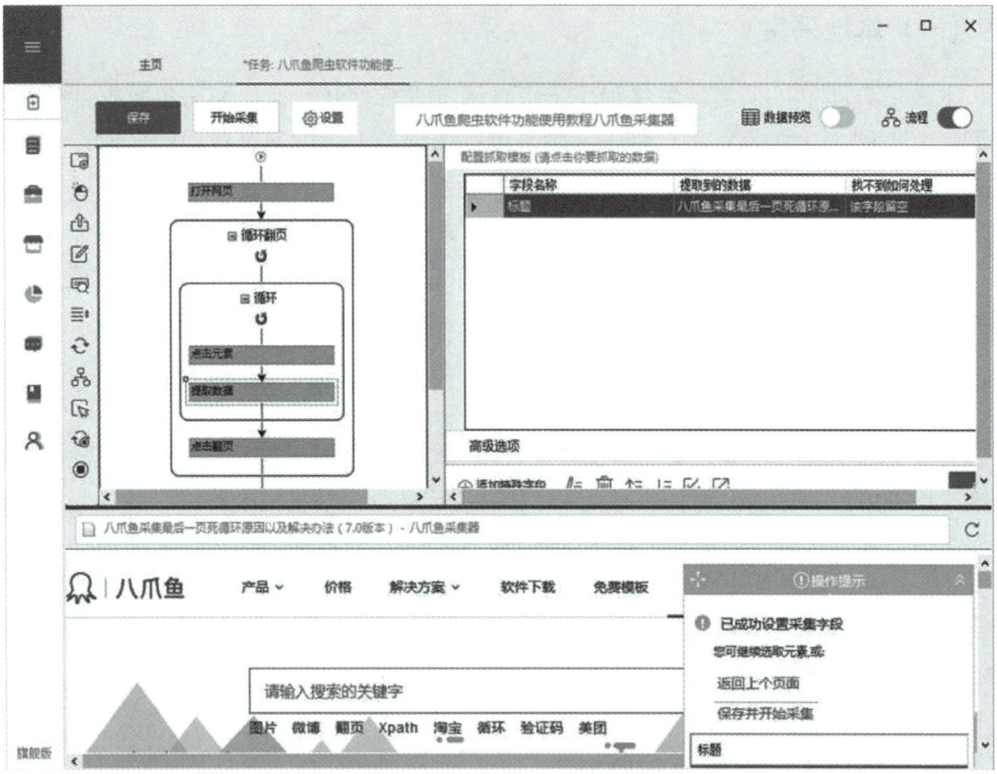

图 7-4　八爪鱼采集器的操作界面

（1）打开网页。打开所要采集数据的网站。

（2）循环。循环的本质是单个元素的循环，如循环翻页。

（3）点击元素。循环本身是不会有任何执行操作的，需要一个点击元素来和循环产生联动。

（4）提取数据。完成正式的数据采集。

（二）进阶步骤

进阶步骤，是指除常用步骤外，需要通过操作来辅助完成数据采集，具体包括输入文字、识别验证码、切换下拉选项、判断条件、移动鼠标到元素上、结束循环、结束流程等。

实训操作

八爪鱼表格式数据采集

利用八爪鱼采集器快速采集股票行情，以全国中小企业股份转让系统官网为例，对表格信息进行翻页循环采集。采集步骤如下：

（1）登录八爪鱼采集器官网，下载安装八爪鱼采集器。打开八爪鱼采集器，注册并登录。创建采集任务，进入主页，点击“新建”，选择“自定义任务”。

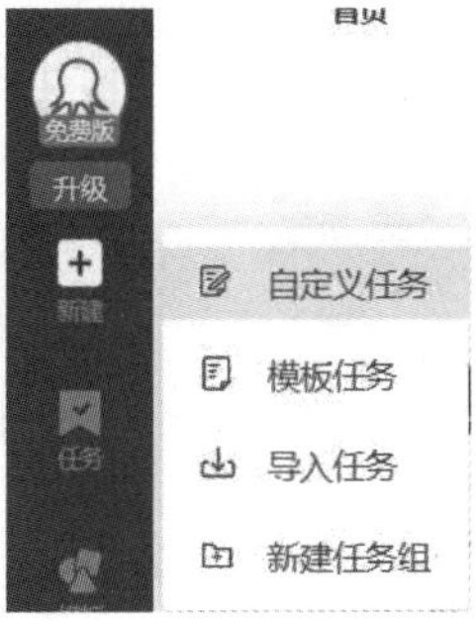

（2）将全国中小企业股份转让系统链接复制到网址输入框，点击“保存设置”。

（3）在“操作提示”导航栏中，既可选择“登录网站”后需要进行自定义采集；也可选择“自动识别网页内容”功能。选择“自动识别网页内容”，可自动识别当前表格数据中的所有字段。

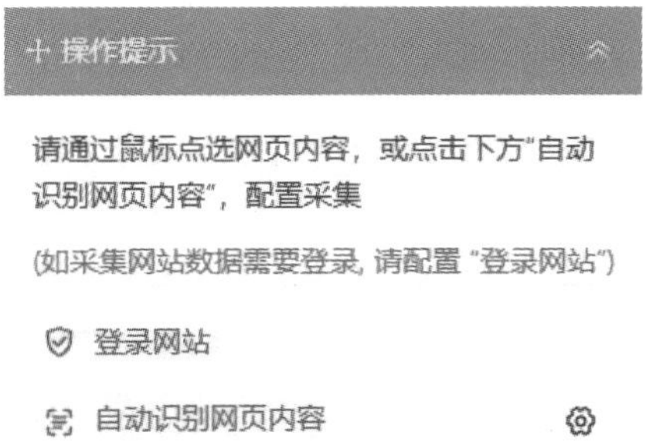

（4）采集器自动识别当前网页的数据后，还需建立循环翻页，从而循环采集数据。根据导航提示，勾选“翻页采集”。

（5）勾选“翻页采集”后，可见右侧自动生成的流程图。此时，在下方数据预览栏目中，可以对采集的数据进行预处理。

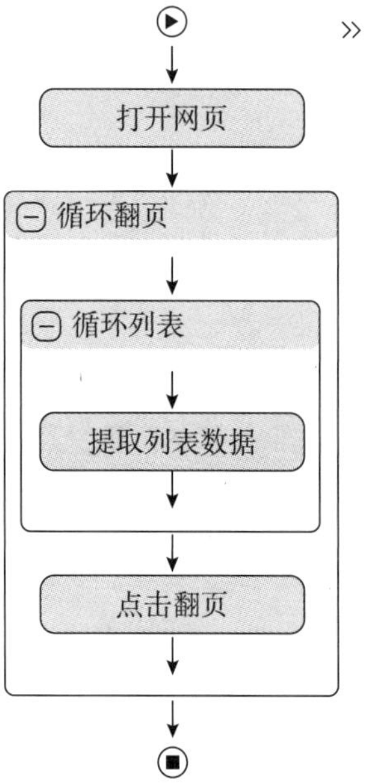

（6）点击操作提示框中的“保存并开始采集”，再选择“本地采集”。采集器开始采集刚设置的采集字段，点击采集页面右下方“停止采集”按钮，可手动终止采集。

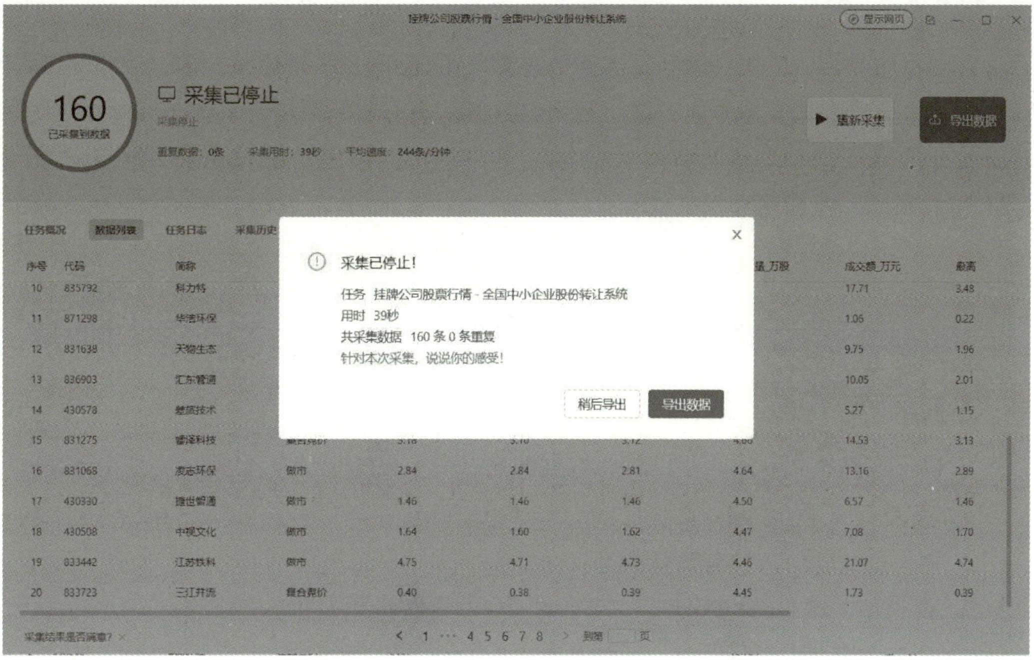

（7）选择需要的导出方式，如以 Excel 导出。选定位置保存，提示操作完成。

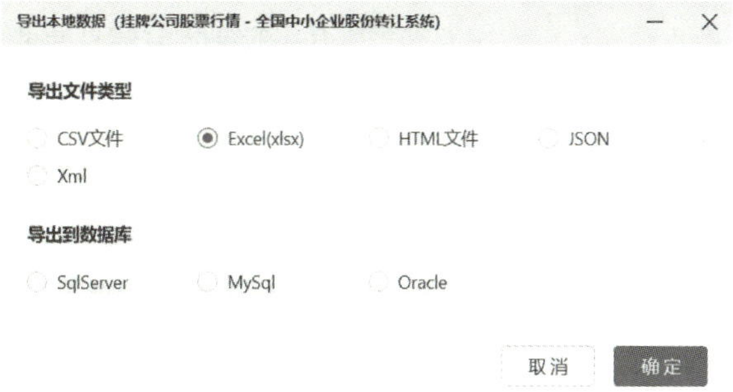

（8）打开 Excel 文件即可查看采集数据。

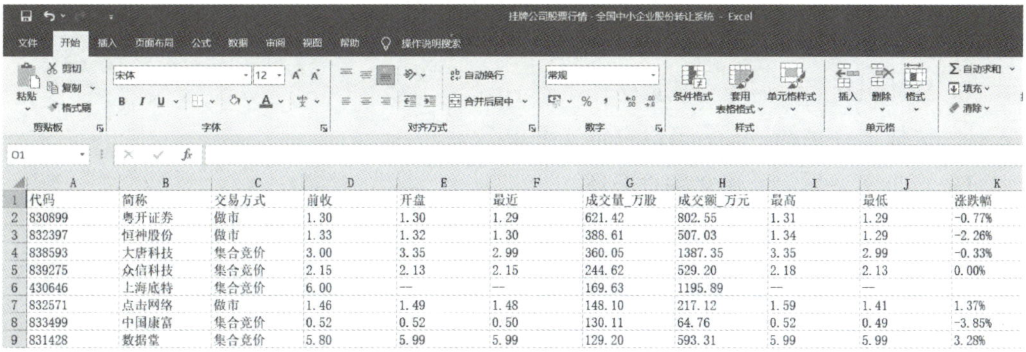

代码	简称	交易方式	前收	开盘	最近	成交量_万股	成交额_万元	最高	最低	涨跌幅
830899	粤开证券	做市	1.30	1.30	1.29	621.42	802.55	1.31	1.29	-0.77%
832397	恒神股份	做市	1.33	1.32	1.30	388.61	507.03	1.34	1.29	-2.26%
838593	大唐科技	集合竞价	3.00	3.35	2.99	360.05	1387.35	3.35	2.99	-0.33%
839275	众信科技	集合竞价	2.15	2.13	2.15	244.62	529.20	2.18	2.13	0.00%
430646	上海底特	集合竞价	6.00	—	—	169.63	1195.89	—	—	
832571	点击网络	做市	1.46	1.49	1.48	148.10	217.12	1.59	1.41	1.37%
833499	中国康富	集合竞价	0.52	0.52	0.50	130.11	64.76	0.52	0.49	-3.85%
831428	数据堂	集合竞价	5.80	5.99	5.99	129.20	593.31	5.99	5.99	3.28%

模块小结

本模块首先对征信数据进行了分类，将数据分为结构化数据、半结构化数据和非结构化数据，不同数据类型选用不同的采集方式。将数据分为可量化的硬信息和非量化的软信息，以方便后续进行征信数据分析。

针对不同的征信应用场景和不同的采集对象，有多种不同的数据采集方法，包括传统数据采集方法和大数据采集方法。常用的数据采集方法包括数据库数据交换、数据文件上传、接口数据采集等；针对大数据征信信息，会使用系统日志文件采集、利用ETL工具采集、互联网数据采集等。

同步练习

一、单选题

1. 以下文件格式，属于半结构化数据的是（　　）。

A. 报表　　B. 图像　　C. XML　　D. HTML

2. 硬信息与软信息的分类标准是（　　）。

A. 可否用二维码结构表达　　B. 可否量化表达

C. 是否由第三方提供　　D. 结构是否规整

3. 有信息系统的接入单位，征信机构一般采用（　　）方式进行数据采集。

A. 部署部门前置机　　B. 开发信用信息直报系统

C. 信用信息填报系统　　D. 文件导入

4. 用八爪鱼采集器做翻页循环，要点击“下一页”的按钮，以下哪张图是正确的？（　　）

A. 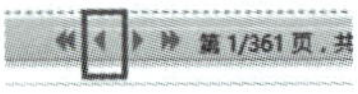　　B. 

C. 　　D. 

5. 关于八爪鱼采集器翻页循环的操作，描述错误的是（　　）。

A. 八爪鱼具有“自动识别网页内容”的功能

B. 自动识别后无需建立翻页循环

C. 选择“登录网站”后可以自定义采集

D. 自定义采集需要建立翻页循环

二、多选题

1. 征信机构进行网络数据采集时，可以使用的爬虫工具包括（　　）。

A. Python　　B. 八爪鱼采集器

C. Paris Hub　　D. 后裔采集器

2. 以下数据中，（　　）属于系统日志数据。

A. 用户行为日志　　B. 业务变更日志

C. 系统运行日志　　D. 数据运行日志

三、简答题

1. 什么是结构化数据？

2. ETL 工具整合数据要经过哪些流程？

3. 简述八爪鱼采集器的采集原理。

四、实训题

用八爪鱼采集器对详情数据进行信息采集，通过“天眼查”官网，查询某企业的注册信息。

模块八 征信信息校验与处理

学习目标

1. 掌握企业资信调查的线上、线下调查方法
2. 熟练使用“企查查”查询企业信用信息
3. 了解企业征信建模中的数据处理方法
4. 了解个人征信建模中的数据处理流程

素养目标

1. 培养团队协作精神，明白征信信息校验与处理需要团队合作，学会与他人有效沟通、协作，共同完成任务

2. 树立正确的利益观，在资信调查中正确处理各种利益关系，不被不当利益所诱惑，坚持正确的价值取向

AI 提示词

财务报表　现场调查　数据清洗　数据转换

学习指导

本模块旨在梳理征信实务中的数据校验与数据处理流程，流程中涉及的数据库、程序设计等操作，了解相关概念即可。关于数据处理的具体操作，感兴趣的读者可深入学习。

单元一 企业资信调查与信息校验

一、企业资信调查

资信调查是制作企业资信调查报告的重要步骤，资信调查包含信用信息数据的获得、分析和校验。就资信调查环节，根据调查的渠道不同，分为线下调查和线上调查。

（一）线下调查

线下调查，也称现场调查，指调查员到现场调查核实信息数据，取得现场调查实录，并将其总结为简单文字性说明。通常情况下，现场调查分为两种情况：一是公开调查，目的侧重于采集信用信息；二是隐蔽调查，目的侧重于核实信用信息。虽然线下调查耗费人工，会增加企业征信机构的成本支出，但在一些情况下，只有依赖现场调查才能保证信息的真实性、及时性等质量要求。

线下调查的调查内容包括以下几种。

1. 企业基本情况核实

企业基本情况主要包括发起股东情况、股东结构及其历史变化、银行基本账户、分支机构、对外投资、住所及经营场所、重大登记事项的历次变更、曾任高管人员、企业资本变动、企业资产构成、经营概况、历年主要财务报表等。

企业信用信息公示系统中的企业资料有限，并且系统信息更新可能存在时滞，必要时需要委托征信机构进行现场调查加以补充核实。例如，企业的注册地址对查明登记事项（增资减资、股东变更、公司经营状况等）极为重要，有的公司实际办公地址与注册地址不符，这一现象背后可能是空壳公司在逃债，目的在于避免债权人的追讨。对企业进行现场调查，可以及时发现搬迁办公场所等现象，提示企业“跑路”的可能，尽早规避信用风险。

小贴士

注册资本和实有资本

注册资本是公司章程所记载的股东认缴的全部资本，是公司在登记机关登记的全体股东认缴的出资额或认购的股本总额，经工商行政管理部门核准登记。实有资本是企业实际收到的资本，是企业注册登记的法定资本总额的来源。注册资本是公司生产经营的基础，是公司承担债务与风险的保证，但它不是一成不变的。公司实有资本是一个变量，经营亏损、股东抽逃出资、资产减值等将导致实有资本小于实缴资本。

A 公司曾委托一家律师事务所调查境外一家公司的资信情况，结果发现，该境外公司注册资本很少，却宣称自己资金实力雄厚，可出巨资合作组建企业等。如果 A 公司贸然与该境外公司合作，风险就会极大。

2. 企业真实可变现资产情况核实

企业资信现场调查的核心部分是企业真实可变现资产的调查及核验。真实可变现资产的价值及变现速度决定企业的偿债能力。企业真实可变现资产的调查内容包括土地和房产的产权人名称、性质、有无抵押、查封或者其他权利限制情况，是否存在产权纠纷或涉诉；固定资产设备等可变现资产的实际使用情况、市场价格等。

登记部门的登记情况可能并不是最终准确的情况，当委托人对资产登记情况存在疑义时，需要委托征信机构对企业可变现资产的实际情况进行现场调查。

3. 其他现场调查项目

在企业的资信调查工作中，常常通过侧面调查来反映目标企业的资信情况。比如，资信调查考察企业法人治理结构是否健全、有效，考察股权结构是否合理，可以从侧面调查关联企业和关联业务，因为处于控股地位的大股东，往往利用关联交易的资产重组获取非法收益。又如，考查企业的商业信用水平，可以从侧面调查上下游企业或上下游产品链，调查主要市场竞争对手，了解目标企业合同履约情况。再如，考察或校验目标企业真实的经营绩效，可以现场调查目标企业厂房的开工率，询问目标企业员工公积金缴纳比例等。

上述信息较为私密，难以通过传统的公开的信息采集渠道获得，唯有依赖线下现场调查。现场调查时要注意甄别信息，避免受假象干扰。

（二）线上调查

互联网时代，大量基础的征信信息可以经由线上调查获得。一般情况下，受托征信机构可以先进行线上基础信息调查，如果信息不足，就进行线下调查。

线上调查往往是线下调查的前期准备。线下现场调查中，无论是电话调查，还是实地走访，都需要做好前期准备工作。例如，前期线上调查找到具体的供应商，才能致电询问目标企业回款速度；又如，通过线上调查找到关联企业，才能实地走访，与关联企业高管约谈。

现在针对各种需求的企业信息检索，单一的国家企业信用信息公示系统，或者中国执行信息公开网等无法查询到全面的企业信息，需要通过多渠道、多系统查询，才能查到相对全面的企业信息。企查查是一款企业信息查询工具，立足于企业征信的相关信息整合，经过深度学习、特征抽取和使用图构建技术，提供企业较全面和透明的数据信息。通过企查查，用户能够实时查询企业相关的工商登记信息、年报、股东信息、投资人信息、涉诉、失信、拥有商标、知识产权、企业证书、主要人员信息、变更记录信息等。

实训操作

用“企查查”查询企业信息

（1）打开企查查官网，可以查询企业名称、法人/股东、高管、品牌/产品，以及地址电话和经营范围。当搜索多个关键词时，需要用空格隔开。

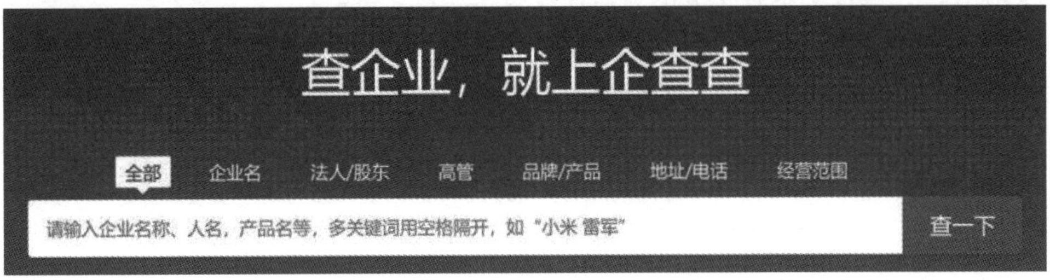

（2）输入关键词进行搜索，会根据字符匹配展示搜索结果（搜索结果会按照公司名称或者品牌产品进行匹配），选择目标结果进行查询，会查询到企业的很多信息，包括名称、电话、官网、地址，其中还包括发票抬头信息。

（3）在搜索结果中，企查查提供了基本信息、法律诉讼、经营状况、经营风险、企业发展、知识产权、历史信息的查询。

基本信息中包括简单的工商信息、股东信息、股权穿透图、主要人员、控股企业、分支机构、企业公示、关联图谱、财务简析、同业分析、变更记录等。

法律诉讼模块提供被执行人信息、裁判文书、法院公告、开庭公告、送达公告、股权冻结情况、立案信息等。借助法律诉讼的提示信息进行风险扫描，可以对企业的信用进行审核。

企业的经营状况也是考察一个企业信息的重要指标，经营状况中包含较多的细节：行政许可、税务信用、招投标信息、招聘、财务总览、进出口信用、微信公众号、微博、新闻舆情、公告研报、地块公示、债券信息、抽查检查、电信许可、供应商、信用评级等。

经营风险模块会对企业经营存在的风险隐患进行提示，包括经营异常情况、严重违法、股权出质、行政处罚、环保处罚、税收违法、动产抵押、清算信息、司法拍卖、土地抵押、公示催告、欠税公告等。

企业发展模块包含企业年报、融资信息、投资机构、核心人员、企业业务、竞品信息等。

企查查还从知识产权库中整理企业的知识产权相关信息，包括商标信息、专利信息、证书信息、作品著作权、软件著作权、网站信息等。

以上信息都是免费开放的，但是历史信息只针对 VIP 客户开放，属于付费信息。

● 操作一：获得小米科技有限责任公司的供应商目录。

登录企查查，输入“小米科技有限责任公司”，在企业首页找到“企业图谱”图标，点击即可查看企业供应商名录、对外投资名录等。

● 操作二：查找小米科技有限责任公司的关联企业图谱。

关联企业形式上分为两种，即显性关联和隐性关联。显性关联主要是指股权被他人或第三人控制，被主要投资人或近亲属直接或间接控制的方式，产权关系可以从公司章程、持股比例中得到验证。隐性关联是企业之间一种表面上不显露关联关系而实际上隐含有投资关系或在经营决策、资金调度、生产经营存在控制或影响关系的关联方式，如通过隐名出资、交叉持股、委托代理等形式达到间接控制公司的目的。

关联企业普遍存在资金混用、关联交易、股权与资本运作、过度融资、主业偏离、跨区经营等现象。关联企业信贷风险的主要表现为信用膨胀、资金挪用、担保虚化、关联交易、逃债废债等，对金融机构债权造成威胁。如何有效甄别企业关联关系，规避关联企业风险，是信贷风险防控中必须面对的问题。

企查查通过大数据采集，不仅能识别显性关联企业，还能识别隐性关联企业的情况。利用企查查可以识别小米科技有限责任公司的关联企业。

● 操作三：隐蔽调查企业真实的生产经营情况。

了解企业的生产经营情况及发展潜力，可以通过外商生产、销售数量和从事新产品、新技术开发等重要部门的雇员人数、资历、报酬及工作情况进行估价。企查查上可以找到以上相关信息。

知识链接

关联企业的关系识别

1. 投资关系识别

(1) 理清公司股权结构。通过股东持股比例，判断企业与企业、企业与个人、股东与股东之间的资本联系，是否存在迂回投资、交叉持股、受同一股东控制等情况。

(2) 关注企业股权变动情况。收集查阅公司公告、章程、股东名册、董事会会议记录、股权变更登记，了解注册资本变更、股权结构调整情况，分析变动原因，若发现连续增资与生产经营不匹配、股权变动频繁、股权转让不合理等情况，则进一步延伸调查企业可能存在的资本运作行为。

(3) 了解企业对外投资情况。若发现投资收益过高，营业外收入占比过大，需进一步落实企业资金投向。

(4) 分析财务报表相关科目。企业常在预付款、其他应收款科目对占用款进行挂账处理，掩盖投资信息，发现异常情况应进一步查实。

2. 人事关系识别

(1) 加强对公司法人代表的调查。通过公开信息和座谈、实地调查等方式，了解法人代表从业经历、资金来源、奋斗历程，询问其对企业发展现状、发展理念、上下游企业信息和行业前景的认识及授信方案意见，若法人代表过往经历和认知判断与企业实际情况不一致，或在授信条款决策上不能当场决定，则要进一步调查，看是否存在委托代理，另有控制人情况。

(2) 调查企业高管、财务人员、重要岗位人员。与企业高管、财务人员、重要岗位人员交谈，进一步了解股东关系、对外兼职、交叉持股等情况，与掌握信息进行比对、甄别，判断是否存在隐性关联情况。

(3) 调查企业主近亲属。企业主近亲属在企业或上下游企业入股、任职情况，近亲属开办企业与借款企业业务往来、资金往来、担保情况，判断两者之间的隐性关联关系。

(4) 关注资金流向。如果企业交易对手非上下游企业，对手经营范围与企业无关联，与企业之间有资金往来或短期内有资金回流行为，则有可能存在隐性关联。

3. 融资关系识别

(1) 关注企业融资需求。若企业生产经营资金充裕，经测算不需增加贷款的，要考虑其资金用途。

（2）关注贷款资金流向。跟踪贷款资金的实际用途和还款资金来源，情况异常且无合理解释的，需进一步核实其间的关系。

（3）梳理担保关系。查询征信系统，理清企业担保圈、担保链关系，判断其隐性关系。

（4）核实应收应付、预收预付款的真实性。对出现非经营性大额资金流进流出，主营业务收入下降但现金流量不减反增现象的，进一步查清是否存在隐性关联。

4. 交易关系识别

（1）分析交易真实性。资金支付必须有相关证明资料佐证，无相关资料的，要怀疑隐性关联。

（2）分析交易价格公允性。审查企业交易价格是否符合市场行情，故意抬高或降低交易价格，偏离正常交易价格的，存在隐性关联的可能性较大。

（3）分析交易持续性。企业交易对手一般存在稳定性、连续性、趋势性特点，大起大落情况较少，如企业在贷款申请前突然出现大额资金交易，则有可能是关联企业以购销方式提升贷款企业利润，达到粉饰报表的目的。

（4）分析交易对等性。关联交易的发生都有一定的目的性，通常是为了调节利润、转移资金或粉饰财务报表，获取银行融资。有利益输送、无偿担保，不符合利益对等关系的，多数存在隐性关联关系。

二、企业报表信息校验

在企业资信调查报告的制作过程中，信息校验是很重要的环节。在获得财务报表等原始的企业数据报告后，要对报告的真实情况进行核实校验，以保证所制作的企业资信调查报告真实可靠。企业资信调查人员可以通过报表分析等方式对原始报表进行核实校验，并对个别数据进行修正。

（一）财务报表数据校验

1. 经审计的财务报表核实

财务会计报表审计，是指注册会计师依法接受委托，按照独立审计准则的要求，对被审计单位的财务会计报表实施必要的审计，获取充分、适当的审计证据，并对财务会计报表发表审计意见。

财务会计报表审计可以起到保护投资者和债权人合法权益的目的。就债权人而言，他们最关心的是债权能否及时收回，需要企业提供真实可靠的信息，以评价企业的偿债能力。有些企业为了骗取投资和债权，弄虚作假，如虚构资产、隐瞒负债等，致使财务会计报表所提供的会计信息不能如实反映企业的实际情况。审计人员审计财务会计报表，通过一定的程序如信号侦查、舞弊分析等，揭示隐藏在控制系统和管理系统中的虚假信息，确认报表所反映内容的真实性与正确性，从而保护投资者和债权人的合法权益。

2. 未经审计的财务报表核实

企业财务报表通常有两种：一种是尚未经过审计的企业财务报表；另一种是经过审计的企业财务报表。未经审计的企业财务报表真实性存疑，可信度较差，只能作为参考使用。企业征信机构要尽可能获取经过审计的目标企业财务报表。

一般企业征信数据是成套的数据，成套的数据会蕴含一定的逻辑关系。面对未经审计的财务会计报表，征信数据的质量校验人员需要把握成套数据的逻辑关系，辨析报表的真实性、合理性，并剔除逻辑不合理的虚假数据或不合格数据。

校验一套征信数据是否合乎逻辑，可采用的方法有以下三种：

(1) 经验法，即聘请富有不同行业财会经验的会计师或审计师，依赖专家的知识与经验，找出财务报表中可能出现造假的地方的方法。

(2) 参照系比较法，即同行业做比较分析，比如寻找一个与待分析企业相同行业的外国企业，该外企所在国与中国的社会、经济和文化状况具有可比性，且拥有完整的行业均值性质的财务数据，比较待分析企业财务报表是否有异常表现的方法。

(3) 不同会计制度对照法，即使用同一套财务数据，但使用不同会计制度的要求进行分析，看是否出现不合理状况的方法。

知识链接

企业财务报表虚增利润的识别

企业的财务报表是典型的成套数据：资产负债表、利润表和现金流量表。在企业的财务报表中，还包括各种附表和附注说明。对于制作企业征信报告和量化指标，财务数据是非常重要的，企业征信机构会对成套的财务数据进行核实校验。

企业做假账的行为可以分为“恶意粉饰”和“善意粉饰”两种情况。在恶意粉饰中，会计人员因使用对象的不同，对同一期间的账目做出不同版本的记录，是一种故意欺瞒。善意粉饰是指企业将自己的经营内容或成果加以夸张修饰。最容易被企业下手做假的会计科目分别是存货、应收账款、固定资产、净资产和净利润。

1. 激进地确认收入

为虚增财务利润，企业会激进地确认收入，常见情形有：

(1) 出租人按照融资租赁的方式确认收入，在租赁开始时就确认收入和利润。尤其是当承租人不把此项租赁认定为融资租赁时，这种确认收入的方法就更加激进。(借：应收融资租赁款；贷：融资租赁资产递延收益)

(2) 在完全履行出售商品或劳务等义务之前就确认收入。

(3) 把与第三方进行物物交换确定为取得收入。

2. 推迟支出确认时间

为虚增财务利润，企业会推迟支出的确认时间，常见情形有：

(1) 与销售增速相比存货增速超常。存货的增加有可能是产品过时、不科学的存货管理造成，但也有可能意味着夸大存货量，这样可以减少售出产品成本，增加利润。可以通过存货周转率是否降低来判断是否有会计操纵。

（2）经营性支出资本化可以推迟支出的确认时间，如将研发支出计入无形资产，而不计入费用，人为夸大经营性现金流，分析时应关注“递延费用”和“递延成本”等项目。

（3）延长固定资产的使用寿命会降低成本，增加利润。应当把所考察公司资产的使用寿命与同行业其他公司相似资产的使用寿命做比较。

3. 指标呈现异样

财务利润虚增时，一些指标会呈现异样，常见情形有：

（1）经营性现金流的增长率和利润的增长率有差异。从长期看，经营性现金流的增长率和利润的增长率之间应该保持一种稳定的关系。如果利润增加，经营性现金流却是负的，或者在减少，那表示这家公司有可能提早确认收入，或是推迟确认支出了。

现金流利润指数＝经营性现金流/净收入，如果该指数始终小于1或者呈下降趋势，那么该公司的收入确认方法就值得怀疑。

（2）与同行业相似企业相比，销售增长率超常。销售增长率超常有可能意味着不规范的会计行为。应收账款平均回收期的增加表示应收账款的增加速度快于销售的增加速度，这可能是激进的收入确认方法造成的。

（3）与同行业相似企业相比，毛利率和营业利润率超常，要注意比较财务报表附注中披露的会计原则。

（二）企业资信自荐报告核验

企业为获得贷款、融资和合作机会，常会出具或聘请第三方企业资信自荐报告。一般情况下，完整的企业资信自荐报告包括企业基本情况介绍、发展历史、企业管理架构、人力资源状况、商业渠道、主要合作伙伴、过去三年经审计的年度财务报表及最新季报、未来三年发展规划或纲要、所处产业介绍、区域市场情况介绍、经营业绩、所获荣誉、资金需求、资金投向、收入测算、是否有改制情况或历史遗留问题等。

调查企业资信自荐报告的重点在于核验融资目的、资金投向、预期利润、评估现金流、分析贷款数额和结构的合理性、历史逾期情况、担保情况、历年利润分配等。电话核实是常见的人工核实方式，适用于自检报告的核实。在电话核实时，调查人员可以隐蔽地从知情人处核实信息。

实训操作

电话调查

电话调查是企业征信机构经常使用的调查方式之一，是一种低成本的调查方法，常见于根据委托人需求进行的个案调查，既可用来采集数据，也可用来核实信息。在拥有大型征信数据库的企业征信机构中，电话调查的主要任务是核实征信数据。为保证电话调查的效果和规范电话调查的业务操作，企业征信机构要对电话业务员进行严格培训，培训内容包括相关法律法规、通话用语、掌握主动、应对拒绝、控制时间、认真记录等。

电话调查范围包括与被调查企业有业务往来的公司或人员，如贸易公司、供应商、挂牌的证券交易所等。

电话调查业务员应该准备好电话调查信用信息采集单或调查问题清单，在电话调查时，有的放矢，避免造成调查项目的遗漏。

调查问题清单通常包括以下项目：

（1）被调查企业的总体经营状况如何?

（2）被调查企业的声誉、形象如何?

（3）被调查企业经营者本人的素质如何?

（4）被调查企业是否已不能如期付款?

（5）被调查企业是否有推迟现金支付日?

（6）被调查企业是否有推迟签发支票?

（7）被调查企业是否有提出要求票据延期?

（8）被调查企业是否有要求延长全部票据或货款的支付日期?

单元二 企业征信建模中的数据处理

信用风险量化指标是企业量化指标分析报告的重要内容，征信机构通过建立科学的数据模型，生产风险量化指标产品。在数据建模前，要先保证模型使用数据的质量。预测型数学建模对征信数据质量的要求往往高于制作调查报告对数据质量的要求，数据的完整性、及时性、精确性、格式等都被赋予更高的要求。为达到量化指标预测精度的要求，要先对数据进行适当处理。企业征信建模中的数据处理依赖程序化的批量操作，对初步采集的数据进行校验核实，剔除数据的差、错、假、漏、旧，按照一定规则修整数据，保证数据质量。

一、企业信息采集中存在的问题

（1）政府公开数据有缺失。目前全国公共信用大数据平台接入的数据信息类型还比较有限。

（2）外部获取数据有错误。不同来源数据存在较多错误的情况，如企业互联网公开数据中存在舆情数据与企业实际情况不符的情况。

（3）多渠道采集数据有重复。由于通过多种渠道采集数据，会出现针对同一企业多渠道来源数据重复的问题。

（4）信息主体申报数据易失真。参与企业主动上报的数据部分依赖企业自身数据的精准性，出于不同目的，企业上报数据中或多或少存在经营数据不真实、报表数据失真等问题。

二、企业征信建模中的数据处理方法

针对上述在数据采集中出现的问题，征信机构需要在后续的数据处理阶段，运用各种方法解决数据缺、错、假、漏等问题，可从以下四个方面入手来寻求解决方法。

（一）产品信息闭环

使征信数据采集、模型算法、数据挖掘以及信用预测等关键环节构建成闭环迭代，深度挖掘样本背后的逻辑，识别失真信息，辨别企业信用问题。进行科学严谨的质量监控，不断提升征信机构辨别和处理企业信用信息的能力。

（二）建模软件自身的数据处理

构建中小企业信用评估模型、构建信用风险量化指标模型，可以运用决策树、神经网络等统计算法，对已有数据进行分析。以 SPSS 软件为例，软件自身具备一定的数据处理功能：数据的合并拆分、分类加权、重复查找、个案选择等。

（三）多方式验证数据相关性

在中小企业信贷领域，构建云信平台，集成企业信贷的贷前、贷中、贷后的全周期，对企业信用做动态评价。通过多方式、多途径收集企业财务数据与非财务数据、结构数据与非结构数据、线上数据与线下数据，进行聚合比对，去伪存真。

（四）运用物联网技术对数据进行校验和处理

利用企业级低功耗物联网组网技术，通过实时、动态采集企业非财务数据，运用模型算法对企业信用进行动态预测，从而检验企业主动申报数据的真实性，为信用信息提供辅助验证，并为数据修正提供参考。

小贴士

物联网

物联网（The Internet of Things，IoT）是指通过各种信息传感器、射频识别技术、全球定位系统、红外感应器、激光扫描器等各种装置与技术，实时采集任何需要监控、连接、互动的物体或过程，采集声、光、热、电、力学、化学、生物、位置等各种需要的信息，通过各类可能的网络接入，实现物与物、物与人的广泛连接，实现对物品和过程的智能化感知、识别和管理。物联网是一个基于互联网、传统电信网等的信息承载体，它让所有能够被独立寻址的普通物理对象形成互联互通的网络。

三、企业征信信息的存储与维护

企业征信数据库可存储企业信用信息，数据库并不需要尽可能多地采集和存储企业信用信息。在设计企业征信数据库时，企业征信机构会从成本和效率两方面考虑，把规模控制在有效范围之内。

为企业征信数据库设计存储企业数量规模，首先要考虑企业征信数据库查询的企业覆盖面（企业征信数据库中应该有很大的可能存储调查对象的信用档案）；其次考虑征信数据库中信用档案的重复查询率，这一指标决定了企业征信机构的单位报告盈利能力，对于有多次被委托调查可能的企业，在征信数据库中必须保证其有充足的信用档案。

征信数据库的安全性问题是每个大型征信机构都不能回避的严肃问题，不仅是管理问题，更是法律问题。在开始设计数据库时，企业征信机构就要对以下四方面予以重视：（1）符合法律、行政法规的要求；（2）符合政府监管的要求；（3）对记录者负责；（4）对信用信息的用户负责。企业征信机构既要注意征信数据库的物理安全，也要防止内部人员的疏漏或破坏。

在对征信数据进行维护时，企业征信机构还要根据失信惩戒机制运行原理，确定企业征信数据的保存期限问题。在法律没有明确要求时，企业征信机构要自己制定相应的管理措施。征信数据在征信数据库中被保存时间的长短，也就是征信数据被使用和传播时间的长短。从被调查企业的角度看，就是它们的信用记录或失信记录被公示时间的长短。在征信数据的各项性能指标中，数据更新频率是非常重要的指标。企业征信机构可以采用的更新方法主要包括实时更新、定期更新和不同频率更新。3 个月更新一次是更新频率的底线。

单元三　个人征信建模中的数据处理

个人征信产品以批量产出的评分为主，评分建模建立在数据批量采集与集成处理的基础上。数据批量采集后，往往有诸多质量问题，在数据分析前，要对数据进行集成处理，保证数据质量。

一、个人征信数据的质量问题

如果把信息采集作为征信机构经营的基本条件，那么数据处理和分析能力就是征信机构的核心竞争力。之所以要对数据进行一定的处理，是因为采集的个人征信数据存在诸多问题。

（一）数据格式与编码各不相同，后续模型运行受阻

每个数据源单位有自己存放数据的机制，数据格式不尽统一，数据项编码不尽一致。在不同政府部门、机构中使用的数据字典也可能存在差异。

知识链接

数据字典

数据字典（Data Dictionary）是指对数据的数据项、数据结构、数据流、数据存储、处理逻辑等进行定义和描述，其目的是对数据流程图中的各个元素做出详细的说明。简而言之，数据字典是描述数据的信息集合，是对系统中使用的所有数据元素的定义的集合。

（二）数据存在质量问题，后续分析结果失真

各数据源单位的数据质量，包括数据准确性、数据精度、数据完整性、数据逻辑一致性等，参差不齐。以商业银行为例，银行数据源产生的数据质量问题主要来自以下几方面。

1. 银行客户方面

客户没有规范完整地填写客户资料会造成数据质量问题，如信用卡开户时，客户未如实填写工资收入、职位、手机及邮政编码等个人资料，造成数据不完整或无效，但这些资料对数据建模是有价值的。

2. 操作柜员方面

客户填写的书面资料都要经过银行操作柜员录入系统，一些对业务系统无关紧要的信息可能被柜员忽略，或柜员一时粗心漏掉一些信息，造成数据不完整。

3. 业务系统方面

银行在设计信用卡等业务系统时，由于没有考虑利用信用卡数据库建模的需求，因此业务系统只保留了对业务系统本身必要的数据，可能会丢掉一些历史数据或对业务系统无关紧要的数据。但这些没有保存起来的数据对信用分析系统和数据挖掘可能是很有分析价值的。

（三）ETL 处理过程中产生数据质量问题，影响后续数据建模

金融机构在建立自动征信系统的过程中，会使用到数据仓库技术（ETL 技术）、结构化查询语言（SQL）数据库等关键技术。ETL 理论和技术目前尚不成熟，会造成一些数据质量问题。例如，一些数据未能完全采集到数据仓库中，或采集过程中丢失了一些数据；加工数据时造成了一些加工出来的数据不完整或无效；数据来源不正确，如采集了一些测试数据且没有删除；冗余数据没有删除等。

二、个人征信数据处理标准

由于 Metro 2 采集标准的存在，美国三大个人征信机构的数据库内容基本一致，但为什么三大机构的业务会有所不同呢？事实上，Metro 2 采集标准只是提供了一个数据的原始输入格式，美国三大个人征信机构都会对这些原始的数据进行各具特色的数据变换和数据加工，于是这些数据变换和数据加工技术就成了美国三大个人征信机构的关键技术，也就是它们各自拥有的“黑匣子”。不同的个人征信机构会以不同的方法和细致程度来处理数据。在个人征信数据的处理阶段，美国并没有统一的行业标准，但各大征信机构往往制定了自己的企业标准，以规范数据处理的业务操作。

中国人民银行征信管理局已开始启动征信标准化工作，现已发布多项征信标准，主要为行业标准，其中个人数据元设计与管理标准等明确了征信数据元的表示规范以及设计规则和方法，并给出了征信数据元的处理与维护机制。

三、个人征信数据的处理流程

个人征信数据处理主要是对各信源单位归集的结构化和非结构化数据进行标准化和流程化的处理，按照统一的标准，通过数据清洗、转换、比对、关联等操作，对各类信用数据资源进行关联、融合与集成，形成完整的信用数据，构建信用数据库，如图 8-1 所示。对于自动化处理不能完成的部分将采用人工介入的方式进行处理。

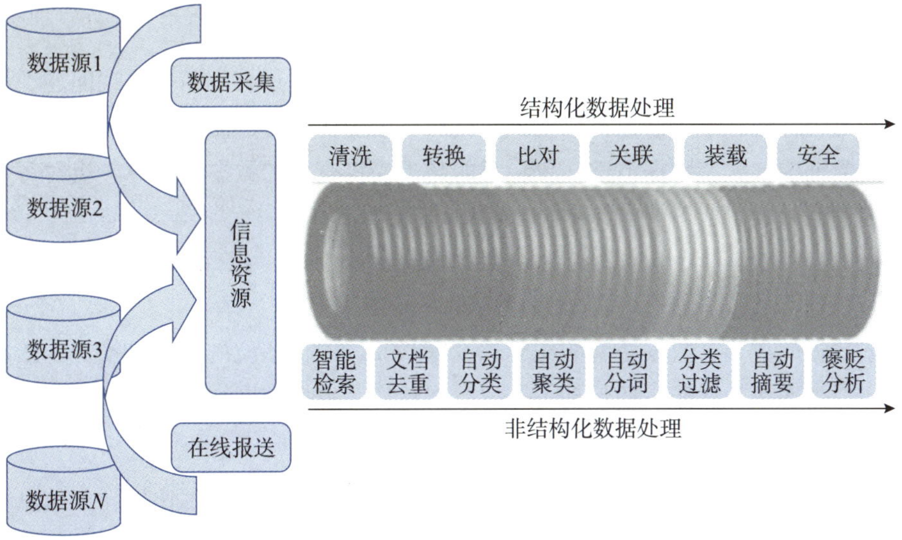

图 8-1　数据处理流程结构图

（一）数据清洗

数据仓库中的数据是面向某一主题的数据的集合，这些数据从多个业务系统中抽取而来并且包含历史数据，避免不了有的数据是错误数据，有的数据相互之间有冲突。这些错误的或有冲突的数据显然是我们不想要的，因此被称为“脏数据”。按照一定的规则把“脏数据”过滤掉，就是数据清洗。需要清洗的数据主要有不完整的数据、错误的数据、重复的数据三大类。

1. 不完整的数据

这一类数据主要是一些应该有的信息缺失，如信息主体的名称、地址信息缺失或数据源中主表与明细表不能匹配等。将这一类数据过滤出来，按缺失的内容分别写入不同 Excel 文件，并提交给数据源单位，补全后再加载到数据仓库。

2. 错误的数据

这一类数据产生的原因是数据源单位的业务系统不够健全，在接收输入后没有进行判断，直接写入了后台数据库。比如，字符串数据后面有一个回车操作、日期格式不正确、日期越界等。这一类数据也要分类，对于类似全角字符、数据前后有不可见字符的问题，只能通过写 SQL 数据库语言的方式找出来，然后要求数据源单位在业务系统修正之后重新加载。日期格式不正确的或者日期越界的这一类错误会导致 ETL 运行失败，这一类错误需要去业务系统数据库用 SQL 数据库语言的方式挑出来，修正之后再抽取。

3. 重复的数据

对于这一类数据，需将重复数据记录的所有字段导出来，让数据源单位确认并整理。

数据清洗是一个反复的过程，不可能在几天内完成，只有不断地发现问题、解决问题。对于是否过滤、是否修正可以要求数据源单位确认，将过滤数据写入数据表，作为将来验证数据的依据。数据清洗需要注意的是不要将有用的数据过滤掉，应对每个过滤规则认真进行验证。

（二）数据转换

根据数据的数目、数据之间的相异程度等状况，进行相应的数据转换、加工和标准化处理。数据转换的任务主要包括不一致数据转换、数据粒度转换以及规则的计算。

1. 不一致数据转换

这是一个整合的过程，将不同数据源中相同类型的数据统一，比如同一信息主体在公积金数据库的编码是 XX0001，而在某第三方数据平台中的编码是 YY0001，要在抽取过来之后统一转换成一个编码。

2. 数据粒度转换

数据源单位一般存储非常明细的数据，而数据仓库中的数据是用来分析的，不需要非常明细的数据。一般情况下，将业务系统数据按照数据仓库的粒度进行聚合。

小贴士

数据粒度

数据粒度，是指数据仓库中数据的细化程度和综合程度。根据数据粒度细化标准，细化程度越高，粒度越小；细化程度越低，粒度越大。

3. 规则的计算

不同的数据源单位有不同的指标、不同的指标计算规则，这些规则有时候不是简单的加加减减就能完成的，这个时候需要通过 ETL 的集成处理，将这些数据指标清洗、转换好之后再存储到数据仓库中，以供分析使用。

（三）数据比对

运用个人信用数据的比对技术，把有关某人的信用数据从分散在各个部门、各个领域、各个地方的数据中甄别出来，把甄别出来的数据归类汇集到一个标识项下，以形成一个完整的记录整体。在一些国家，由于表明个人身份的社会保险号是自愿提供的，许多个人信用档案中是没有社会保险号的，因此个人征信机构需要运用数据比对处理技术，即只要给出一个人的姓名和地址，就可以检索出与该人相关的征信数据。在我国，比对的基础数据是个人身份证号码。

（四）数据关联

对不同来源的数据进行关联整合，建立数据之间的关联关系，形成关于不同主题的完整的数据视图。关联的结果根据使用场景不同保存在公共数据库中，或者直接通过数据交换传递给信息使用方。

（五）数据装载

将清洗、转换、比对后的标准化数据加载到信息资源平台的标准数据库中。数据加载包括数据加载周期和数据追加策略。

模块小结

企业资信调查包含信用信息数据的获得、分析和校验。根据调查的渠道不同，企业资信调查分为线上调查和线下调查。线上调查往往是线下调查的前期准备，虽然线下调查成本较高，但有些信息的获取与校验只能依赖线下调查。企业资信调查最好获取经过审计的企业财务报表，对于未经审计的企业财务报表，要校验其逻辑是否合理，对不合理的数据进行调整。

在企业风险量化指标等产品的生产过程中，需要保证模型使用数据的质量，要对数据进行校验和处理，通过建立产品信息闭环，运用建模软件自身的数据处理程序以及物联网技术等对数据进行校验和处理。

在个人征信评分的生产过程中，批量采集的信用数据的质量参差不齐，需要对数据进行集成处理。对各数据源单位归集的结构化和非结构化数据进行标准化和流程化的处理，按照统一的标准，通过数据清洗、转换、比对、关联等操作，对各类信用数据资源进行关联、融合与集成。

同步练习

一、判断题

尚未经过审计的企业财务报表的真实可靠程度较低，可信度较差，只能作为参考使用。 （　　）

二、单选题

关于信息主体负债的确认，以下说法错误的是（　　）。

A. 对于一次性使用额度的贷款，银行按授信金额全部计算负债

B. 银行可以按照信用卡的使用额度计算负债

C. 各家银行确认信用卡负债的标准是一致的

D. 担保作为或有负债也会按一定比例确认负债

三、多选题

1. 以下适宜采用线下现场调查的情形有（　　）。

A. 实际办公地址与注册地址是否相符　　B. 企业车间的开工率

C. 企业固定资产减值情况　　D. 企业供应商名录

2. 在个人征信数据建模之前要对数据进行处理，以下需要处理的情况有（　　）。

A. 数据格式与编码各不相同　　B. 数据精度不够

C. 数据逻辑不一致　　D. ETL 处理过程中数据丢失

四、简答题

1. 简述征信技术人员分析被调查企业财务报表的目的。
2. 通过企查查可以查到哪些信用信息？
3. 简述商业银行可能产生个人征信数据质量问题的原因。
4. 什么是数据清洗中的“脏数据”？
5. 简述个人征信数据处理的流程。

模块九 企业征信数据分析

学习目标

1. 掌握专家分析法，能够利用5C分析法对企业信用进行简要分析
2. 能够利用Z计分模型识别企业破产风险
3. 掌握营运资产分析模型，能够利用其粗略估计赊销额度
4. 掌握特征分析模型，能够利用其对赊销额度进行调整
5. 了解常见的现代信用评分模型的使用场景

素养目标

1. 培养科学精神，以严谨、客观、求真的态度对待数据分析工作，尊重数据事实，遵循科学方法
2. 促进批判性思维和辩证思维，能够对数据分析结果进行批判性思考和评估，巧用方法解决实际问题，具体问题具体分析

AI提示词

专家分析法	5C分析法	Z计分模型
营运资产分析模型	特征分析模型	CreditMetrics模型

学习指导

本模块介绍企业征信数据分析的主要方法，包括定性分析的专家分析法、定量分析的财务比率模型，简单介绍商业银行和国际评级机构常用的现代信用风险模型，其原理涉及金融工程及统计学知识，因而不作要求。

单元一 专家分析法

一、专家分析法框架

20世纪初期，金融机构在测定和管理信用风险时，开始使用专家分析法。专家分析法是基于专业评级人员的经验、知识、技能、个人偏好的综合打分，这种方法很多时候依赖于债务人的历史表现和专家的主观判断。常见的专家分析法有5C分析法和5P分析法。5C分析法从品质（Character）、资本（Capital）、能力（Capacity）、担保（Collateral）和条件（Condition）五个维度进行评估。5P分析法则从个人（Personal）、目的（Purpose）、偿还（Payment）、保障（Protection）和前景（Perspective）五个维度进行分析。本节以运用较多的5C分析法为例进行介绍。

（一）品质

品质指目标企业努力履行其偿债义务的可能性，是评估目标企业信用的首要指标。这个指标用来评估目标企业有多大的还款意愿，是否有足够的动机来保住信用。征信机构会根据过去的历史记录来分析品质，比如违规违约和奖励荣誉，因为哲学的历史经验主义认为“历史总会重演”。同时辅以现状调查加以佐证，具体调查要素包括企业经营者的年龄、文化、专业技术结构、家庭背景、社会资源、个人领导能力、组织管理能力等。

就企业贷款回收而言，品质带来还不还、还多少、逾期不逾期的问题；就企业赊销而言，品质是应收账款的回收速度和回收比例的重要决定因素。企业还款意愿差主要表现为欺诈、违约、恶意骗贷、转移资产、不遵守合同、恶意拖欠、毁约等逃废债务的行为。这些情况的产生既有法律、行政法规执行不力的客观原因，也有企业自身信用观念差、道德素质低、法律意识淡漠等主观原因，类似行为给金融机构开展信贷业务带来了极大风险。

（二）资本

资本关注的是企业有多少资本，以及相对而言资本的充裕程度。资本是企业现金流不足以还债时，企业在短期和长期内可供使用的财务资源。

资本的数量体现在借款人资产负债表的所有者权益项目上，等于总资产与总负债之差。资产负债表中债权的下方是股权，破产清算时，遵循先债权后股权的偿付顺序，所有者权益构成偿付债权的安全垫。借款人的资本越雄厚，安全垫越厚，债权就越有保障，借款人信誉就越高。

专家分析系统会结合一系列重要指标，来评价企业资本相对于负债的充足程度。常见的调查指标包括股东权益比率、负债比率、企业资本规模、有形资产净值等财务指标，如表9-1所示。

表9-1　资本充足程度指标

指标名称	计算方法	作用
股东权益比率	股东权益/总资产	反映自有资本的充足程度
负债比率	总负债/股东权益	该指标在100%以下，企业无短期偿债压力；投资收益大于利息费用时，对负债利用有效

（三）能力

能力泛指企业的偿债能力，包括短期偿债能力和长期获利能力。其中，短期债务和债项评级比较看重短期偿债能力，一般使用流动比率和现金流预测等方法进行评价，常见指标包括流动比率、速动比率等，如表9-2、图9-1所示。

表9-2　短期偿债能力指标

指标名称	计算方法	作用
流动比率	流动资产/流动负债	反映流动资产对流动负债的保障能力
速动比率	(流动资产－存货－待摊费用－1年内到期的非流动资产)/流动负债	排除流动资产中的非速动资产，反映短期支付能力

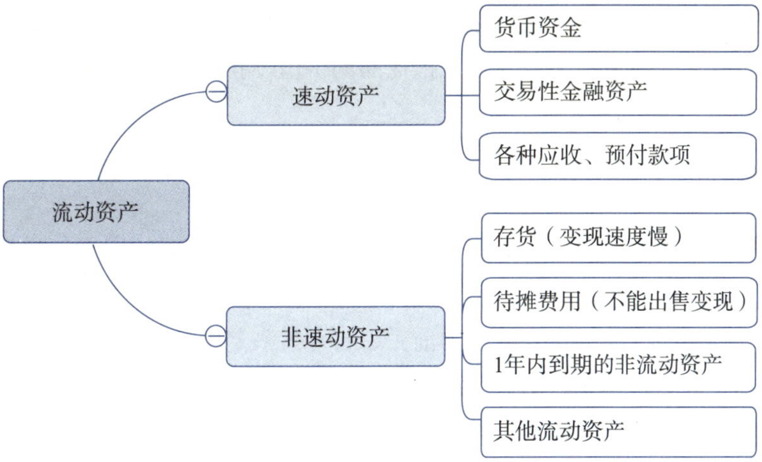

图9-1　流动资产

长期债务更看重企业长期的获利能力，从长期的获利情况看，可以了解到企业积累资本的能力、未来获得现金流的能力。具体要分析借款企业的生产经营能力及获利情况、管理制度是否健全、管理手段是否先进、产品生产销售是否正常、在市场上有无竞争力、经营规模和经营实力是否逐年增长、财务状况是否稳健。常见的财务分析指标包括总资产净利润率、销售利润率等，如表9-3所示。

表 9-3 长期偿债能力指标

指标名称	计算方法	作用
总资产净利润率	当期净利润/平均总资产	经营投入总资产的最终成果
销售利润率	利润总额/销售额	反映每单位销售的利润总额
利息保障倍数	息税前利润/债务利息费用	反映息税前利润对利息费用的保障程度

（四）担保

担保是指法律为确保特定债权人实现债权，以债务人或第三人的信用或特定财产来督促债务人履行债务的制度。常见的担保有保证、抵押、质押等。

保证是指保证人和债权人约定，当债务人不履行债务时，保证人按照约定履行债务或者承担责任的行为。根据是否有先诉抗辩权，保证可分为一般责任保证和连带责任保证。

抵押是指债务人或第三人不转移抵押物财产，经过登记生效，将该财产作为债权的担保，如若债务人不履行债务，债权人有权依法以该财产折价或者以拍卖、变卖该财产的价款优先受偿。

质押是指债务人将其动产移交债权人占有，并以此为质押的生效要件，将该动产作为债权的担保，如若债务人不履行债务，债权人有权依法以该动产折价或者以拍卖、变卖该动产的价款优先受偿。

对于首次交易或交易对手信用状况有争议的情形，为债权设立担保尤为必要。如贷款协议可规定，当贷款逾期达到一定条件，可合法处置、变卖固定资产、存货、应收账款等抵押物，弥补银行的损失。担保是信贷资产的安全保障，对企业担保情况进行评估时，主要考察担保抵押手续是否齐备、担保品的价值、担保品变现的难易程度、保证人的信誉等。

（五）条件

条件泛指对企业发展与信用有一定影响的、外部的、客观的因素，也称经济环境。条件会影响信息主体的还款能力和还款意愿，因而是 5C 分析法的重要评估维度。

条件维度主要评估分析企业的发展前景、行业发展趋势、市场需求变化、自然环境等条件对企业经营能力与还款意愿的影响。以诺基亚为例，原本企业经营良好，市场占有率高，但安卓系统的出现使市场需求发生突变，由于诺基亚后续技术并未跟进，因此企业经营状况急转直下。

二、专家分析法的特点

（一）属于定性分析

人脑和计算机最大的区别在于，人可以解决模糊化的问题，对无法量化的问题给出一个判断。专家分析法之所以沿用至今，其最大的优势在于可以解决任何不能量化的问题，即无论情况如何复杂混乱，专家分析法都可以给出一个结论。专家分析法是一种综合评分法，基于多种影响因素做出总的评价，属于定性分析，是一种模糊判定。

在个人信用评估中，主要使用信用评分，一般批量地套用计量模型，得到一个具体的分数，是一种定量分析；而企业信用评级主要体现在定性定级，因而更适用专家分析法。比如，外汇局为了识别违规套汇交易，而评估出口企业信用，根据 5C 分析法框架进行定性分析，将出口企业分为 AAA、AA、A 三个信用等级。辖内的外汇银行可以根据外汇局的分级名单，对企业进行分级管理：对于低等级企业，加强审核力度，审慎办理业务；而对于高等级企业则选择便利化对待。

（二）依赖主观判断

专家分析法的突出特点在于将信贷专家的经验和判断作为信用分析和决策的主要基础，这种主观性很强的方法带来的突出问题是对信用风险的评估缺乏一致性。即便是同样一个评级机构，不同团队打的分数也不尽相同。专家分析法的优点是使用简单、操作方便，但是有一个固有缺陷：不能对要素进行准确量化分析，判断具有主观臆断性，带有很大不确定性。

下面尝试将 5C 分析法量化，来论证人为改变要素的权重会对结论产生多大影响。

例如，A 公司为高档餐饮公司、B 公司为大数据高科技公司。从资本、能力、抵押三方面的硬信息看，A 公司经营稳健，其财务报表的各项指标均优于 B 公司；但从品质和条件的软信息来看，A 公司面临的市场环境不佳，亟待转型，而 B 公司生产高科技产品，市场前景良好。当专家对软信息和硬信息取不同的权重时，两企业信用评级的得分大相径庭。当软信息权重增大、硬信息权重变小时，A 公司的得分将减小，B 公司的得分将增大。硬信息和软信息权重差距越大，二者的得分差距也越大。即便人为定义硬信息和软信息权重一致，得到两家企业都是 AAA 级，但是两企业之间仍没法做到评级的一致性和可比性。

（三）可做个性化设置

专家分析法构建了全方位的评价体系，在具体的评级报告中可根据客户需求做个性化的设置。评级报告生产商根据报告使用主体的不同，会重点参照不同的评价要素。例如，外汇管理局建立 5C 信用评价系统，目的在于识别企业通过无真实交易背景的资金流动来套取汇差的投机行为。在外汇管理局的 5C 评价体系中，会注重一些特定要素：资本维度下，重点关注进出口量与注册资金是否严重不匹配；能力维度下，重点识别大量预付货款、频繁办理贸易融资的行为；条件维度下，关注市场需求特点，如产品市场明明是卖方市场，却常常“出口少收汇”。

知识链接

信用评级程序及业务规则

《信用评级业管理暂行办法》制定了信用评级程序及业务规则，要求信用评级机构建立完善的信用评级制度，对信用等级的划分与定义、评级方法与程序、评级质量控制、尽职调查、信用评级评审委员会、评级结果公布、跟踪评级等进行明确规定。规定信用评级机构在开展信用评级业务时要组建评级项目组，对评级对象开展尽职调查前要制定详细的调查提纲。信用评级初评结果应当经过三级审核程序，包括评级小组初审、部门再审和公司三审，各审核阶段应当相互独立。信用评级机构应当成立内部信用评审委员会。信用评级结果由内部信用评审委员会召开评审会议，以投票表决方式最终确定。

单元二 财务比率模型

一、量化指标的计量模型

在企业信用报告中提供目标企业的风险指数是惯例。包括信用评级在内的风险指数是通过计量模型得到的，报告中的企业风险指数可以指导授信机构制订授信计划，其指导意义可分为两个层次：

一是风险指数标明目标企业信用风险的大小，信用报告使用者可以对照自身交易门槛，决定是否授信；

二是帮助信用报告使用者确定和调整授信额度。

1968 年，金融机构开启了定性与定量分析相结合的信用风险管理模式，通过分析财务报表数据来对企业的信用质量进行评价。在分析企业的信用风险时，根据目标和效能的不同，分析模型可以分为两大类，即预测类模型和管理类模型。

预测类模型用于预测企业客户前景，衡量客户破产的可能性。Z 计分模型、巴萨利模型和 A 值模型就属于这一类。这三种模型都可以预测客户破产或赊销合同违约的可能性，只是模型所观察的财务比率与公式略有不同。

管理类模型不具有预测性，它偏重均衡地解释客户信息，衡量客户实力。不像预测类模型目标专一，管理类模型广泛应用于调整授信或赊销额度等信用决策管理中，具有很大灵活性。在这一类模型中，较为典型的有营运资产分析模型和特征分析模型。

二、预测类模型

（一）Z 计分模型原理

美国的爱德华·阿特曼教授于 1968 年研究建立了 Z 计分模型。Z 计分模型建立在

“健康”企业和“失败”企业样本数据分析的基础上，它运用关键的财务比率计算出 Z 值，并据此预测公司破产的可能性。模型的具体公式是：

$$Z=c_1X_1+c_2X_2+c_3X_3+\cdots+c_nX_n$$

式中，X_1，X_2，X_3，…，X_n 为模型选用的指标；c_1，c_2，c_3，…，c_n 为每个指标对应的系数。

不同性质的企业，Z 计分模型的具体形式也不同。阿特曼建立了三种形式的 Z 模型，包括适用于上市公司的 Z_1 模型；适用于非上市公司的 Z_2 模型；适用于非制造企业的 Z_3 模型。其中，适用于上市公司的 Z_1 模型分辨函数为：

$$Z_1=1.2X_1+1.4X_2+3.3X_3+0.6X_4+0.999X_5$$

式中，X_1＝(流动资产－流动负债)/资产总额

X_2＝未分配利润/资产总额

X_3＝(利润总额＋利息支出)/资产总额

X_4＝权益市场值/负债总额

X_5＝销售收入/总资产

Z 值越低，企业信用风险越大。当 $Z<1.81$ 时，企业信用风险较大；当 $Z\geqslant 2.99$ 时，企业信用状况良好；当 $1.81\leqslant Z<2.99$ 时，判断失误较大，称该区域为“未知区”(Zone of Ignorance)，或称“灰色区域”。

Z 计分模型开创了资信分析的新思路，它虽不能准确预测公司破产的具体时间，但它指出了破产的可能性，并能通过逐年比较反映出这种可能性扩大或缩小的趋势。

1977 年爱德华·阿特曼又建立了第二代模型，称为 Zeta 信用风险模型。该模型的主要变量有 7 个，即资产报酬率、收入的稳定性、利息倍数、负债比率、流动比率、资本化比率、规模。模型适应范围更宽，对信用不良客户的辨认精度也有所提高。

案例分析

Z 计分模型在我国制造业上市公司财务预警中的实证分析

案例：

按照 Z 计分模型的要求收集整理财务数据，利用 Excel 计算得到不同年份经特别处理的制造业上市公司的 Z 值，见下表，表中 t 为上市公司被特别处理的年份。

公司名称	Z 值		
	$t-1$ 年	$t-2$ 年	$t-3$ 年
ST 建机	1.48	2.041	2.147
*ST 东方 A	−0.265	0.458	0.685

续表

公司名称	Z 值		
	t—1 年	t—2 年	t—3 年
ST 自仪	—0.076	—0.561	0.133
ST 通科	0.963	1.872	1.764
*ST 四环	—0.864	0.387	1.087
ST 汇通	0.861	1.542	1.695
ST 中纺	0.87	1.695	1.793
ST 三元	2.882	1.819	1.78
ST 金马	0.58	1.676	2.76
ST 天宇	—0.37	1.12	1.37
ST 常柴	—0.014	0.81	1.7
ST 证星	0.52	0.5	1.81

注：ST 股票：当上市公司出现财务状况异常或其他重大风险时，交易所会对其股票进行特别处理，并在股票简称前加上“ST”标志。

*ST 股票：如果公司面临更严重的风险（如连续三年亏损），股票简称前会加上“*ST”，表示存在退市风险。

分析：

对 ST 公司进行预测，由上表可以看出，ST 公司在 $t-1$ 年有 11 家 Z 值小于 1.81（ST 三元除外），有的甚至已为负数，这充分说明了公司在被特别处理前一年内其财务状况已经发生了严重恶化，具有巨大财务危机，预测准确率高达 91.7%；在 $t-2$、$t-3$ 年有 9 家 Z 值小于 1.81，预测准确率为 75%；离特别处理的时间越短，预测的精度越高。前一年的预测精度较高，到了前两年、前三年其预测精度下降。同时可以看出 ST 公司在被特别处理前三年的会计年度中，其 Z 值都在 2.99 以下，并且 Z 值呈逐年减小的趋势。这说明 ST 公司在被特别处理前两年乃至前三年，已经显现出财务恶化的趋势。

（二）Z 计分模型的局限性

首先，Z 计分模型假设各指标变量中存在线性关系，而现实的经济现象是非线性的，线性关系降低了预测结果的准确程度。其次，模型无法计量企业的表外信用风险，对某些特定行业企业，如公用企业、财务公司、新公司以及资源企业不适用，因而它的使用范围受到较大限制。最后，权数的精确受到很多因素的影响，这些因素难以量化，权数不易确定，模型难以长期稳定。

三、管理类模型

管理类模型主要包括营运资产分析模型和特征分析模型。

（一）营运资产分析模型

营运资产分析模型于1981年被提出并广泛使用。营运资产分析模型的计算分为营运资产计算、资产负债比率评估值计算、信用额度计算三个步骤。

1. 营运资产计算

该模型首先考察的指标是营运资产，并以此作为衡量客户规模的指标。模型将客户营运资本和净资产平均，用以衡量客户的基本信用风险，这一指标与销售营业额无关，只同客户的净流动资产和账面价值有关。营运资产的计算公式如下：

营运资产＝(营运资本＋净资产)/2

营运资本＝流动资产－流动负债

该模型考虑了客户的当前偿债能力和净资产实力，用这两个方面的综合平均值来衡量客户风险较为可信。营运资产是衡量公司资产规模的尺度，是确定信用额度的基础标准。

2. 资产负债比率评估值计算

模型以综合四项资产负债比率的评估值为准，对营运资产进行调整和修正，得出合适的信用限额。这四项比率分别是：

流动比率＝流动资产/流动负债

速动比率＝(流动资产－存货)/流动负债

短期债务净资产比率＝流动负债/净资产

债务净资产比率＝负债总额/净资产

评估值＝流动比率＋速动比率－短期债务净资产比率－债务净资产比率

评估值综合考虑了资产流动性和负债水平这两个最能反映公司偿债能力的因素。评估值越大，表示公司的财务状况越好、风险越小。

3. 信用额度计算

不同评估值对应不同等级的风险程度，每一档风险程度对应一个营运资产比例系数，表9-4给出了不同评估值所对应的营运资产比例系数。用营运资产比例系数调整营运资产，即可得到赊销额度：

赊销额度＝营运资产×营运资产比例系数

表9-4　评估值与营运资产比例系数表

评估值	风险程度	营运资产比例系数
≤－4.6	高	0
－4.59～－3.9	高	2.5%
－3.89～－3.2	高	5.0%

续表

评估值	风险程度	营运资产比例系数
−3.19～−2.5	高	7.5%
−2.49～−1.8	高	10.0%
−1.79～−1.1	有限	12.5%
−1.09～−0.4	有限	15.0%
−0.39～0.3	有限	17.5%
0.31～0.99	有限	20.0%
≥1.0	低	25.0%

例如：A、B、C 三家公司的评估值及营运资产如表 9－5 所示，根据评估值找到相应的比例系数，再计算赊销额度。

表 9－5　赊销额度计算

	A 公司	B 公司	C 公司
评估值	1	−2.3	−4.7
营运资产（元）	100 000	100 000	100 000
赊销额度（元）	25 000	10 000	0

（二）特征分析模型

1. 百分率的计算

特征分析模型属于管理类模型，它的基本做法是综合考察、分析企业的各类财务和非财务因素。模型从客户的种种特征中选择对信用分析意义最大、直接与客户信用状况相联系的若干特征，把它们编为几组，分别对这些因素评分并综合分析，最后得到一个较为全面的分析结果。模型将企业的信用信息分为三大类特征共 18 个项目，作为衡量企业信用状况的综合标准，如表 9－6 所示。

表 9－6　客户信用信息类别特征

类别特征	项目
客户特征	外表印象、产品概要、产品需求、竞争实力、最终顾客、管理能力
优先特征	可获利润、产品质量、市场吸引力、市场竞争力、担保、替代能力
信用特征	付款历史记录、资信证明、资本和利润增长率、资产负债表状况、资产结构比率、资本总额

按照以下三个步骤计算，得到用以调整赊销额度的百分率：

（1）计算每个特征的分值。

在 1～10 范围内对每个特征进行打分，企业的某项特征表现越好，分值越高。每个项目的衡量标准分为好、中、差三个层次，各个层次对应不同分值。如“产品质量”一项，衡量标准层次分为：好，产品质量好，富有特色；中，质量中等，属大众消费商品；差，质量很差，属劣等品。其他项也都对相应标准层次进行语言描述。不同层次对应的分值为：好，对应分值 8～10 分；中，对应分值 4～7 分；差，对应分值 1～3 分；若未得到某项特征的情况，则赋值 0。这里权重的设定很关键，不同的信用政策赋予各个项目的权重不同。

（2）计算出最大可能评分值。

企业根据自身赊销政策（银行根据自身信用政策）对表 9－7 中的每一个项目赋予一个权重，18 个权重之和为 100%。用设定好的权重乘以 10（即每一项可能得到的最高分值），计算出最大可能评分值。

（3）计算百分率。

每项的实际分数乘以权重并加总，得出加权总分，以此与加总的最大可能评分值相比，得出最终百分率，即：

$$百分率=\frac{加权总分}{最大可能评分值}$$

最终百分率的分类如表 9－7 所示。

表 9－7　最终百分率的分类

最终百分率	类别
0～20%	收集的信息特征不完全，信用风险不明朗，或存在严重的信用风险，不应该进行赊销交易
21%～45%	交易的风险较高，交易的吸引力低，建议尽量不进行赊销交易，即使进行，也不要突破信用额度，并时刻监控
46%～65%	风险不明显，具有交易价值，可适当超出原有额度进行交易
≥66%	交易风险小，具有良好的长期交易前景，可给予较高的信用额度

2. 百分率的应用

（1）调整赊销额度。

与营运资产分析模型相比，特征分析模型更加全面。我们可以将特征分析模型与营运资产分析模型结合起来确定赊销额度，方法是根据特征分析模型得出最终百分率，以此为基础，对营运资产分析模型得出的赊销额度进行调整如表 9－8 所示。

表 9－8　根据特征分析模型调整赊销额度

最终百分率	可超出赊销额度（根据营运资产分析模型确定）的数量
0～20%	0
21%～45%	赊销额度×21%～赊销额度×45%
46%～65%	赊销额度×(46%+0.5)～赊销额度×(65%+0.5)

续表

最终百分率	可超出赊销额度（根据营运资产分析模型确定）的数量
≥66％	赊销额度×(66％+1.0)以上

例如，A公司的最终百分率为46％，根据营运资产分析模型得出赊销额度为10 000元，则根据特征分析模型调整后的赊销额度为：

10 000×(46％+0.5)+10 000=19 600(元)

（2）对客户进行评级。

可以根据特征分析模型对客户进行评级，如表9－9所示。

表9－9　根据特征分析模型进行评级

最终百分率	客户资信等级
0～20％	D
21％～45％	C
46％～65％	B
≥66％	A

在采用特征分析模型时涉及权数的选择问题。权数的重心倾向实质反映了赊销公司的政策偏好。不管权数是偏重销售还是偏重财务，有一些项目非常重要，因而总具有较高的权重，包括付款担保、付款历史记录、资本结构比率、管理能力、产品概要等。

一笔交易的信用风险，不仅取决于企业的付款能力，还取决于企业的付款意愿。Z计分模型、巴萨利模型、营运资产分析模型以财务分析为主，而特征分析模型既考虑了财务因素，又考虑了非财务因素，既考虑了付款能力，又考虑了付款意愿。另外，企业从多渠道获得客户信息（如销售人员获得客户信息）也可以在特征分析模型中加以利用。因此，特征分析模型是赊销企业值得广泛采用的一种有效方法。

单元三　现代信用风险模型

一、现代信用风险模型概述

20世纪80年代以后，基于金融市场信息和金融理论的现代信用风险量化模型获得了发展，国际上一些大型金融机构开发出各自的信用风险评估体系。这类模型通常依赖历史违约数据、信用评级迁移矩阵以及宏观经济变量等，能够为金融机构提供快速且有效的风险度量工具。常见的三种模型包括：CreditMetrics、CreditRisk＋和CPV模型

(Credit Portfolio View)。

CreditMetrics 模型主要用于衡量企业贷款组合的信用风险。该模型的核心思想是基于企业信用评级的迁移矩阵，计算组合层面的风险价值（Value at Risk，VaR）。通过分析这些评级迁移的概率，CreditMetrics 模型可以估算出贷款组合在未来某一时间段内可能面临的损失。CreditMetrics 模型广泛应用于银行对企业贷款组合的集中度风险分析，通过 CreditMetrics 模型，银行可以评估其贷款组合的整体风险。

CreditRisk＋可以模拟企业违约事件的发生。与 CreditMetrics 模型不同，CreditRisk＋使用泊松分布来模拟违约事件，适用于企业违约相关性较低的场景，如小微企业集群。由于小微企业的违约相关性较低，且其违约事件通常较为分散，CreditRisk＋能够有效地模拟这些企业的违约风险，帮助金融机构更好地管理其贷款组合。

CPV 模型（Credit Portfolio View）主要用于评估宏观经济变量对企业违约风险的影响。与 CreditMetrics 模型和 CreditRisk＋不同，CPV 模型引入了宏观经济变量，如 GDP 增长率、利率、行业景气指数等，来模拟企业违约概率（Probability of Default，PD）的周期性变化。通过分析这些宏观经济变量，CPV 模型能够预测企业在不同经济环境下的违约风险。

二、企业征信模型的运用

从传统的信用风险评估技术（如专家分析法），到基于财务报表数据统计的数学模型（如 Z 计分模型），再到信用风险的高级模型（如 CreditMetrics 模型），复杂程度逐渐提高。

企业征信数据分析模型各有特点，不存在相互替代，也没有一个模型可以达到成熟完美的程度。再高级的信用风险模型也仅仅是进行信用风险分析的工具，任何复杂的数量分析都不能代替信用风险管理中的经验判断。因此，在使用某种模型时可与另外一种模型配套使用，定性分析与定量分析相结合，做到优势互补。以信用评级为例，征信评级机构应按照适用对象或复杂程度的不同，分类使用不同模型：数据源单一的小微企业，比较适用 5C 专家分析法；集团企业等复杂对象，主要采用定量模型进行分析。随着评级技术的不断发展，评级模型种类增多，信用分析过程逐渐由以定性分析为主，向定性分析和定量分析相结合转化。

各个信用风险模型适用于各自特定的范围和对象，不能照搬。现代信用风险模型的建立需要大量的参数估计，如违约频率、违约收复比例、信用等级转换概率等，这些参数的估计是以历史经验数据为基础的。所以，上述模型的建立基础是发达国家几十年甚至上百年有关信用资产和信用评级的历史数据库。即使传统的 Z 计分模型也是建立在发达国家企业的历史统计数据基础之上的。由于信用分析的本质在于揭示信用风险，一国经济发展所处的阶段、工业化程度以及社会和文化背景等不同，信用风险的影响因素和表现形式也不一样，信用分析的具体内容和侧重点必然也不同。

重视征信模型的反馈与调试。在信用评级的有效期内，评级机构需要对评级对象信用状况的影响因素进行持续跟踪和分析，以及时反映评级对象信用状况的变化情况，具体可以单设跟踪评级小组，或者根据需要监测市场指标、评级对象状况等。动态跟踪企业资信状况变化，及时反馈，适当调整评级思路或模型。

小贴士

企业征信产品使用者注意事项

无论征信产品采用何种方法或模型得出，使用者都需要在一定程度上了解征信数据分析的具体过程，重视征信评级机构披露的信息，学会对征信报告的内容进行解读。以美国三大征信机构为例，其在官方网站公布了大量的评级文件，包括信用评级框架、评级符号释义、评级流程和评级方法，系统性地披露了信用评级的整个流程，使投资者可以通过文件清楚地了解评级过程和操作管理程序。与国际评级机构相比，我国评级机构信息披露的透明度和频率仍然较低，近年来逐渐加强了对评级技术和行业研究等方面的信息披露。了解评级的具体流程，便于评级产品的使用者更科学、更合理地使用评级结果。

知识链接

企业如何选择正规的信用评级机构？

1. 金融领域的评级机构

国家发展改革委、中国人民银行、中国证监会、国家金融监督管理总局分别在各自领域归口管理各自许可的评级机构。比如，中国人民银行许可的信用评级机构，主要从事银行间债券市场评级业务。中国证监会许可的信用评级机构，主要从事证券市场资信评级业务。

就债券评级而言，中诚信国际、东方金诚等信用评级机构，几乎垄断了国内债券信用评级市场。

2. 商务领域的评级机构

《国家发展改革委 人民银行 中央编办关于在行政管理事项中使用信用记录和信用报告的若干意见》中规定：在政府采购、招标投标、行政审批、市场准入、资质审核等行政管理事项中依法要求相关市场主体提供由第三方信用服务机构出具的信用记录或信用报告。

规模较小但数量上占优的中小微企业，也急需信用评级服务。特别是在政府采购、招投标等商务领域，国家重点抓信用体系建设，要求企业参与政府采购、招标投标使用信用记录和信用报告，因此中小微企业对信用评级的需求日益增长，由此诞生了一类专门为中小微企业提供信用报告和等级评价的信用服务机构。广大中小微企业在选择企业信用评级服务时，首先按照《企业征信机构备案管理办法》要求，查看征信机构是否已备案。同时，重点考察评级机构是否具有以下条件：

(1) 信誉可靠。应坚持“三公与诚实信用”原则，站在中立立场，科学、客观地评定受评企业信誉等级，动态监测，及时调整和发布资信等级的变化，最大限度地为投资者决策提供参照依据。

(2) 标准科学。有一整套评级制度，有规范、完整的企业信用调查评价标准体系，一些省市有开放的标准信息平台，可以登录查询具体的信用评价标准。评级标准与指标体系的科学性是确保评级产品质量的关键。

(3) 服务完善。对投资者来说，评级机构可根据企业评级的不同目的设计适当的评级版本，提高效率和效益。可通过对受评企业所处的行业和获取的产品展开深入研究，帮助企业获取有价值的管理和财务建议等。对管理者来说，对不同的管理与决策目的，需要采取不同的分析模式。如对证券主管部门，可根据受评证券的特点，恰当设计出特定评级方法，提升评级结果的可靠性；对商业银行来说，当信用评级机构对贷款企业评级时，可与商业银行展开牵头评审，共同掌控风险。

除了以上几个重要方面，还有工作人员素质、佣金、地理位置、硬件系统等也需要考察。

模块小结

本模块介绍了企业征信数据的分析方法，主要分为专家分析法、财务比率模型、现代信用风险模型三大类。

专家分析法是基于专业评级人员经验知识等做出的综合打分，是一种模糊的定性分析，这种方法依赖于债务人的历史表现和专家的主观判断。5C 分析法是一种常见的专家分析法，它从品质、资本、能力、担保和条件五个维度对企业进行风险评估。

财务比率模型是基于包括财务数据在内的信息数据（不限于财务数据），通过计量模型分析客户的资信状况，向用户推荐授信额度。在分析企业的信用风险时，根据目标和效能的不同，分析模型可以分为两大类，即预测类模型和管理类模型。预测类模型用于预测企业客户前景，衡量客户破产的可能性，如 Z 计分模型、巴萨利模型和 A 值模型；管理类模型偏重解释客户信息，衡量客户实力，如营运资产分析模型和特征分析模型。两类模型在调整授信或赊销额度等信用决策管理中应用广泛。

现代信用风险模型是在金融衍生品急剧膨胀、信息技术飞速发展的背景下发展而来的，包括 CreditMetrics 模型等。

同步练习

一、单选题

1. 5C 分析法中考察债务人主观还款意愿的维度是（　　）。

A. 品质　　B. 资本　　C. 能力　　D. 条件

2. 5C 分析法中关于资本充足程度的以下说法，错误的是（　　）。

A. 对债务人而言，债权人资本越多越好

B. 负债比率大于 100%时，借款人无短期偿债压力

C. 股东权益比率越大，自有资本越充裕

D. 投资收益大于利息费用时，适宜增大负债比例

3. 5C 分析法中关于企业偿债能力的以下说法，错误的是（　　）。

A. 流动比率是流动负债与流动资产的比率

B. 速动比率剔除了无法变现或不易变现的非速动资产，更能反映短期支付能力

C. 长期偿债能力与长期获利情况密不可分

D. 利息保障倍数越大，债权人对本息越有保障

二、多选题

1. 以下关于专家分析法的评价，正确的是（　　）。

A. 专家分析法主要用于解决可以量化的数据分析问题

B. 专家分析法具有主观臆断性

C. 专家分析法操作复杂

D. 专家分析法可进行个性化设置

2. 用来衡量客户破产可能性的模型有（　　）。

A. Z 计分模型　　B. 巴萨利模型

C. 特征分析模型　　D. A 值模型

3. 关于营运资产分析模型计算授信额度，以下说法正确的是（　　）。

A. 营运资产是流动资产与流动负债的差值

B. 营运资产是衡量公司资产规模大小的尺度

C. 资产负债比率评估值越大，公司财务状况越好

D. 营运资产比例系数由营运资产规模决定

4. 关于特征分析模型调整授信额度，以下说法正确的是（　　）。

A. 相比营运资产分析模型，增加了非财务因素的分析

B. 模型将企业的信用信息分为客户特征、优先特征、信用特征三大类

C. 模型将每项信用信息的衡量标准分为好、中、差三个层次

D. 特征分析模型的最终百分率 $=\dfrac{\Sigma\text{某特征权数}\times\text{该特征评分值}}{\Sigma\text{某特征权数}\times\text{最大评分值}}$

三、简答题

1. 简述 5C 分析法的评估框架。

2. 专家分析法中主要分析担保的哪些要素？

3. Z 计分模型分为哪三类？其运用有什么局限性？

4. CreditMetrics 模型当前的主要实务运用是什么？

四、计算题

根据下表所示财务数据，计算企业的授信额度。

财务指标	营运资本	营运资产	流动比率	速动比率	短期债务净资产比率	债务净资产比率
分值	995.74 万元	15 217.33 万元	1.01	0.66	2.42	2.58

模块十

个人征信数据分析

学习目标

1. 熟悉个人信用评分的原理
2. 了解常见的传统个人信用评分方法
3. 了解常见的数据挖掘和个人信用评分方法
4. 掌握个人信用评分模型构建的步骤

素养目标

1. 培养科学严谨的精神，应在进行数据分析时秉持严谨态度，确保数据准确、方法科学，求真务实

2. 培养创新思维，在数据分析方法和应用上积极创新，勇于实践，以创新的思维和方法解决问题，提升实践能力

AI 提示词

灰色地带	K-S 值	线性回归	Logistic 回归
良莠比	神经网络	数据建模	

学习指导

个人信用评分方法涉及概率统计学知识，考虑到部分院校已开设“金融数据统计分析”等相关课程，本模块不再对基础的概率统计学知识进行讲解，对数据挖掘等也不作要求。本模块学习的重点在于理顺构建个人信用评分模型的基本步骤。

单元一 个人信用评分概述

一、个人信用评分的原理

个人信用评分是量化分析个人信用状况的结果，以数学模型与科学论证为支撑，预测消费者信用行为。个人信用评分可分成两个层次：第一个层次解决“是与否”的问题，属于最基础的信用评分，用于设置是否核准信用申请的门槛，即信用评分的数学模型具备简单判断一个信用申请是否该被接受的功能；第二个层次是细分问题，即排除了最好和最坏申请人群以后，能按违约率对处于灰色地带的人群进行细分。

第一层次，基础评分方便了授信机构采用排除法审批。例如，某信用评分在750分以上的消费者，是各类授信机构都在争抢的好客户。信用评分在400分以下的信用申请人自动进入拒绝信函回复系统，审贷人员无须人工操作，立即由自动化处理系统打印出标准格式的拒绝信，回复给申请人，极大地提高了审核效率。基础评分目的在于简单地区分出最不好的授信对象群体，所依据的是通过信用评分数学模型计算出的分值。

第二层次，灰色地带的细分有赖于合理的临界值设定。个人信用评分模型建立在一种假设上，即存在信用良好和信用较差的客户，可以用两组分布进行描述，这两种分布都是类似正态分布的钟形曲线。两个分布之间有一个曲线重叠的区域，就是所谓的灰色地带，如图10－1所示。个人信用评分细分的任务是对灰色地带的消费者群体进行细分。评分细分对建模要求非常高，往往要求数学模型将个人信用评分细分为成百上千个档次。在商业银行同业竞争激烈的现状下，个人信用评分工具的细致性尤为重要。在白热化市场竞争中，信用评分分值太低的早已被排除，而评分极高的客户早已被竞相争夺，其信用需求早已得到满足。因此，金融机构或商品赊销商需要在信用评分处于中等水平的客户群中挑选合适的授信目标，这就是建立细分模型的根本目的。

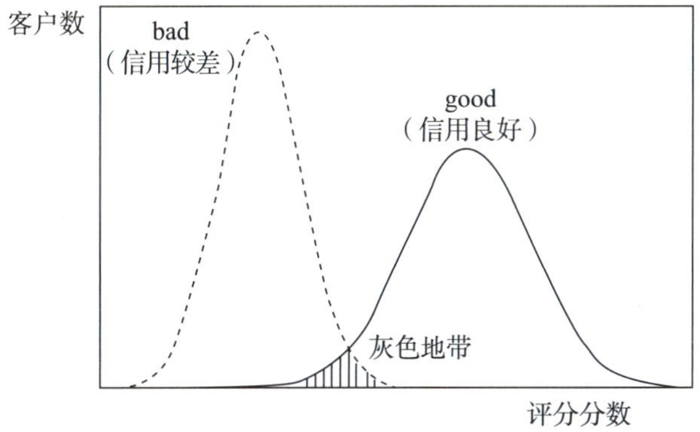

图10－1 两种客户分布

小贴士

合理选取个人信用评分临界分值

构建信用评分模型的难点在于准确评价潜在客户，根据临界分值区分好与坏。临界分值可以分为基础临界分值（解决是否接受信贷申请的标准）和细分分值（解决信贷额度和利率价格的标准）。

目前，由于非恶意推迟还款（如水、电、煤气等公共事业性缴费），无意疏忽造成的在银行、非银行信用活动中出现多次负面记录，却认为自身信用良好的情况，在社会公众中普遍存在。由于社会公众信用行为普遍存在瑕疵，恶意和非恶意的欠款行为无明显区别，因此选取的临界分值要适合我国实际情况。如果不考虑公众的信用意识水平，把临界分值设定过高，可能会引起个人对信用评分的质疑，影响征信体系的公信力；如果临界分值设定过低，可能影响信用评分模型的识别能力。因此个人信用评分产品的开发必须符合科学性原则。同时，应在征信宣传中强化公众信用建立及信用修复知识的宣传教育。

二、个人信用评分的区隔力指标

依数学观点看，如果好坏两个客户群体之间的差距足够大，就可以较好地将这两个群体区分开。因此，技术人员构造了一些统计量（区隔力指标）来衡量和评价模型对于好坏客户的辨识能力，区隔力越强，模型的准确性越高。但现实世界中无法做到百分之百预测，虽然绝大多数状况下坏客户集中于低分区域，而好客户集中于分数较高区域，但两者仍会有一定程度重叠，建模人员要做的是尽可能将好坏客户群的分数差距拉开，重叠的灰色区域越小，模型越理想。

常用的区隔力指标有 K-S 值和基尼系数。

（一）K-S 值

我们希望评分模型能够帮我们挑选到尽量多的好客户，同时放进来尽量少的坏客户。K-S 值就是遵循这样的建模思路，通过测量好坏样本累积分布的最大差距达到区分好坏客户的目的。好坏样本累计差异越大，K-S 值越大，模型的风险区分能力越强。

K-S 值的计算步骤如下：

（1）计算每个评分区间的好坏客户数；

（2）计算每个评分区间的累计好客户数占总好客户数比率（good%）和累计坏客户数占总坏客户数比率（bad%）；

（3）计算每个评分区间累计坏客户数占比与累计好客户数占比差的绝对值，然后对这些绝对值取最大值，即得评分模型的K-S值，如图10－2所示。公式如下：

K-S=Max(|bad%(累积)－good%(累积)|)

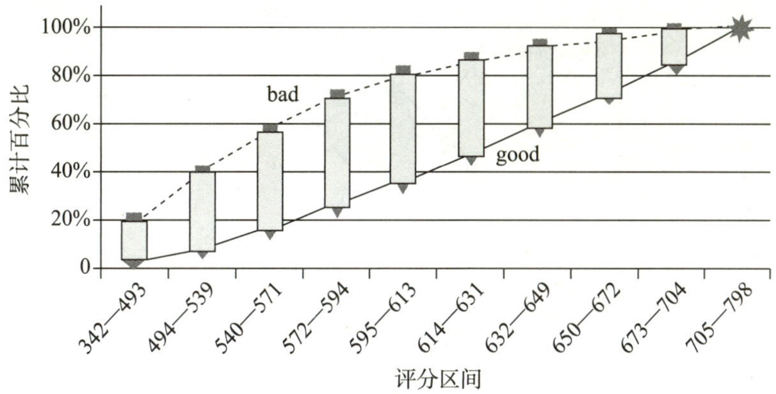

图10－2　K-S值

K-S值的取值范围是[0，1]。K-S值的大小和模型区隔力的关系如表10－1所示。

表10－1　K-S值的大小和模型区隔力的关系

K-S值	模型区隔力
K-S值<0.2	模型没有区分能力
0.2≤K-S值<0.4	区隔力一般
0.4≤K-S值<0.6	区隔力较好
0.6≤K-S值<0.7	区隔力非常好
K-S值≥0.7	区隔力太高，模型异常

（二）基尼系数

小贴士

衡量贫富差距的基尼系数

将一个国家所有的人口按最贫穷到最富有进行排列，随着人数累积到100%，这些人口所拥有的财富的比例也增加到100%，按这个方法得到洛伦兹曲线。基尼系数就是下图中A/A+B的比例。可以看到，假如这个国家最富有的那群人占据了越多的财富，贫富差距越大，那么洛伦兹曲线就会越弯曲，基尼系数就越大。

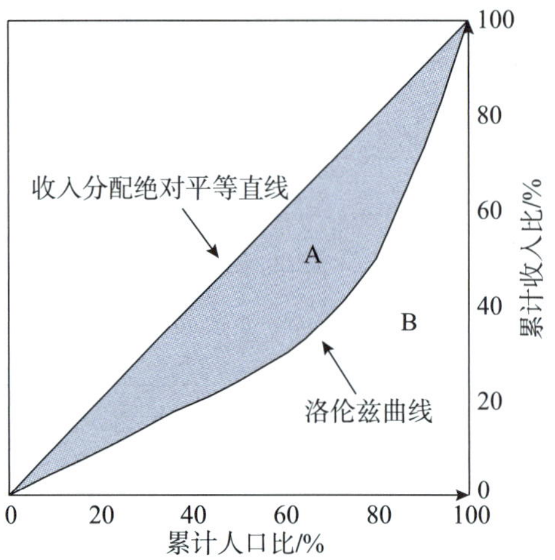

基尼系数

与宏观经济学中的基尼系数类似，我们可以利用基尼系数来评价评分模型的区隔力。按照样本的信用评分从高到低进行排序，以横轴为累计样本（总客户）比例，纵轴作为累计坏样本（坏客户）比例，随着累计样本比例的上升，累计坏样本的比例也在上升。由于是将信用评分由高到低排序，如果这个评分的区隔力好，那么越大比例的坏样本越集中在后面的低分数区间，使整个图像形成一个凹下去的形状，如图 10－3 所示。所以洛伦兹曲线的弧度越大，基尼系数越大，这个模型区分好坏样本的能力就越强。该模型对基尼系数的解释能力如表 10－2 所示。

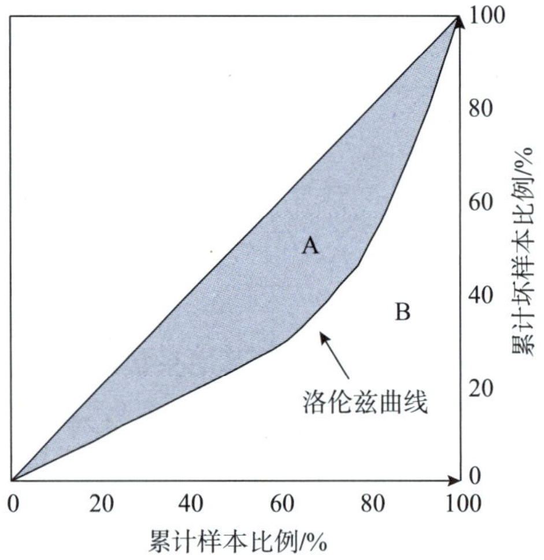

图 10－3　评分模型的区隔力基尼系数

表 10－2　该模型对基尼系数的解释能力

基尼系数	解释能力
0	无

续表

基尼系数	解释能力
0～0.4	低
0.5～0.6	中
0.7～0.8	高
＞0.8	极高

三、个人信用评分的相关理论

信用评分是数据挖掘在金融领域最成功的应用，也可以说信用评分是数据挖掘技术的前身。目前数据挖掘中最常用的聚类分析、相关性分析以及预测分析等技术，在信用评分中都有成功的应用，信用评分是消费者行为数据最早的应用之一。

（一）信用评分可以理解为一种分类技术

个人信用评分本质上是一种在总人口中区分不同组群的分类方法，将消费者分为两大类人群：一类是可能违约的人群；另一类是按时还款的人群。20 世纪，杜兰在进行一项研究时，发现可以用统计特征分类技术来区分贷款的好坏，但该发现并没有用于任何预测目的。

（二）信用评分应用的哲学基础

信用评分应用的哲学基础可以简单概括为经验主义和实用主义。经验主义指的是信用评分利用过去消费者的还款行为来预测其未来的还款行为，因此信用评分应用的理想情况是，任何有助于预测的有关消费者及其环境的特征变量都包括在预测系统中。实用主义则是指信用评分的说服力在于它的方法是可靠的，它使用的数据是从经验证明中得出的。

（三）信用评分并不是道德的评判

信用评分技术评估的是对某一个特定消费者发放贷款的风险，并不是消费者的一个特征或诚信度，更和消费者的品德无关。信用评分只是风险管理的辅助工具。例如，消费者的费埃哲评分是 700 分，A 银行可能觉得该消费者存在风险，不能放贷，但是 B 银行因为有着不同的风险偏好，会觉得这位消费者没有风险，可以放贷。信用评分会随着整个经济环境、消费者的金融状况发生变化（信用评分有一定的生命周期，需要定期更新）。征信机构帮助放贷者进行风险决策的较好方式是提供信用报告，或是将这种风险状况客观量化地描述出来，即提供信用评分，给放贷机构的最终决策提供信息支持。

（四）信用评分是一个半自动化的过程

虽然信用评分可以通过自动化的流程来实现，但是信用评分建模、信息主体的分类和数据质量的控制等都需要人来参与。即使到了大数据时代，信用评分依旧是有赖于数据科学家深入参与的半自动化过程。信用评分的成功与否并不仅仅由预测模型所决定，还与采集数据的信息量、数据质量、对评分目标的理解等多种因素相关。

单元二 Logistic 回归在个人信用评分中的应用

一、简单线性回归模型

简单线性回归是分析变量间数量依存关系的统计分析方法。如果某一个变量随着另一些变量的变化而变化，并且它们的变化关系呈直线趋势，就可以用直线回归方程来定量地描述它们之间的数量依存关系，这就是简单线性回归分析。线性回归分析模型如下：

$$Y=\beta_0+\beta_1 X_1+\beta_2 X_2+\cdots+\beta_n X_n$$

式中，Y 是因变量，如信用评分的具体分值；β 是系数；X 是自变量，如可度量的个人资产、收入。

在使用线性回归进行分析前，要先判断自变量与因变量之间是否存在直线的线性关系。可以通过绘制“散点图”考察因变量随各个自变量的变化情况。如果因变量 Y_i 与自变量 X_i 之间呈现出曲线趋势，可尝试通过变量变换予以修正（常用的变量变换方法有对数变换、倒数变换、平方根变换等），将其转变为简单线性关系。

1970 年，有学者首次将线性回归模型应用于商业贷款个人信用评分，以客户的历史执行信息为依据建立线性回归模型，并以此来评估新客户。

二、Logistic 回归模型

在简单线性回归模型中，要求因变量为连续型变量，且要符合正态性等条件。然而在实际资料分析中，有一些因变量是分类变量，那么就不能使用线性回归模型进行分析。这种情况下，可采取 Logistic 回归模型对数据进行分析。

二项分类 Logistic 回归是指因变量为二分类变量的回归分析，是概率型非线性回归模型，是研究因变量 Y 与一些影响因素自变量 X_1，X_2，…，X_n 之间关系的一种多变量分析方法。二项分类 Logistic 回归最常用领域是违约判断和医学检验。例如，判定信用主体的违约情况，这里的因变量就是“是否违约”，即“是”或“否”的二分类变量；又如，根据病人的一些化验指标建模，来判断其是否患有某种疾病。

在 Logistic 回归模型中，因变量 Y 服从二项分布，取值为 0 和 1，自变量为 X_1，$X_2 \cdots X_n$。我们把事件发生（p）与不发生（$1-p$）的概率比 $p/(1-p)$ 称为良莠比，一般为投资回报良好的可能性与违约可能性的比值。因为 $0 \leqslant p \leqslant 1$，所以良莠比取对数的取值范围为（0，$+\infty$），对良莠比取对数，可得到 Logistic 回归模型：

$$\ln \frac{p}{1-p}=\alpha+\beta_1 X_1+\beta_2 X_2+\cdots+\beta_n X_n$$

式中，α 是截距项；β 是自变量 X_i 的相关系数（$i=1$，2，3，…，n）。

通常情况下，Logistic 回归的因变量是二元的，预测结果 p 在 0 到 1 之间，且预测结果与自变量呈非线性关系。

Logistic 回归模型已经应用于个人贷款、商业贷款、信用卡等业务进行信用评分，帮助银行筛选优质客户，降低不良贷款率。实践中 Logistic 回归模型较简单线性回归模型更有优势。

知识链接

Logistic 回归模型的推导

在研究分类问题时，我们通常关心的是阳性结果“违约”，在给定其他因素的条件下，违约出现的概率，即 $p(Y=1|X)$，管道符“|”是条件概率的标识，表示在给定 X 的条件下，$Y=1$ 即违约发生的概率。显然，由于 $p(Y=1|X)$是概率，所以它在［0，1］上取值。假如以 $p(Y=1|X)$作为因变量，构建与自变量 X 的线性方程，如下所示：

$$p(Y=1|X)=\alpha+\beta_1 X_1+\beta_2 X_2+\cdots+\beta_n X_n$$

等式的左边取值为［0，1］，而等式的右边取值为（$-\infty$，$+\infty$），还是对应不上，怎么办？需要找到一个函数让等式右边的部分的取值限定在［0，1］上。我们找到了 Logistic 函数（也叫 S 函数，因为外形像字母 S）。其公式为：

$$y=\frac{e^x}{1+e^x}$$

如下图所示，函数在自变量为零时表现十分敏感，在自变量趋于正负无穷时则表现不敏感。

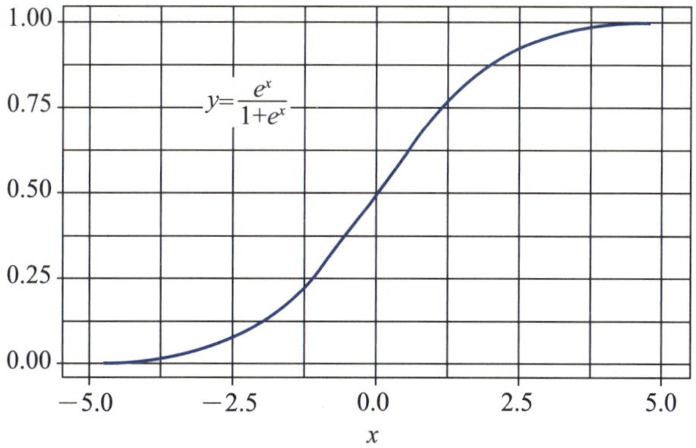

Logistic 函数

x 可以在实数轴上取任意值，但是 y 的取值被限定在［0，1］，完全符合我们的需要。所以，此处只需将回归方程右边的 $\alpha+\beta_1X_1+\beta_2X_2+\cdots+\beta_nX_n$ 替换成 S 函数中的 x，然后将回归方程左边的替换成 S 函数中的 y 即可。

$$p(Y=1|X)=\frac{e^{\alpha+\beta_1X_1+\beta_2X_2+\cdots+\beta_nX_n}}{1+e^{\alpha+\beta_1X_1+\beta_2X_2+\cdots+\beta_nX_n}}$$

至此，回归方程构建完毕。对公式进行简单的变换，得到：

$$\frac{p(Y=1|X)}{1-p(Y=1|X)}=e^{\alpha+\beta_1X_1+\beta_2X_2+\cdots+\beta_nX_n}$$

再将公式左右两边同时取对数，得到：

$$\ln\frac{p(Y=1\mid X)}{1-p(Y=1\mid X)}=\alpha+\beta_1X_1+\beta_2X_2+\cdots+\beta_nX_n$$

三、Logistic 回归模型 SPSS 实训

（一）实训任务

本任务以某银行的 50 名借款人为样本，分析不同担保方式对贷款偿还效果的影响。数据详见 mortgage. sav。由“数据视图”可见，样本有两个自变量，分别是 $X1$“逾期严重程度”和 $X2$“担保情况”；因变量 Y 为“贷款损失情况”。由“变量视图”可见，变量 Y 为二分类变量，$Y=0$ 时，表示贷款损失，$Y=1$ 时，表示贷款清偿；$X1$ 表示贷款逾期程度，$X1=1$ 表示逾期严重，$X1=0$ 表示轻微逾期；$X2$ 表示担保情况，$X2=1$ 为一般责任保证，$X2=0$ 为连带责任保证。

（二）操作步骤

（1）打开 SPSS 软件并加载数据集 mortgage. sav。具体地，点击“文件”—“打开”—“数据”，找到“mortgage. sav”文件，点击“打开”。

（2）如图所示，点击“分析”—“回归”—“二元 logistic”，弹出如图 10－4 所示对话框。

（3）将因变量“贷款损失情况”放入因变量框，将自变量“逾期严重程度”和“担保情况”放入协变量框，如图 10－5 所示。

（4）单击“选项”按钮，弹出如图 10－6 所示对话框，统计量和图项目下，选中“exp(B) 的 CI(X)：95％”选项；在输出项目下，选中“在最后一个步骤中（L）”。单击“继续”按钮，返回主对话框，按“确定”按钮运行并输出结果。

图 10－4　选择“二元 logistic”

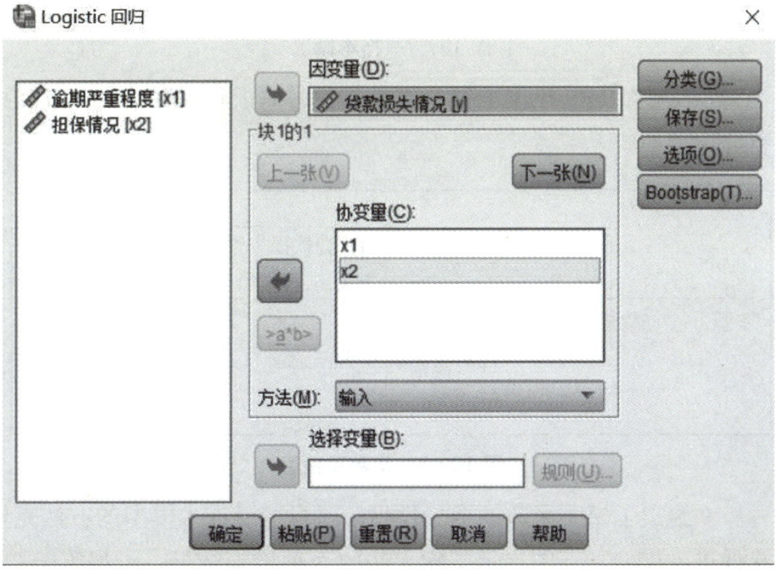

图 10－5　变量设置

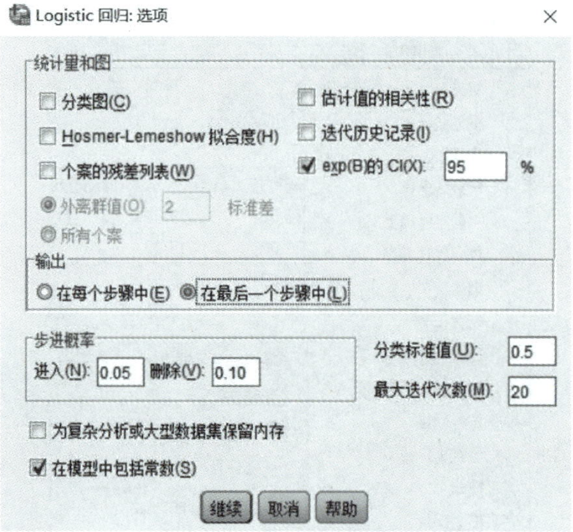

图 10-6　选项设置

（三）实训结果解读

（1）如图 10-7 所示为数据质量概况，共有 50 个样本，没有缺失值。

案例处理汇总

未加权的案例		N	百分比
选定案例	包括在分析中	50	100.0
	缺失案例	0	.0
	总计	50	100.0
未选定的案例		0	.0
总计		50	100.0

图 10-7　样本概况

（2）图 10-8 反映的是当模型中仅含有常数项时的正确预测结果，此例中正确预测结果的总计百分比是 50%。

已观测			已预测		
			贷款损失情况		百分比校正
			贷款损失	贷款清偿	
步骤 0	贷款损失情况	贷款损失	0	25	.0
		贷款清偿	0	25	100.0
	总计百分比				50.0

图 10-8　常数项检验

（3）图 10-9 给出了模型系数的全局性检验，自变量进入模型的方法是输入法，即所有变量一次性进入模型，下图展示了输入法的 3 种检验结果，p 都等于 0.015，皆小于 5%的显著性水平，说明 Logistic 回归模型至少有一个自变量，具有统计学意义。

模型系统的综合检验

		卡方	df	Sig.
步骤 1	步骤	8.369	2	.015
	块	8.369	2	.015
	模型	8.369	2	.015

图 10－9　模型系数检验

(4) 图 10－10 反映的是当两个自变量重新引入模型后，Logistic 回归模型预测结果的分类表格，预测正确率为 70%，比没有自变量（只有常数项）时提高了 20%。

分类表

已观测			已预测		
			贷款损失情况		百分比校正
			贷款损失	贷款清偿	
步骤 1	贷款损失情况	贷款损失	16	9	64.0
		贷款清偿	6	19	76.0
	总计百分比				70.0

图 10－10　引入自变量后的预测效果

(5) 如图 10－11 反映的是模型中各自变量的回归系数（B）、标准误差（S. E）、p（Sig）和 95%可信度下参数的置信区间。由此我们得出结论：自变量 $X2$ 对贷款最终能否清偿有显著影响，采用一般责任保证的方式抵押，借款人更难落实贷款清偿，换句话说，连带责任保证比一般责任保证效果更好。

方程中的变量

		B	S. E.	Wals	df	Sig.	Exp(B)	Exp(B) 的 95%C. I.	
								下限	上限
步骤 1[a]	$X1$	.018	.622	.001	1	.977	1.018	.301	3.446
	$X2$	−1.726	.629	7.529	1	.006	.178	.052	.611
	常量	.738	.510	2.098	1	.148	2.093		

注：a. 在步骤 1 中输入的变量：$X1$，$X2$。

图 10－11　自变量的显著性

$$\ln \frac{p}{1-p}=0.018X1-1.726X2+0.738$$

其中，p 为贷款清偿的概率，取值范围 [0，1]，对 p 进行四舍五入，即可得出清偿与否的判断。但需注意，此方程中 $X1$ 并不显著，自变量 $X2$ 对因变量影响显著，即不同保证责任对贷款清偿的作用有差别。

四、Logistic 回归模型 Python 实训

(一) 实训任务

本任务为选学拓展内容，完成本任务最好提前掌握基础的 Python 知识与操作。

以某小贷公司的700名借款人为样本，采集这700人的信用特征数据，利用这些数据来识别信用风险，数据详见“loan. xlsx”。数据包含700个样本，共8个自变量，自变量分别描述了借款人的“年龄（age）”“受教育程度（ed）”“在当前单位的工作年限（employ）”“在当前地址的居住年限（address）”“家庭收入（incom）”“负债占收入的比例（debtinc）”“信用卡负债额度（creddebt）”“其他负债额度（othdebt）”共8个维度的特征；一个因变量“违约情况（default）”。由“变量视图”可见，因变量Y（default）为二分类变量，$Y=0$时，表示贷款清偿未发生违约，$Y=1$时，表示发生违约。自变量中，除了“受教育程度（ed）”为定性变量，其余自变量均为定量变量。

（二）操作步骤

1. 新建文件

安装anaconda，打开jupyter notebook编译器，点击“upload”，找到数据文件“loan. xlsx”，点击“上传”，完成数据文件的加载，如图10-12所示。点击“New”，再点击“Python 3”，建立新的Python 3文件，如图10-13所示。

图10-12　数据加载

图10-13　新建Python 3文件

2. 导入库包和数据

```
import pandas as pd
import numpy as np
import statsmodels.api as sm
from sklearn.model_selection import train_test_split   #导入数据划分所用的函数
df = pd.read_excel('loan.xlsx')
```

导入所需的库包，其中pandas用于数据处理和分析，导入pandas并简称pd。

numpy 用于数值计算，导入 numpy 并简称 np。statsmodels. api 包含一系列统计模型，将其导入并简称 sm，从机器学习包 sklearn 的子模块中导入用于数据集划分的函数 train_test_split。

使用 pandas 中的 read_excel 函数读取名为“loan. xlsx”的 Excel 文件，并将其存储在数据框 df 中，如图 10－14 所示，以便后续进行数据处理和分析。代码如下：

```
df = pd. read_excel('loan. xlsx')
```

	ID	age	ed	employ	address	incom	debtinc	creddebt	othdebt	default
0	1	41	3	17	12	176	9.3	11.36	5.01	1
1	2	27	1	10	6	31	17.3	1.36	4.00	0
2	3	40	1	15	14	55	5.5	0.86	2.17	0
3	4	41	1	15	14	120	2.9	2.66	0.82	0
4	5	24	2	2	0	28	17.3	1.79	3.06	1
...	...	...	...	...	...	...	...	...	...	...
695	696	36	2	6	15	27	4.6	0.26	0.98	1
696	697	29	2	6	4	21	11.5	0.37	2.05	0
697	698	33	1	15	3	32	7.6	0.49	1.94	0
698	699	45	1	19	22	77	8.4	2.30	4.17	0
699	700	37	1	12	14	44	14.7	2.99	3.47	0

700 rows × 10 columns

图 10－14　数据框 df

3. 定义自变量和因变量

```
X = df. iloc[ :,1:9]
y = df['default']
X['intercept'] = 1   #该库进行 Logistic 回归需手动添加截距项
```

这里使用 iloc 方法提取数据框数据。定义自变量 X 是数据框 df 中从第 2 列到第 9 列的所有数据（即“age”、“ed”……“othdebt”共 8 列数据）。

```
X = df. iloc[ :,1:9]
```

因变量 Y 是数据框中名为 default 的列。代码如下：

```
Y = df['default']
```

Statsmodels 中的逻辑回归需要手动添加截距项，通过 X['intercept']＝1 手动添加了一个截距项，值为单位 1。

4. 建立 Logistic 回归模型

```
Xtrain, Xtest, Ytrain, Ytest = train_test_split(X, Y, test_size = 0.1, random_
state = 0)   #测试集取10%
#通过训练组拟合模型
logit = sm.Logit(Ytrain, Xtrain)
result = logit.fit()
print(result.summary())   #模型结果查看
```

定义好变量后，还需将样本划分为训练集和测试集。使用 train_test_split 函数将自变量 X 和因变量 Y 分割为训练集（Xtrain，Ytrain）和测试集（Xtest，Ytest），其中测试集占比为 10%。

针对训练集数据创建逻辑回归模型 Logistic 并进行拟合，得到结果对象 result。打印出模型的摘要信息，这个摘要信息通常会包含模型的各种统计指标、参数估计值、置信区间等重要信息，帮助评估模型的性能和参数的显著性等，如图 10 - 15 所示。

```
Optimization terminated successfully.
         Current function value: 0.399064
         Iterations 7
                           Logit Regression Results
==============================================================================
Dep. Variable:                default   No. Observations:                  630
Model:                          Logit   Df Residuals:                      621
Method:                           MLE   Df Model:                            8
Date:                Sun, 16 Jun 2024   Pseudo R-squ.:                  0.3040
Time:                        12:17:49   Log-Likelihood:                -251.41
converged:                       True   LL-Null:                       -361.23
Covariance Type:            nonrobust   LLR p-value:                 4.567e-43
==============================================================================
                 coef    std err          z      P>|z|      [0.025      0.975]
------------------------------------------------------------------------------
age            0.0278      0.018      1.527      0.127      -0.008       0.063
ed             0.1024      0.131      0.782      0.434      -0.154       0.359
employ        -0.2388      0.034     -7.030      0.000      -0.305      -0.172
address       -0.1043      0.024     -4.264      0.000      -0.152      -0.056
incom         -0.0047      0.009     -0.539      0.590      -0.022       0.012
debtinc        0.0748      0.032      2.315      0.021       0.011       0.138
creddebt       0.5800      0.114      5.096      0.000       0.357       0.803
othdebt        0.0221      0.084      0.264      0.792      -0.142       0.186
intercept     -1.5462      0.642     -2.407      0.016      -2.805      -0.287
==============================================================================
```

图 10 - 15　模型信息摘要

5. 预测与预测效果评估

```
Xtest['intercept'] = 1   #手动添加截距
predictedValue = result.predict(Xtest)
roundValue = np.round(predictedValue)
compare = pd.DataFrame({'pre_Value': predictedValue, 'round_Value': roundValue,
'actual_Value': Ytest})
print(compare)
print('预测准确率', np.mean(roundValue = = Ytest))   #计算预测准确率
```

与之前对训练集数据做 Logistic 回归类似，给测试集的自变量数据添加截距项。代码如下：

```
Xtest['intercept'] = 1
```

Predict 是预测函数，使用已经拟合好的模型 result 对测试集数据进行预测，得到预测值，命名为 predictedValue。代码如下：

```
predictedValue = result.predict(Xtest)
```

对预测值进行四舍五入处理，将预测概率转化为 0 或 1。代码如下：

```
roundValue = np.round (predictedValue)
```

将预测值、四舍五入后的预测值以及测试集的实际因变量值组合成一个数据框，方便对比查看。代码如下：

```
compare = pd.DataFrame({'pre_Value': predictedValue, 'round_Value': roundValue, 'actual_Value': Ytest})
```

打印 compare 数据框，代码为 print（compare）。计算四舍五入后的预测值与实际值相等的比例，即得到预测准确率。代码如下：

```
print('预测准确率', np.mean(roundValue = = Ytest))
```

通过以上操作，可以直观地看到预测结果与实际结果的对比情况，并获取预测准确率这一评估指标，如图 10－16 所示。

逻辑回归
视频讲解

```
     pre_Value  round_Value  actual_Value
306   0.055725          0.0             0
604   0.802600          1.0             1
40    0.108946          0.0             0
493   0.451696          0.0             1
14    0.011537          0.0             0
..         ...          ...           ...
656   0.023541          0.0             0
491   0.214019          0.0             1
607   0.108205          0.0             0
455   0.325803          0.0             0
605   0.003323          0.0             0

[70 rows x 3 columns]
预测准确率 0.7857142857142857
```

图 10－16　预测准确率

上述所有代码运行界面如图 10－17 所示，本任务完整的视频讲解请扫描二维码观看：

jupyter loan逻辑回归 最后检查: 8 小时前 (自动保存)

File Edit View Insert Cell Kernel Widgets Help

```
In [1]: # 导入相关库包
import pandas as pd
import numpy as np
import statsmodels.api as sm
from sklearn.model_selection import train_test_split  # 导入数据划分所用的函数
```

```
In [2]: df = pd.read_excel('loan.xlsx')
df
```

Out[2]:

	ID	age	ed	employ	address	incom	debtinc	creddebt	othdebt	default
0	1	41	3	17	12	176	9.3	11.36	5.01	1
1	2	27	1	10	6	31	17.3	1.36	4.00	0
2	3	40	1	15	14	55	5.5	0.86	2.17	0
3	4	41	1	15	14	120	2.9	2.66	0.82	0
4	5	24	2	2	0	28	17.3	1.79	3.06	1
...	...	...	...	...	...	...	...	...	...	...
695	696	36	2	6	15	27	4.6	0.26	0.98	1
696	697	29	2	6	4	21	11.5	0.37	2.05	0
697	698	33	1	15	3	32	7.6	0.49	1.94	0
698	699	45	1	19	22	77	8.4	2.30	4.17	0
699	700	37	1	12	14	44	14.7	2.99	3.47	0

700 rows × 10 columns

```
In [6]: #定义自变量和因变量
X = df.iloc[:,1:9]
y = df['default']
X['intercept'] = 1  # 该库进行 Logistic 回归需手动添加截距项
```

```
In [9]: Xtrain, Xtest, Ytrain, Ytest = train_test_split(X, y, test_size=0.1, random_state=0) # 测试集取10%
# 通过训练组拟合模型
logit = sm.Logit(Ytrain, Xtrain)
result=logit.fit()
print(result.summary()) # 模型结果查看
```

```
Optimization terminated successfully.
         Current function value: 0.399064
         Iterations 7
                           Logit Regression Results
==============================================================================
Dep. Variable:                default   No. Observations:                  630
Model:                          Logit   Df Residuals:                      621
Method:                           MLE   Df Model:                            8
Date:                Sun, 16 Jun 2024   Pseudo R-squ.:                  0.3040
Time:                        12:17:49   Log-Likelihood:                -251.41
converged:                       True   LL-Null:                       -361.23
Covariance Type:            nonrobust   LLR p-value:                 4.567e-43
==============================================================================
                 coef    std err          z      P>|z|      [0.025      0.975]
------------------------------------------------------------------------------
age            0.0278      0.018      1.527      0.127      -0.008       0.063
ed             0.1024      0.131      0.782      0.434      -0.154       0.359
employ        -0.2388      0.034     -7.030      0.000      -0.305      -0.172
address       -0.1043      0.024     -4.264      0.000      -0.152      -0.056
incom         -0.0047      0.009     -0.539      0.590      -0.022       0.012
debtinc        0.0748      0.032      2.315      0.021       0.011       0.138
creddebt       0.5800      0.114      5.096      0.000       0.357       0.803
othdebt        0.0221      0.084      0.264      0.792      -0.142       0.186
intercept     -1.5462      0.642     -2.407      0.016      -2.805      -0.287
==============================================================================
```

```
In [8]: Xtest['intercept'] = 1 # 手动添加截距
predictedValue = result.predict(Xtest)
roundValue = np.round(predictedValue)
compare = pd.DataFrame({'pre_Value': predictedValue, 'round_Value': roundValue, 'actual_Value': Ytest})
print(compare)
print('预测准确率', np.mean(roundValue == Ytest)) # 计算预测准确率
```

```
     pre_Value  round_Value  actual_Value
306   0.055725          0.0             0
604   0.802600          1.0             1
40    0.108946          0.0             0
493   0.451696          0.0             1
14    0.011537          0.0             0
..         ...          ...           ...
656   0.023541          0.0             0
491   0.214019          0.0             1
607   0.108205          0.0             0
455   0.325803          0.0             0
605   0.003323          0.0             0

[70 rows x 3 columns]
预测准确率 0.7857142857142857
```

图 10－17　代码运行界面

单元三　神经网络模型在个人信用评分中的应用

一、神经网络模型概述

神经网络模型是一种模仿人类大脑神经元连接结构和信息处理方式的机器学习算法，是一种通过试验和训练实现的自适应学习系统。它具有以下特点和优势：(1) 学习能力强，能够从大量的数据中自动学习和提取特征，发现数据中的模式和规律；(2) 可处理复杂问题，可以处理非线性、高维度的数据和复杂的任务，如图像识别、语音识别、自然语言处理等；(3) 具有适应性和灵活性，可不断调整参数来适应不同的场景和任务。

神经网络模型具有强大的非线性拟合能力，可以将神经网络和其他统计分析过程结合起来，从而获得更深入、清晰的分析结果。在征信及信用管理领域，可以使用神经网络模型分析申请人的信用状况、细分目标客户，还可以使用神经网络模型辅助预测抵押品市场走势等。

二、神经网络模型分类

常见的神经网络模型包括多层感知器、径向基函数神经网络、卷积神经网络、循环神经网络等。随着技术的不断发展，神经网络模型也在不断演进和创新，以更好地适应各种需求和挑战。SPSS 可以实现多层感知器和径向基函数神经网络。

(一) 多层感知器

多层感知器 (Multi-Layer Perceptron，MLP) 主要包括输入层、多个隐藏层和输出层。信息从输入层依次经过各隐藏层的处理，最终在输出层输出。它具有很强的函数逼近能力，通过调整神经元之间的连接权重来学习和建模复杂的关系。多层感知器在模式识别、分类、预测等任务中表现出色，但其训练过程可能较为复杂，需要合适的训练算法和大量的数据。具体而言，当数据具有复杂的非线性关系，且需要进行深度特征提取和建模时，多层感知器可能更合适。

(二) 径向基函数神经网络

径向基函数神经网络 (Radial Basis Function Neural Network，RBFNN) 是一种具有独特结构的神经网络。它以径向基函数作为神经元的激活函数，具有局部响应特性，即对输入空间中靠近某一中心点的数据有较大响应；学习速度相对较快。它在函数逼近、分类、系统辨识等领域有广泛应用。与多层感知器相比，它在一些情况下可能具有更好的泛化能力。具体而言，若数据分布相对较为集中在局部区域，径向基函数神经网络的局部响应特性可能更能适应；对于一些需要快速训练和实时响应的应用，如实时控制系统等，径向基函数神经网络可能更具优势，因为其训练通常相对较快。

总的来说，这两种神经网络模型都有各自的特点和优势，在不同的应用场景中发挥重要作用。我们在选择神经网络模型时，需要考虑数据特点和规模、对模型精度的要求、应用场景的具体需求，以及计算资源和时间限制等因素。

三、神经网络 SPSS 实训

（一）实训任务

本任务以某小贷公司的 700 名借款人为样本，采集这 700 人的信用特征数据，利用这些数据来识别信用风险，数据详见“loan. sav”。由“数据视图”可见，样本有 8 个自变量，分别描述了借款人的“年龄（age）”“受教育程度（ed）”“在当前单位的工作年限（employ）”“在当前地址的居住年限（address）”“家庭收入（incom）”“负债占收入的比例（debtinc）”“信用卡负债额度（creddebt）”“其他负债额度（othdebt）”共 8 个维度的特征；一个因变量“违约情况（default）”。由“变量视图”可见，因变量 Y（default）为二分类变量，$Y=0$ 时，表示贷款清偿未发生违约，$Y=1$ 时，表示发生违约。自变量中，除了“受教育程度（ed）”为定性变量，其余自变量均为定量变量。

（二）操作步骤

（1）打开 SPSS 并加载数据集“loan. sav”。点击“文件”—“打开”—“数据”，找到“loan. sav”文件，点击“打开”。

（2）如图 10－18 所示，点击“分析”—“神经网络”—“多层感知器”命令，弹出对话框。

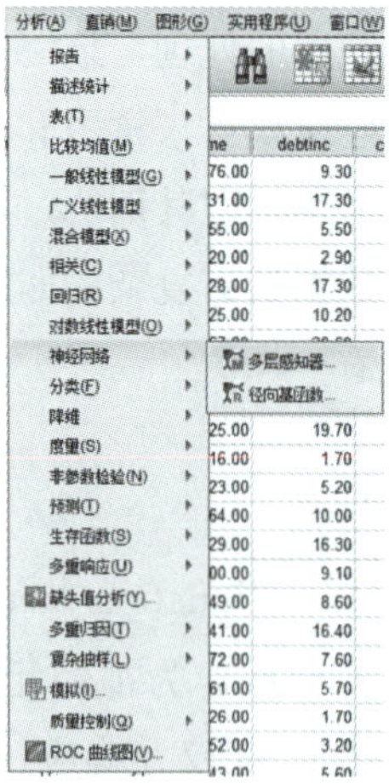

图 10－18　选择多层感知器

(3) 在“变量”选项卡下，选择“违约情况（default）”为因变量，选择定性变量“受教育程度（ed）”为因子，选择剩余的定量变量为协变量，如图 10－19 所示。

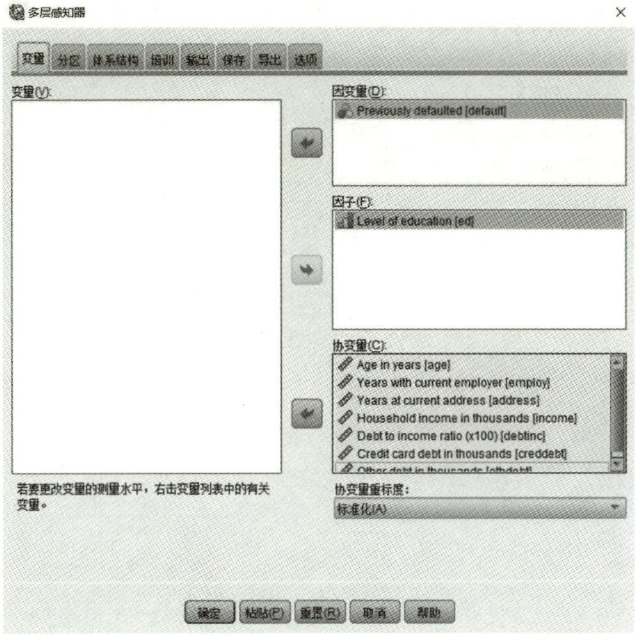

图 10－19　变量设置

(4) 在“分区”选项卡下，选择“根据个案的相对数量随机分配个案”。将样本随机分成“培训”（70%）和“检验”（30%），如图 10－20 所示。

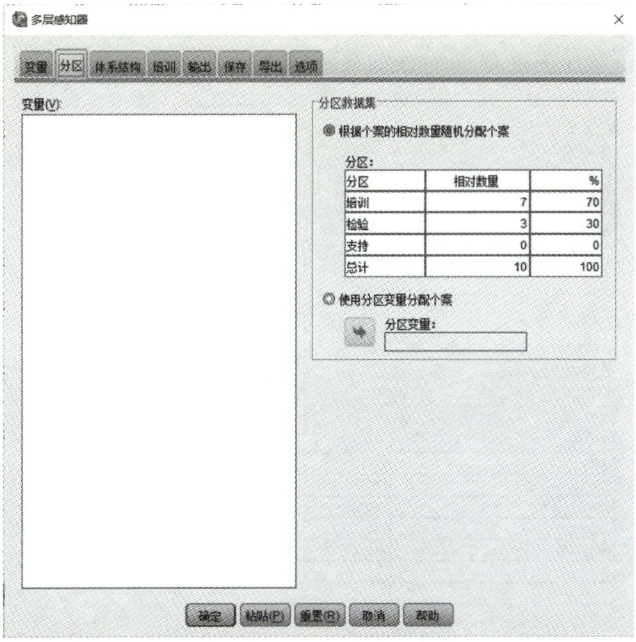

图 10－20　分区设置

（5）在“体系结构”选项卡下，选择“自动体系结构选择”，SPSS将自动训练得出最优的神经网络层次与结构，即确定最优的隐藏层层数和隐藏层神经元个数，如图10-21所示。

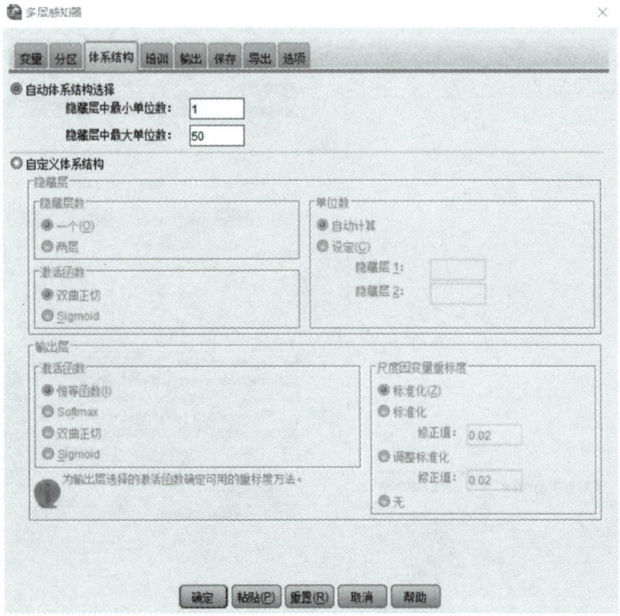

图10-21　体系结构设置

（6）在“培训”选项卡下，培训类型选择“批处理”、优化算法选择“调整的共轭梯度”。“梯度下降”算法较为简单但在高纬度问题中收敛速度慢，“调整的共轭梯度”收敛性好但实现过程复杂，实践中可以分别尝试观察运行效果，如图10-22所示。

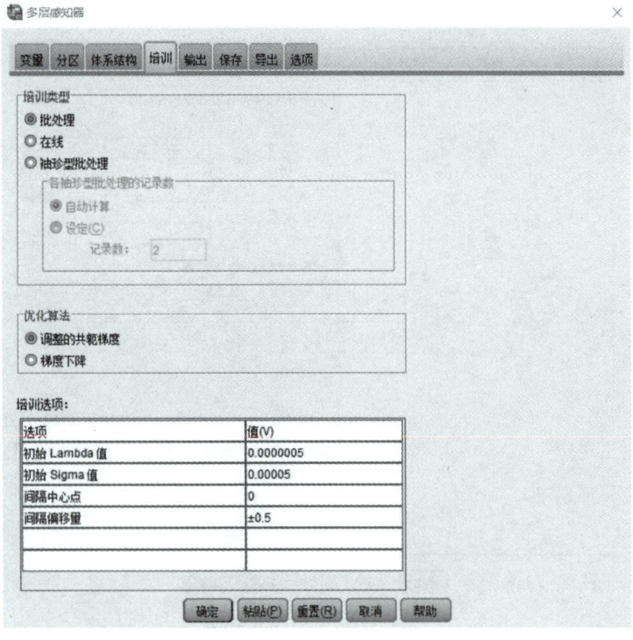

图10-22　培训设置

（7）在“输出”选项卡下，“网络结构”选择“描述”和“图表”，“网络性能”选择“模型汇总”和“分类结果”。选择“个案处理摘要”和“自变量重要性分析”复选框，如图 10－23 所示。

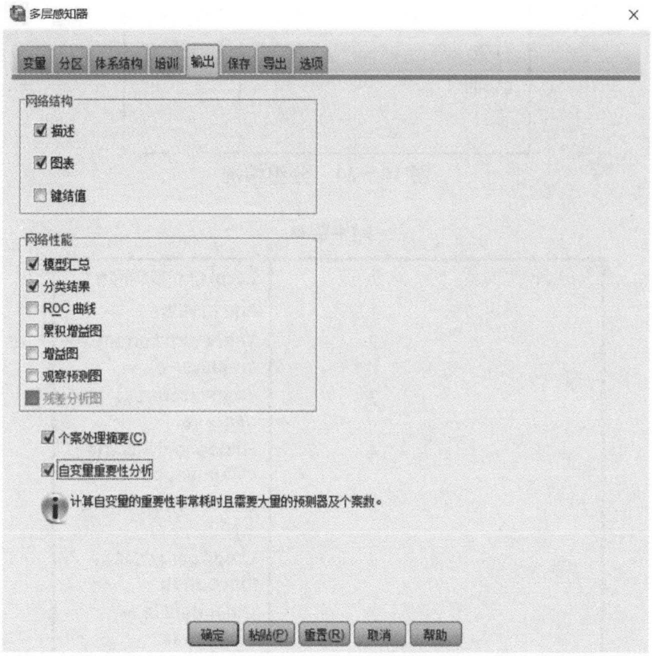

图 10－23　输出设置

（8）在“保存”选项卡下，选择“保存各因变量的预测值或类别”和“保存各因变量的预测概率或类别”。

（9）如需以 XML 格式导出神经网络模型，可在“导出”选项卡中勾选相应选项，本例中无需导出，因而无需操作“导出”选项卡中内容。

（10）“选项”选项卡定义了训练中如何处理缺失值、培训终止的条件等，保持默认设置即可。

多层感知器的所有选项卡设置完毕之后，点击下方“确定”按钮，得出神经网络模型的分析结论。

（三）实训结果解读

（1）图 10－24 所示为数据分组情况，共有 700 个样本，其中训练组 473 个数据，测试组 227 个数据。

（2）经过自适应学习，训练组得到的神经网络模型信息如图 10－25 所示，隐藏层层数为 1 层，隐藏层中的神经元个数为 7，所采用的激活函数为双曲正切函数。激活函数为模型引入非线性特性，帮助模型学习复杂的模式和关系。整个神经网络由 1 个输入层、1 个隐藏层和 1 个输出层组成，如图 10－26 所示。

案例处理汇总

		N	百分比
样本	训练	473	67.6%
	测试	227	32.4%
有效		700	100.0%
已排除		0	
总计		700	

图 10-24　分组情况

网络信息

输入层	因子	1	Level of education
	协变量	1	Age in years
		2	Years with current employer
		3	Years at current address
		4	Household income in thousands
		5	Debt to income ratio (x100)
		6	Credit card debt in thousands
		7	Other debt in thousands
	单位数[a]		12
	协变量的重缩放比例方法		标准化
隐藏层	隐藏层数		1
	隐藏层 1 中的单位数[a]		7
	激活函数		双曲正切
输出层	因变量	1	Previously defaulted
	单位数		2
	激活函数		Softmax
	错误函数		交叉熵

a. 排除偏差单位

图 10-25　神经网络模型信息

（3）图 10-27 反映的是神经网络模型的预测效果。训练组训练的模型在训练组的预测正确率为 80.5%，训练组得到的模型在测试组中测试的准确率为 80.6%，预测效果良好。

（4）神经网络模型对自变量的重要性进行了排序和分析。如图 10-28 和图 10-29 所示，对于是否违约，最重要的影响因素是“在当前单位的工作年限（employ）”，此外，“信用卡负债额度（creddebt）”“负债占收入的比例（debtinc）”也对借款人是否违约起着很大影响。

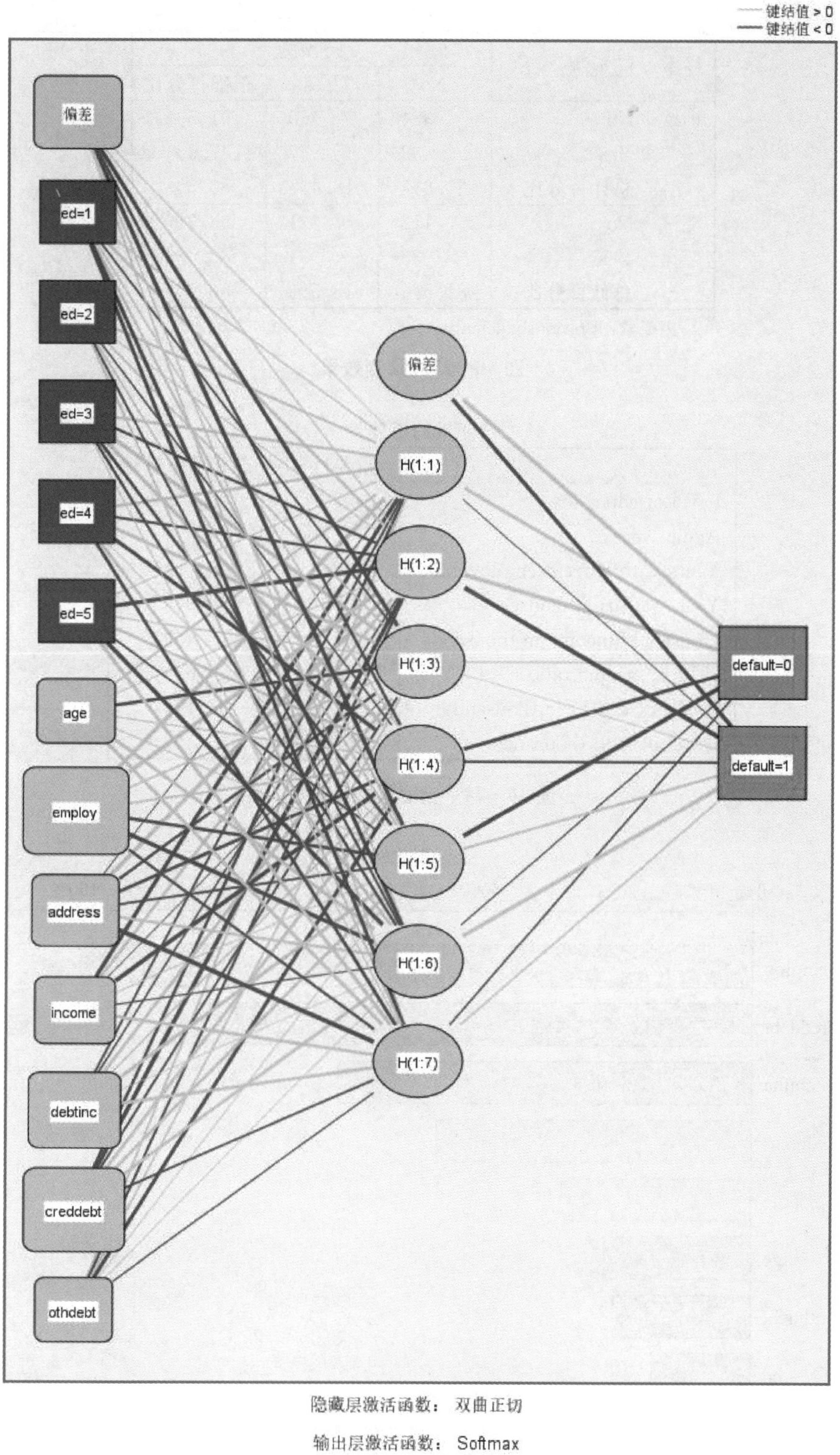

图 10-26　神经网络模型

分类

样本	已观测	已预测		
		No	Yes	正确百分比
训练	No	324	30	91.5%
	Yes	62	57	47.9%
	总计百分比	81.6%	18.4%	80.5%
测试	No	152	11	93.3%
	Yes	33	31	48.4%
	总计百分比	81.5%	18.5%	80.6%

因变量：Previously defaulted

图 10-27　预测效果

自变量的重要性

	重要性	标准化的重要性
Level of education	.039	14.8%
Age in years	.057	22.0%
Years with current employer	.262	100.0%
Years at current address	.123	46.9%
Household income in thousands	.074	28.4%
Debt to income ratio (×100)	.161	61.6%
Credit card debt in thousands	.230	88.1%
Other debt in thousands	.054	20.5%

图 10-28　自变量的重要性

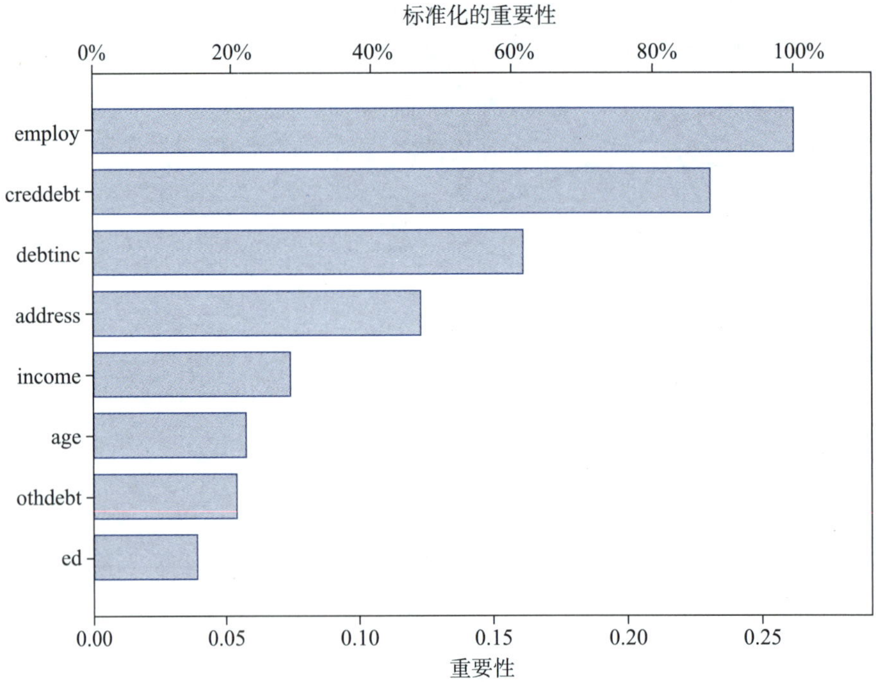

图 10-29　自变量的重要性条形图

四、神经网络 Python 实训

（一）实训任务

本任务以某小贷公司的 700 名借款人为样本，采集这 700 人的信用特征数据，利用这些数据来识别信用风险，数据详见“loan. xlsx”。由“数据视图”可见，样本有 8 个自变量，分别描述了借款人的“年龄（age）”“受教育程度（ed）”“在当前单位的工作年限（employ）”“在当前地址的居住年限（address）”“家庭收入（incom）”“负债占收入的比例（debtinc）”“信用卡负债额度（creddebt）”“其他负债额度（othdebt）”共 8 个维度的特征；一个因变量“违约情况（default）”。由“变量视图”可见，因变量 Y（default）为二分类变量，$Y=0$ 时，表示贷款清偿未发生违约，$Y=1$ 时，表示发生违约。自变量中，除了“受教育程度（ed）”为定性变量外，其余自变量均为定量变量。

（二）知识梳理

要使用多层感知机进行回归分析，可以按照以下步骤进行：

（1）数据准备：准备好输入自变量 X 和因变量数据 Y。

（2）创建模型：使用 MLPClassifier。可以设置一些参数，如隐藏层结构、激活函数、优化算法等。

（3）训练模型：使用 fit 方法，将训练数据 Xtrain 和 Ytrain 传入，进行训练。

（4）评估模型：可以通过计算一些回归评估指标，如拟合优度、预测准确率、均方误差等，来评估模型在训练集和测试集上的表现。

（三）操作步骤

1. 打开编译器

（1）打开 jupyter notebook 编译器，点击“upload”，找到数据“loan. xlsx”，点击“上传”，完成数据文件的加载。点击“New”，建立新的 Python 3 文件，在新文件中导入库包和数据。

```
import pandas as pd
from sklearn.model_selection import train_test_split  #导入数据划分所用的函数
df = pd.read_excel('loan.xlsx')
```

（2）打开 jupyter notebook 编译器，点击“New”，建立新的 Python 3 文件。

（3）pandas 是用于数据处理和分析的重要库，先导入 pandas 库，并将其简称为 pd。代码如下：

```
import pandas as pd
```

（4）从机器学习库包 sklearn 中导入用于将数据集划分成训练集和测试集的函数“train_test_split”。代码如下：

```
from sklearn.model_selection import train_test_split
```

（5）使用 pandas 的 read_excel 函数读取了一个名为“loan. xlsx”的 Excel 文件，并将其存储在一个名为 df 的数据框中。

```
df = pd.read_excel('loan.xlsx')
```

2. 定义变量，划分训练集与测试集

```
X = df.iloc[:,1:9]
y = df['default']
Xtrain, Xtest, Ytrain, Ytest = train_test_split(X, Y, test_size = 0.1, random_
state = 0)  #测试集取10%
```

（1）从数据框 df 中选取所有行，以及第 2 列到第 9 列的数据，作为自变量 X。代码如下：

```
X = df.iloc[:,1:9]
```

（2）选取数据框中名为“default”的这一列作为因变量 Y。代码如下：

```
Y = df['default']
```

（3）使用之前导入的 train_test_split 函数，将自变量 X 和因变量 Y 按照指定的比例（这里是 10%，即 0.1）划分为训练集（Xtrain、Ytrain）和测试集（Xtest、Ytest），并且设置随机数种子为 0 以确保每次运行结果的可重复性。代码如下：

```
Xtrain, Xtest, Ytrain, Ytest = train_test_split(X, Y, test_size = 0.1, random_
state = 0)
```

3. 建立多层感知器神经网络模型

```
from sklearn.neural_network import MLPClassifier
clf = MLPClassifier(solver = 'lbfgs', alpha = 1e-5, hidden_layer_sizes = (4,1),
random_state = 1)  #隐藏层和神经元个数可以手动调试，寻找最优
clf.fit(Xtrain, Ytrain)  #训练神经网络
```

（1）从 sklearn 中导入多层感知分类器（Multi-Layer Perceptron）。代码如下：

```
from sklearn.neural_network import MLPClassifier
```

（2）创建一个 MLPClassifier 对象 clf，并设置了一些参数。solver='lbfgs' 是优化算法；hidden_layer_sizes=（4，1）表示有两个隐藏层，第一个隐藏层有 4 个神经元，第二个隐藏层有 1 个神经元，网络结构可手动调整寻找最优；random_state=1 用于固定随机数生成，保证结果的可重复性。代码如下：

```
clf = MLPClassifier(solver = 'lbfgs', alpha = 1e-5, hidden_layer_sizes = (4,1),
random_state = 1)
```

（3）使用训练集 Xtrain 和 Ytrain 对分类器进行训练。代码如下：

```
clf.fit(Xtrain, Ytrain)
```

通过以上步骤，可实现多层感知分类器对数据进行建模和预测，并且可以根据训练和测试的结果来评估模型的性能和效果。如果需要调整模型的参数以获得更好的性能，可以根据实际情况修改 hidden_layer_sizes 等参数的值进行试验。

hidden_layer_sizes 是 MLPClassifier 中用于设置隐藏层大小的参数。它是一个元组，长度为神经网络的层数减 2（减去 1 个输入层和 1 个输出层）。元组中的第 i 个元素表示第 i 个隐藏层中的神经元数量。例如，hidden_layer_sizes=（100，50）表示神经网络有 2 个隐藏层，第一个隐藏层有 100 个神经元，第二个隐藏层有 50 个神经元。在设置 hidden_layer_sizes 参数时，需要考虑 3 个因素。（1）数据的复杂程度。如果数据比较复杂，可能需要更多的神经元来学习数据中的模型。（2）计算资源。更多的神经元意味着更多的计算资源和训练时间。（3）过拟合风险。过多的神经元可能导致过拟合，即模型在训练数据上表现良好，但在新数据上表现不佳。

一般来说，可以通过试验不同的隐藏层大小来找到最适合数据的设置方式。可以从一个较小的隐藏层大小开始，逐渐增加神经元数量，观察模型的性能变化。此外，还可以参考一些经验法则或前人的研究来选择隐藏层大小。例如，对于一些常见的数据集，可能已经有一些推荐的隐藏层大小范围。需要注意的是，隐藏层大小的选择并不是唯一的，不同的数据集和问题可能需要不同的设置。因此需要根据具体情况进行调整和优化，还可以结合其他超参数（如优化算法）的调整来进一步提高模型的性能。

4. 预测和预测效果评价

```
R = clf.predict(Xtest)   #调用 clf 中的 predict 对测试集进行预测
Z = R-Ytest
Rs = len(Z[Z = = 0])/len(Z)
print('预测结果为:',R)
print('预测准确率为:',Rs)
```

（1）使用训练好的分类器对测试集 Xtest 进行预测，得到预测结果 R，如图 10 - 30

所示，是对训练集样本的预测，其中 1 表示违约，0 表示不违约。

```
R = clf .predict(Xtest)
```

```
array([0, 0, 0, 0, 0, 0, 0, 0, 0, 0, 0, 0, 0, 0, 0, 0, 0, 0, 1, 0, 0, 0,
       0, 0, 0, 0, 0, 0, 0, 0, 0, 0, 0, 0, 0, 0, 0, 0, 0, 0, 0, 0, 0, 0,
       0, 1, 0, 0, 0, 0, 1, 0, 0, 0, 0, 0, 0, 0, 1, 0, 0, 0, 0, 0, 0, 0,
       0, 0, 0, 0], dtype=int64)
```

图 10-30　训练集样本预测情况

（2）比较预测结果与真实测试集，先计算预测值 R 与真实测试集目标值 Ytest 的差值。

```
Z = R-Ytest
```

（3）统计差值为 0 的数量占总数量的比例，将其作为一种简单的准确率计算方式。

```
Rs = len(Z[Z = = 0])/len(Z)
```

（4）通过打印输出预测结果 R 和计算得到的预测准确率 Rs 为 0.81。这种方式在一些简单的场景下可以大致评估模型预测的准确程度，但在实际应用中，可能需要结合更全面和准确的评估指标来综合判断模型的性能。

神经网络
视频讲解

上述所有代码运行界面如图 10-31 所示，完整代码和运行结果可见 Python 文件“loan 神经网络. py”。本任务完整的视频讲解请扫描二维码观看。

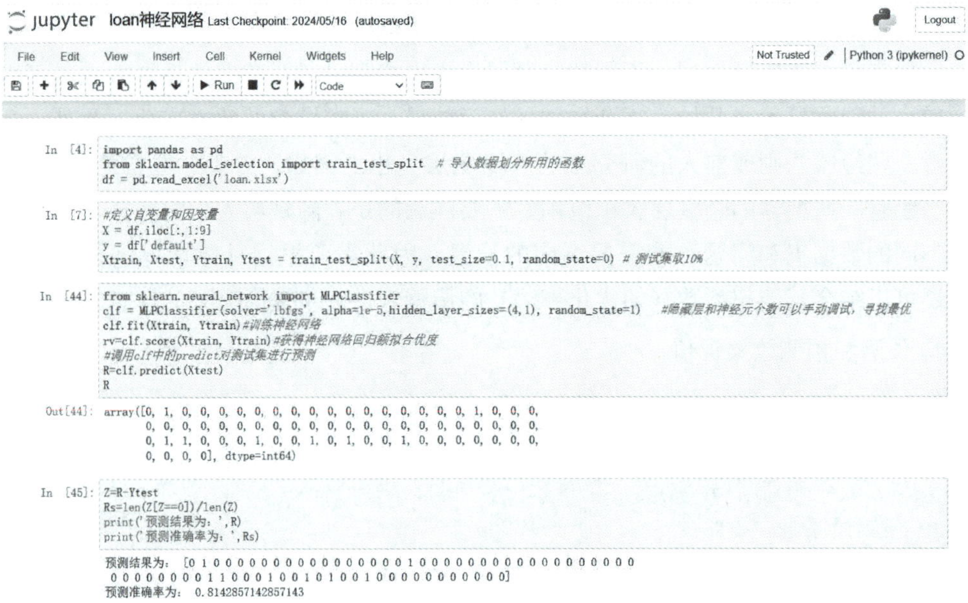

图 10-31　代码运行界面

单元四 个人信用评分建模

在信用评分的过程中，最关键的就是构建信用评分模型。如前所述，信用评分模型不胜枚举，每一种模型均有其独特的规则。在此，我们主要介绍信用评分模型的构建流程。

信用评分模型的基本原理是确定影响违约概率的因素，然后给予权重，加权加总计算其信用分数。信用评分是数据价值的挖掘，数据挖掘的关键可以分为数据、信息和商业决策三个部分，即数据挖掘就是一个从数据中汲取信息、并使用这些信息制定更好商业决策的过程。构建信用评分模型需要确定评分目的、定义数据指标、数据收集、数据变量处理、数据建模、模型效力验证、模型解释与应用七个步骤。

一、确定评分目的

明确评分的目的是成功完成任何评分项目的关键，却也是最常被忽略的部分之一。开发构建评分模型前，必须先决定评分目的及要预测的事件，并要有明确的定义。模型未来的应用目的不同，对于变量选择和好坏客户的定义也可能不同。

风险管理需求方依照规划设定的目标与模型建置人员进行讨论，以确认构建模型的目的。双方在评分任务进行方式、建置进程、成本、交付文件项目及格式、模型测试指针、项目验收标准、教育培训，以及其他特殊要求或条件限制等方面达成共识。虽然需要讨论的事项繁多，但双方对目标及项目内容的共识越高，之后的进展就会越顺利。

二、定义数据指标

评分目的确认之后，紧接着要对建模所需的重要指标的基本定义进行讨论。

（一）观察期与绩效期

观察期是指变量计算所涉及的历史期间。比如某一变量为“近 6 个月延滞一期以上的次数”，其观察期即为 6 个月。观察期设定太长，可能无法反映近期状况，设定太短则稳定性不高，因此观察期多设定为 6～24 个月。

绩效期是准备预测的时间长度。例如，为预测客户未来 12 个月内出现违约的概率，则绩效期等于 12 个月。依各种产品特性不同，绩效期也可能不同。通常设定在 12～24 个月。

（二）违约的定义

评分模型的任务在于区隔好坏客户，因此必须定义违约的条件。有时违约的条件并不限定为逾期，只要风险管理需求方认定其为“非目标客户”的状况，皆可当成评分模型中的违约条件。例如，未来一年内出现逾期、催收、呆账、强停、协商等。

（三）灰色地带的定义

某些条件下的客户，风险处于较为模糊的灰色地带，很难将其归类为好客户或坏客户。比如“半年内曾出现一次延滞一期的违约”，由于此类客户并无鲜明的风险特征，很难判断其好坏，为强化模型的区隔能力，灰色地带的客户不适合纳入建模样本之中。不过在模型完成后可加入测试，观察其分数落点，理论上应以中等分数居多。在实务中，可利用转移分析法观察各违约条件下的客户经过一段时间后的表现，以评估违约条件的区隔能力与稳定度，作为选择好坏及灰色地带定义的参考。

三、数据收集

构建评分模型的数据来源有三个：一为申请书及其所附文件，可从其中了解客户最新的职业、财力等状况；二为内部数据，若客户为风险管理需求方的既有客户，数据库中已有其各类基本数据与往来记录；三为外部信息，如联合征信中心等征信机构数据。整个建模项目，最耗费时间的通常是数据整理阶段，要满足数据质量的一系列要求，包括正确性、完整性（包括数据的广度、深度及长度）、实时性、合法性、可用性，不同来源的数据必须制定统一规格。

四、数据变量处理

采集的数据变量根据形态可分为连续变量与间断变量；根据内容可分为个人数据变量、负债类变量、信用往来变量等。在建模前，要先对数据变量进行处理，包括数据的筛选、转换等。

（一）数据筛选

筛选是为后续数据挖掘做准备，在实际项目中，由于受到计算处理能力和项目期限的限制，在数据挖掘中使用所有数据不现实，进行数据筛选是必要的。

数据变量
单因子分析

（1）要从已采集的数据中挑选或组合出可能影响风险的变量，这些先挑出的变量群称为长清单（Long List），由于数量较多，因此必须先检查，若变量间存在高度相关性，之后依据预测能力及稳定度择优择一保留即可。

（2）对数据变量进行单分子分析，以检视各变量的预测强度。

（二）数据转换

在选择并检测了需要挖掘的数据与格式后，在许多情况下数据转换非常必要。数据挖掘项目中的特殊转换方法取决于数据分析的类型和数据挖掘的工具。

五、数据建模

数据建模是对数据价值的挖掘。在时间、软件等条件允许的情况下，最好能够尝试多种不同的建模方式。使用多种的数学模型，对建模结果的质量进行相互检测，可以从中挑选出效果最优的模型。例如在构建信用评分模型时，决策树、神经网络和 Logistic 回归等不同的方法，可能产生不同的结果。如果多种不同方法生成的结果都相近或相同，那么挖掘结果就很稳定、可用度非常高。如果得到的结果不同，在根据结果制定决策前必须查证问题所在。下面以 Logistic 回归模型为例，讲述信用评分的计算流程。

（一）样本分组

理想中最佳的信用评分模型可将所有好坏客户完全清楚划分，只是在实际状况中坏客户的比率通常很低，无法突显风险因子的特征，因此在抽取建模样本时会刻意将违约样本的比率拉高，好坏客户样本比率约为 3∶1～5∶1。

另外，将 70％的样本列为发展组样本作为建模之用，将 30％的样本列为测试组样本，在模型建立完成后作为验证之用。

（二）建立模型，计算良莠比

由于信用评分的目的是预测客户是否违约，因变量为二元性数据，也就是 0 与 1 的关系。线性回归所计算出来的条件概率估计值，有可能会大于 1 或小于 0，显然不合常理，而且自变量与因变量之间有一固定的线性关系，也与现实生活中的情况不同。例如，年收入高者与极高者违约的概率已相差无几，年收入很低者与极低者的违约概率亦很接近，差异较大者出现在中间地带。因而用 Logistic 回归处理二元化数据，相比其他线性回归更符合实际状况。因此 Logistic 回归成为普遍被采用的预测方法，如图 10－32 所示。

套用 Logistic 回归模型 $\ln\left(\frac{p}{1-p}\right)=\alpha+\beta_1X_1+\beta_2X_2+\cdots+\beta_nX_n$ 进行计算，将样本的相关数据输入模型，如设定 X_1 为年收入，X_2 为负债率……

后续的评分转换可直接套用良莠比（账户良好的可能性与账户违约的可能性的比值，$\frac{p}{1-p}$）的自然对数 $\ln\left(\frac{p}{1-p}\right)$，因而不必将对数打开求概率 p，直接进行线性回归分析，得到不同样本对应的良莠比的自然对数即可。

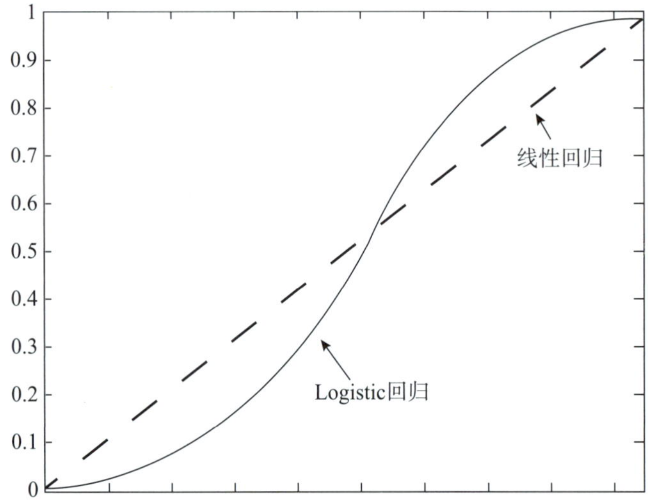

图 10－32 Logistic 回归与线性回归

（三）将良莠比转换为评分

将良莠比的自然对数转换为评分，即以分数（score）呈现，必须经过转换，转换公式为：

$$\text{score}=\ln\left(\frac{p}{1-p}\right)\times \text{scale}+\text{location}$$

转换步骤如下：

（1）设定良莠比$\frac{p}{1-p}=1$时的分数。

比如假设此时 score 为 300，代入转换公式得到截距 location 为 300；

（2）设定良莠比$\frac{p}{1-p}$每增加 1 倍时，相对增加的分数。

比如设定增加的 score 为 20 分，将良莠比$\frac{p}{1-p}=2$时的分数套入转换公式，即 300＋20＝ln（2）×scale＋location，解得 scale＝$\frac{20}{\ln(2)}$；

最后得到转换公式为 $\text{score}=\ln\left(\frac{p}{1-p}\right)\times\frac{20}{\ln(2)}+300$，转换结果如表 10－3 所示。

表 10－3 信用评分与良莠比转换示例

信用评分	良莠比
…	…
280	1∶2
300	1∶1

续表

信用评分	良莠比
320	2∶1
340	3∶1
…	…

上述分数转换方式可使不同评分卡的风险衡量尺度统一，即同样分数下对应的违约概率相等。

六、模型效力验证

模型构建完成后，可以使用测试组样本对模型进行测试。将模型套用于测试组样本，得出其预测效果的吻合情况。我们可以通过评估模型在测试组预测概率的精确性和分类预测的准确性来衡量信用评分模型的可靠程度。

评价测试组预测成果时，可以运用区隔力指标进行评价，常用的区隔力指标有K-S值和基尼系数，如前所述。

七、模型解释与运用

评分模型的应用是评分模型开发建立的落脚点，既是模型的起源，也是模型的归宿。再好的模型只有应用得好、应用得合适、应用得到位，才能体现出模型的效力；否则，模型的优劣只能停留在模型本身。不考量开发和验证的效果如何，就不能公正、完整地评价模型。

通常，信用评分会被金融机构应用到日常管理的许多领域。这些领域大致可分为风险管理、市场营销、财务预算及绩效考核、资产证券化及组合、总体规划部署五大方面。

这五个方面的应用，基本上渗透和影响了金融机构经营管理的各个重要环节。但是，在不同方面到底应该如何应用、能否起到预期效果，取决于许多因素的配合和管理。但最关键的还是应用的推动者，其对信用评分的认识达到了什么程度，对各个实际应用的目标、流程和各个实际环节的管理是否有丰富的经验，能否建立良好的应用体系，包括应用的目标、内容、方式、流程、制度、系统、人员、环节、监测、验证、调控等，只有对这些重大的环节认知清晰，才能够将信用评分真正地融合到实际应用之中，真正地融入实际管理的流程、运行人员的思想中，才能发挥信用评分的作用，并使人们更好地从实践中认识信用评分、发展信用评分。

模块小结

个人信用评分可分为两个不同的层次：第一层解决“是与否”的问题，即简单判断一个信用申请是否该被接受；第二层是“细分”的问题，追求样本内的差别最大化，尤其是将灰色地带的对象按违约率细分。具体在构建信用评分模型时，需要按照确定评分目的、定义数据指标、数据收集、数据变量处理、数据建模、模型效力验证、模型解释与应用七个步骤展开。常见的信用评分方法可以分为传统统计和数据挖掘两大类。

个人信用评分方法主要用到以下几个模型：简单线性回归模型；Logistic 回归模型。神经网络是一种自适应学习系统，通过观测数据自行开发非线性系统模型，关键要素由拓扑结构、神经元特征、学习规则构成。

同步练习

一、判断题

即便信用评分模型的应用目的不同，对于变量选择或好坏客户的定义也是相同的。（　　）

二、单选题

1. 关于评分模型区隔力的验证指标 K-S 值，以下说法错误的是（　　）。

A. K-S 值是各个评分区间累计坏账户占比与累计好账户占比之差的绝对值中的最大值

B. K-S 值越大越好

C. K-S 值取值范围为［−1，1］

D. K-S 值大于 0.2 时模型有一定的预测性

2. 关于评分模型中数据指标的定义，以下说法错误的是（　　）。

A. 观察期越长越好

B. 绩效期是准备预测的时间长度

C. 逾期、催收、呆账、强停、协商等都可以被模型定义为违约

D. 对样本进行分类区隔时不宜切割过细

三、多选题

1. 关于评分模型区隔力的验证指标基尼系数，以下说法正确的是（　　）。

A. 构造基尼系数时将样本从低分到高分排序

B. 构造基尼系数时将样本从高分到低分排序

C. 在高分区域，累计坏样本比例越低越好

D. 洛伦兹曲线越是呈现凹形，模型区隔力越好

2. 以下关于传统个人信用评分模型的说法，正确的是（　　）。

A. 用直线回归方程来定量地描述它们之间的数量依存关系，这就是线性回归分析

B. 判别分析法使用的判别函数是对已知类别观察对象分析后得出的

C. 线性回归模型的因变量可以是分类变量

D. Logistic 回归模型的因变量可以是分类变量

3. 以下关于神经网络个人信用评分模型的说法，正确的是（　　）。

A. 神经网络模型是一种无监督学习

B. 多层感知器是一种神经网络

C. 神经网络是一个非线性的数据建模工具集合

D. 神经网络是一种自适应的学习系统

四、简答题

1. 简述信用评分模型的构建流程。

2. 构建评分模型的数据来源有哪些?

3. 为什么说 Logistic 回归比简单线性回归更符合判别客户违约的实际情况?

4. 如何评价个人信用评分这一征信产品? 如何正确运用个人信用评分?

模块十一 征信与金融科技

学习目标

1. 掌握大数据的定义与大数据处理流程
2. 了解区块链的概念与区块链征信的优势
3. 了解人工智能的概念与人工智能征信的局限性

素养目标

1. 培养科学精神和创新意识，以科学的态度探索征信科技领域的新发展，勇于创新，适应时代变革

2. 强化风险意识和责任担当，明白金融科技发展带来机遇的同时也伴随着风险，要具备风险防控意识

AI 提示词

大数据　区块链　人工智能　机器学习

学习指导

金融科技快速发展，征信机构也在不断尝试将金融科技引入征信实务，从而促进产品升级。相关征信技术在不断研发、测试与试用的过程中，运行效果还有赖于长期的关注和检验。

单元一 大数据技术与征信

一、大数据概述

（一）大数据的定义

大数据，指无法在一定时间范围内用常规软件工具进行捕捉、管理和处理的数据集合，是需要新处理模式才能具有更强决策力、洞察发现力和流程优化力的海量、高增长率和多样化的信息资产。

维克托·迈尔·舍恩伯格在《大数据时代》中指出，大数据不用随机分析法（抽样调查）这样的捷径，而是对所有数据直接进行分析处理。

小贴士

大数据时代的三个转变

第一个转变，在大数据时代，我们可以分析更多的数据，有时候甚至可以处理和某个特别现象相关的所有数据，而不再依赖于随机采样。

第二个转变，研究数据如此之多，导致我们不再热衷于追求精确度。

第三个转变，因前两个转变而促成，即我们不再热衷于寻找因果关系。

（二）大数据的特征

麦肯锡全球研究所给出了大数据的定义与特征：大数据是一种规模大到在获取、存储、管理、分析方面大大超出了传统数据库软件工具能力范围的数据集合，具有数据海量、高速流转、类型多样和价值密度低四大特征。

1. 数据海量

大数据量的计算单位逐渐从 TB 级别上升到 PB，乃至 ZB、YB。大数据时代以文本、影音为代表的非结构化数据数量急剧增长。

知识链接

数据存储单位

数据最小的单位是 bit，按由小到大的顺序给出所有单位：bit、byte、kB、MB、GB、TB、PB、EB、ZB、YB、BB、NB、DB。它们之间按照进率 1024（2 的十次方）来计算：

1byte=8bit；1kB=1024bytes；1MB=1024kB；1GB=1024MB；

1TB=1024GB；1PB=1024TB；1EB=1024PB；1ZB=1024EB；1YB=1024ZB

阅读资料

大数据征信模型的量级

Zest AI 以大数据技术为基础采集多源数据，一方面继承了传统征信体系的决策变量，重视深度挖掘授信对象的信贷历史；另一方面，将能够影响用户信贷水平的其他因素也考虑在内，如社交网络信息、用户申请信息等，从而实现了深度和广度的高度融合。

与传统 FICO 信用评估模型提取 50 个左右变量进行信用风险量化评估不同，Zest AI 一般从 1 万个以上的数据指标中提取 10 万个以上的变量进行 10 多个预测分析模型进行检验，如身份验证模型、还款能力模型、稳定性模型等，使系统进行多角度智能学习，最终得出个人信用评分（见下表）。

传统征信与大数据征信信息量级对比

体量	中国人民银行征信中心	FICO	Zest AI
采集数据指标的体量（个）	20	500	10 000
提取用于量化评估的数据体量（个）	20	50	100 000

2. 高速流转

大数据的产生非常迅速，而这些数据是需要及时处理的，因为花费大量资本去存储作用较小的历史数据非常不划算，对于一个平台，也许保存的数据只有过去几天的，旧数据要及时清理。基于此，大数据对处理速度有非常严格的要求，服务器中大量的资源都用于处理和计算数据，很多平台都需要做到实时分析。

3. 类型多样

广泛的数据来源，决定了大数据形式的多样性。大数据征信机构的数据来源十分丰富，在依赖于结构化数据的同时，也导入了大量的非结构化数据。

阅读资料

大数据征信数据来源多样化

多维度的征信大数据使 Zest AI 可以不完全依赖于传统的征信体系，对个人消费者从不同的角度进行描述和进一步深入地量化信用评估。

首先，通过购买或交换而来的第三方数据。第三方数据既包括银行和信用卡数据，也包括法律记录、房租缴纳记录、典当记录等非传统数据。

其次，用户提交的数据。为了证明自己的还款能力，用户有详细、准确回答的动机，另外，用户还会提交相关的公共记录的凭证，如水电气账单、手机账单等。

最后，互联网数据。来源于网络的非常规数据是客观世界的“传感器”，反映了借款人真实的状态，是客户真实的社会网络的映射。如IP地址、浏览器版本甚至电脑的屏幕分辨率，这些数据可以挖掘用户的位置信息、性格和行为特征，有利于评估信贷风险。此外，社交网络数据也是大数据征信的重要数据源。

4. 价值密度低

这是大数据的核心特征。现实世界所产生的数据中，有价值的数据占比很小。相比于传统的数据，大数据最大的价值在于从大量不相关的各种类型的数据中，挖掘对未来趋势与模式预测分析有价值的数据，并通过机器学习方法、人工智能方法或数据挖掘方法深度分析，发现新规律和新知识。

阅读资料

大数据征信数据的弱相关性

如果我们将传统的信用交易数据归属于强数据，那么对于那些信用体系不完善的国家，或者没有信用交易记录的人群，就需要挖掘开发多种弱数据，将弱数据综合分析后形成强数据，有针对性地进行信用评估。很多互联网个人征信企业秉承“一切信息皆为信用”的理念，除了传统信用信息强数据，还通过挖掘社交、电商、运营商以及搜索数据等各种交易和行为数据资源，并根据自身优势建立了相应的信用评级模型。

Zest AI的核心技术在于抽取和筛选相关的信息来描述风险特征。它通过采用非线性化的技术，开发了多个机器学习分析模型，对上万条原始数据变量进行分析，寻找逻辑关系，并不断地自我改善。在Zest AI的模型中，要从数据指标中提取相应的变量进行10多个预测分析模型的集成学习或者多角度学习，进而得到最终的消费者信用评分。虽然这些大数据征信的数据与消费者信用状况相关性较弱，但通过利用大数据技术进行分析，能够把这些弱相关的数据的价值加强，产生可用的强数据信息，使大数据征信不再完全依赖于传统信贷数据。

二、大数据技术

（一）大数据处理流程

大数据的处理流程可归纳为在合适工具的辅助下，对广泛异构数据源进行抽取和集成，将结果按照一定的标准统一存储，利用合适的数据分析技术对存储的数据进行分析，从中提取有益的知识，并利用恰当的方式将结果展现给终端用户。大数据处理流程分为数据抽取与集成、数据分析以及数据解释。

1. 数据抽取与集成

大数据的数据来源极其广泛，数据类型繁杂，处理大数据，必须对所需数据源的数据进行抽取和集成，从中提取出关系和实体，经过关联和聚合之后采用统一定义的结构来存储这些数据。在数据集成和提取时需要对数据进行清洗，保证数据质量及可信性。

数据抽取与集成不是一项全新的技术，传统数据库领域已对此有了比较成熟的研究。随着新的数据源的涌现，数据集成方法也在不断地发展之中。从数据集成模型看，现有的数据抽取与集成方式可以大致分为以下四种类型：基于物化或 ETL 方法的引擎、基于联邦数据库或中间件方法的引擎、基于数据流方法的引擎及基于搜索方法的引擎。

2. 数据分析

数据分析是整个大数据处理流程的核心，因为大数据的价值产生于分析的过程。从异构数据源中抽取和集成的数据构成了数据分析的原始数据。根据不同应用的需求可以从这些数据中选择全部或部分进行分析。传统的分析技术，如数据挖掘、机器学习、统计分析等在大数据时代需要做出调整，因为这些技术在大数据时代面临一些新的挑战，主要有：

（1）数据的清洗。数据量大并不一定意味着数据价值的增加，相反这往往意味着数据噪声的增多。因此，在数据分析之前，必须进行数据清洗等预处理工作。但是，预处理如此大量的数据对于机器硬件以及算法都是严峻的考验。

（2）算法的调整。首先，大数据的应用常常具有实时性特点，算法准确率不再是大数据应用的最主要指标，很多场景中算法需要在处理的实时性和准确率之间取得一个平衡，比如在线的机器学习算法（Online Machine Learning）；其次，云计算是进行大数据处理的有力工具，这就要求很多算法必须做出调整以适应云计算的框架，算法需有可扩展性；最后，在选择算法处理大数据时必须谨慎，当数据量增长到一定规模以后，可以从小量数据中挖掘出有效信息的算法不一定适用于大数据。

（3）分析结果的评价。得到分析结果并不难，对结果好坏的衡量是大数据时代数据分析的一大挑战。大数据时代的数据量大、类型复杂，进行分析时往往难以掌握整个数据的分布特点，这会导致最后在设计衡量方法及指标时遇到诸多困难。

3. 数据解释

数据分析是大数据处理的核心，但是用户往往更关心结果的展示。如果分析的结果正确但是没有采用适当的解释方法，所得到的结果很可能让用户难以理解，甚至会误导用户。数据解释的方法很多，比较传统的就是以文本形式输出结果或者直接在电脑终端上显示结果。这种方法在面对传统的数据量时是一种很好的选择。但是大数据时代的数据分析结果往往也是海量的，同时，结果之间的关联关系极其复杂，采用传统的解释方法基本不可行。可以考虑从以下两个方面提升数据解释能力：

（1）引入可视化技术。可视化作为解释大量数据最有效的手段之一，率先被科学与工程计算领域采用。可视化用形象的方式向用户展示分析结果，比文字更易理解和接受。常见的可视化技术有标签云、历史流、空间信息流等。

（2）采用人机交互技术。让用户在一定程度上了解和参与具体的分析过程，利用交互式的数据分析过程来引导用户逐步地进行分析，使用户在得到结果的同时更好地理解结果的由来。

阅读资料

Zest AI 的信用评估分析原理

Zest AI 采用了先进机器学习的预测模型和集成学习的策略，进行大数据挖掘，流程如下图所示。

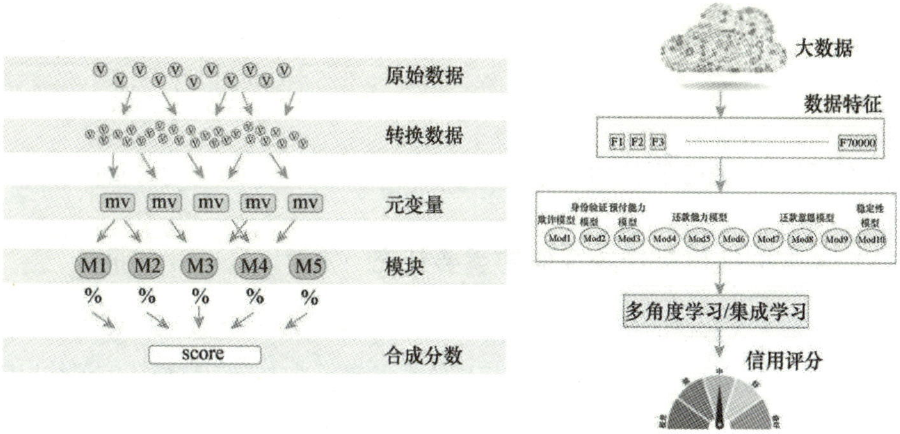

Zest AI 的信用评估数据流

第一，模型首先考虑成千上万种变量，完成原始数据采集；第二，理清模型中变量之间关系，并转换变量为有用的格式；第三，被转换变量合并到元变量（类似于之前所述的特征变量）之中，描绘一个借贷者的某些特定方面；第四，元变量输入到不同的模块中，每一模块代表一种“技能”；第五，每一模块贡献一定分数比例，合成得到最终分数。

（二）大数据的关键技术

征信数据一般具有“流数据”特征，需要在短时间内快速处理。与其他行业相比，征信数据具有逻辑关系紧密、处理实时性要求高、可展示性需求强等特征，通常需要以下几类关键技术。

1. 数据分析技术

数据分析技术包括数据挖掘、机器学习等人工智能技术，主要应用在用户信用分析、用户聚类分析、用户特征分析、产品关联分析、营销分析等方面。征信系统安全性、稳定性和实时性要求比较高，对大数据计算处理能力要求也非常高。

2. 数据管理技术

数据管理技术包括关系型和非关系型数据管理技术、数据融合和集成技术、数据抽取技术、数据清洗和转换技术等。征信行业对数据的实时处理能力要求很高，需要灵活地进行数据转换配置和任务配置。

3. 数据处理技术

数据处理技术包括分布式计算技术、内存计算技术。征信数据的海量增长使征信机构需要通过新型数据处理技术来更有效地利用软硬件资源，在降低 IT 投入、维护成本和物理能耗的同时，提供更为稳定、强大的数据处理能力。

4. 数据展现技术

数据展现技术包括可视化技术、历史流展示技术、空间信息流展示技术等。它主要用于客户价值监测、反洗钱和反欺诈预警等方面。金融数据种类多样，相关统计指标复杂，需要大力发展数据展现技术，提高金融数据的直观性和可视性，提升金融数据的可利用价值。

三、传统征信与大数据征信

（一）大数据征信是传统征信的重要补充

近年来，基于大数据的信用风险评估框架被多家互联网金融机构采用，如德国的 Kreditech、美国的 Kabbage，对传统的信用体系形成了冲击。大数据征信评估以弥补传统征信不足为切入点进入市场，作为传统征信的重要补充，大数据征信在我国有着一定的市场需求。

1. 拓宽数据采集维度

目前中国人民银行征信中心主要采集身份识别信息、信贷交易信息，以及社保、公积金、税收等公共信息。传统征信的信用评估模型更关注授信对象的历史信息，致力于数据的深度挖掘；而大数据信用评估体系拓宽了数据采集维度，丰富了用户当前信息，致力于数据的横向拓展。

2. 满足互联网金融风险管理要求

利用大数据技术的信用评估方法在现实中有着很大的市场需求，尤其是应用于解决国内快速发展的互联网金融的风险管理问题。互联网消费金融等互联网金融业态都以信用风险评估为核心，大数据征信为互联网消费金融风险管理提供了解决的办法。

（二）现有征信体系仍以传统征信为主

1. 大数据征信是完善和更新传统征信系统的积极尝试，但不是替代品

美国的金融体系比较健全，信用体系也比较健全，这是大数据征信赖以生存的基础。大数据征信的服务人群定位比较清晰，并且有完善的征信体系做支撑，大数据征信并不是完全摆脱传统征信体系。例如，在 Zest AI 进行信用评估时，传统征信数据要占

到至少30%，但其目前仅为小部分美国人提供服务，在美国的影响力有限，真实的效果目前还很难总体评价。

中国的金融生态环境和美国还有一定的差别，不能直接照抄照搬 Zest AI 的经验，需要结合中国的实际情况进行消化吸收，来开展大数据征信。虽然 Zest AI 通过机器学习等技术对海量数据挖掘分析进行征信评估，但由于社交网络等数据与信用风险相关性比较弱，因此，在信息采集时结构化的大数据还是基础信息。

2. 大数据分析模型给信用风险管理带来复杂性的挑战

传统的信用评估方法，处理的变量比较少，模型透明，便于使用者理解。而大数据征信基于巨大的变量规模和多种模型，使得数据的处理和模型的解释变得比较复杂，在实际应用中会带来许多麻烦。

大数据征信更需要关注隐私保护的问题，大数据征信会涉及个人隐私，如朋友圈等个人社交网络的数据、电商交易的数据、通话记录、微博的数据等。国内关于个人隐私方面的保护目前较薄弱，一些互联网金融公司已经出现为进行信用评估而忽视个人知情权和隐私保护的案例。因此在利用大数据进行信用评估时，要考虑合规使用个人隐私信息的前提。

大数据资信评估与传统资信评估相互补充，并行不悖。虽然目前的大数据信用评估体系还不够成熟，但其为征信业的变革注入了活力，特别是对于中国征信体系的建设会有推动作用。

单元二　区块链与征信

一、区块链技术

区块链技术有狭义和广义之分。狭义来讲，区块链技术是一种按照时间顺序将数据区块以顺序相连的方式组合成的一种链式数据结构，并以密码流方式保证不可篡改和不可伪造的分布式账本。广义来讲，区块链技术是利用块链式数据结构来验证与存储数据、利用分布式节点共识算法来生成和更新数据、利用密码学的方式保证数据传输和访问的安全、利用自动化代码组成的智能合约来编程和操作的一种全新的分布式基础架构与计算范式。

区块链本质是分布式账本、点对点传输、共识机制、加密算法等计算机技术的集合。

分布式账本指的是交易记账由链上的多个节点共同完成，且所有节点记录的都是同一套完整的账本，每个节点都可以参与验证交易的合法性。

点对点传输是指链上各个节点间可以直接通信，无须通过传统的中心化机构（节点）来进行信息交互。

共识机制指的是链上所有记账节点对于认定与验证交易有效性所共同遵循的规则。

加密算法指的是密码学算法，用于保护区块链上数据的隐私安全。

区块链的不可篡改性和可追溯性，使数据从采集、交易、流通到计算分析的每一条记录都留存于链上，提高了数据质量，能进一步规范数据的使用。去中心化的设计有利于突破信息孤岛，区块链的特性为其应用于征信业提供了空间。

二、区块链征信

（一）传统征信的局限性

作为中心服务的征信系统，每一次接口变动、系统改造以及运行状况都对外围系统有很大影响。在社会信用体系建设中，打造覆盖全社会各行业的征信系统仍面临诸多挑战。

1. 数据膨胀

目前的征信数据以信贷、信用卡业务为主，随着社会信用体系的建设发展，更多行业以及互联网的信用数据将纳入征信系统，数据范围、数据采集点、数据增长速度对征信系统的数据存储是一个巨大的考验。

2. 用户暴增

随着征信信息的普及，越来越多的企业、个人、组织都加入征信体系中。用户暴增容易使系统出现各种并发问题，对系统的稳定造成很大影响。

3. 技术壁垒

2006 年中国人民银行个人、企业征信系统开始运行，随着通信技术和征信业务的发展，原有的架构已不能满足现有需求。虽然中国人民银行后来开始启动征信系统二代建设，但数据量和用户暴增，系统出现复杂的瓶颈问题，传统软件技术架构陷入需要不断对软硬件进行升级的怪圈中。

（二）区块链征信的优势

区块链被《经济学人》杂志定义为“信用机器”，其核心价值在于将相互之间不信任的节点连接在一起，实现信任机制的传递，并具有不可篡改、可追溯、隐私保护等特性。区块链网络作为底层架构，通过接口与应用层对接，实现数据交互。相比传统征信系统，区块链在共享征信领域的应用具有比较大的优势。

1. 时效性强

传统征信系统对数据的时效性要求不高，目前大部分商业银行都是在开户、结清等事件点以及期间日终、月终等数据采集点批量上报征信数据，并在次日（$T+1$）完成更新。区块链是由后续区块的加入，以最长分支确定当前区块生效，每个区块生成时间大概几分钟，$T+1$ 的时间足以将区块更新到各个节点。

2. 扩展性强

征信系统架构必须具有前瞻性，能支撑起社会信用体系建设中出现的数据膨胀和海量访问。区块链技术避免了传统服务器架构需要不断升级扩容的短板，当源源不断的新节点加入，在增加客户端请求和数据量的同时，也分摊了服务器端的处理请求和数据存储的负荷，实现了系统的自动扩展。各机构以节点的身份参与到区块链网络中，用 API 端口对接的方式将自己的应用层接入区块链底层，方式灵活，满足细分行业中征信数据的共享需求。

3. 保密性强

征信信息涉及个人隐私，除了监管机构，任何其他机构和个人非经授权不允许查询他人的征信报告。目前大部分商业银行都是线下或系统外记录客户授权信息，查询征信报告时人行征信系统并未实时授权验证，而是事后通过大数据分析和反欺诈等手段侦测出非法查询账户。而区块链征信是去中心化、开放的，鼓励征信活动参与者积极参与和共同维护，当节点对网络做出贡献时，区块链可自动对其激励，让参与者在线上相互授权变得可行和便捷。

4. 稳定性强

基于中心服务的征信系统，在升级扩容维护的窗口期或是系统出现性能问题时，都会影响外围系统的正常访问和使用。而区块链征信网络中存在多个分布式节点，当其中部分节点出现故障时，剩余节点仍可正常运转，信息交互可以不被中断。当节点故障排除后，其余节点可将其记账账本复制给该故障节点，从而保障后续仍可正常参与记账。去中心化的区块链技术，弱化了与具体节点的系统间耦合，屏蔽了关键节点的影响范围，为实现 7×24 小时不间断服务提供更好的保障基础。

（三）区块链征信的现状

区块链征信系统，采用基于去中心化的区块链原理，同时借鉴其他相关技术，取长补短，灵活解决征信系统中出现的各种特殊业务需求。2017 年上海保险交易所联合多家保险机构成功通过区块链数据交易技术从功能、性能、安全、运维 4 个维度验证了区块链在保险征信方面的可行性。现已建成“长三角征信链”、“珠三角征信链”和“京津冀征信链”。

目前的区块链共享征信应用的数据主要集中在“黑名单”共享上，但实际上各机构还可以通过区块链底层网络，交流更多维度的数据信息。比如近年提出的“银税互动”政策，就是以税务部门的权威涉税信息作为参考，帮助中小企业解决“融资难”问题，而区块链则可以实现政府机构与金融机构应用层之间的打通，并为二者间的数据互通带来隐私保护、加密共享、传输效率等方面的价值提升。同样，电力公司也拥有企业的电力数据，也可以作为另一种权威信息来协助中小企业获得贷款。电力公司与金融机构的应用层之间的数据交互也会涉及类似的问题，区块链同样可提供非常合适的解决方案。

信用是整个金融行业的基石，征信市场的完备程度直接关系企业的融资状况，尤其是贡献了大部分就业体量的中小企业的融资状况，也关系金融机构的成本与风险。除征信数据以外，机构间是否还能通过区块链底层网络进行更多维度的数据交互，进一步促进风控能力的提升、效率的提高或业务的拓展，也是未来值得探索的方向。

（四）区块链征信的局限性

1. 私钥的泄露或丢失

典型的区块链网络中，账户体系由非对称加密算法下的公钥和私钥组成。公钥可公开发布，用于发送方加密要发送的信息，私钥用于接收方解密接收到的加密内容。中国信息通信研究院和腾讯研究院区块链联合课题组发布的《区块链在征信业应用的探讨：优势与特点及场景分析》表明，区块链应用于征信存在私钥泄露或丢失的问题。区块链中的私钥由用户自己生成并负责保管，一旦丢失，用户就无法授权征信机构和其他机构，征信机构无法使用及追溯用户数据。

2. 用户的“被遗忘权”与区块链的不可篡改性的矛盾

根据《征信业管理条例》的规定，征信机构对个人不良信息的保存期限，自不良行为或者事件终止之日起为5年；超过5年的，应当予以删除。用户不良征信记录的“被遗忘权”与区块链的不可篡改性有着天然的矛盾。另外，由于征信过程中存在操作风险，信用报告可能会包含错误信息，信息主体有权修改这些错误信息，而这与区块链的不可篡改性也有着天然矛盾。

单元三 人工智能与征信

一、人工智能

人工智能（Artificial Intelligence），英文缩写为AI，是计算机科学的一个分支。人工智能是对人的意识、思维的过程的模拟。人工智能不是人的智能，但能像人那样思考，也可能超过人的智能。数学是多种学科的基础科学，数学也进入语言、思维领域，人工智能也必须借助数学工具。

人工智能有诸多实际应用，包括机器视觉、指纹识别、人脸识别、视网膜识别、虹膜识别、掌纹识别、专家系统、自动规划、智能搜索、定理证明、博弈、自动程序设计、智能控制、机器人学、语言和图像理解、遗传编程等。

机器学习属于人工智能的一个分支，是人工智能的核心。机器学习理论主要是设计和分析一些让计算机可以自动“学习”的算法。机器学习算法是一种从数据中自动分析获得规律，并利用规律对未知数据进行预测的算法。所以机器学习的核心是数据、算法（模型）、算力（计算机运算能力）。机器学习应用领域十分广泛，如数据挖掘、数据分类、计算机视觉、自然语言处理（NLP）、生物特征识别、搜索引擎、医学诊断、检测信用卡欺诈、证券市场分析、DNA 序列测序、语音和手写识别、战略游戏和机器人运用等。

小贴士

专家系统与机器学习

有报告称，机器学习是人工智能最重要的技术手段之一，同时也是人工智能近期取得的很多进展和商业应用的基础。该报告比较了专家规则体系和人工智能中的机器学习技术：现代机器学习是一个始于大量数据的统计学过程，试图通过数据分析推导出规则或者流程，用于解释数据或者预测未来数据，这种从数据中学习的方式与过去的专家系统研究方式形成了鲜明对比。在专家系统研究方式中，程序员与人类专家协作，学习专家用于做出决策的规则和标准，随后将这些规则转化为软件代码。专家系统旨在模仿人类专家遵循的规则，而机器学习则依靠统计学方式自行寻找能够在实践中发挥功效的决策流程。

小贴士

人工智能、机器学习、深度学习

人工智能、机器学习、深度学习是由大集合到小集合的包含关系，如下图所示。

AI 包含关系

人类通过直觉可以解决的问题，如自然语言理解、图像识别、语音识别等，计算机很难解决，而人工智能就是要解决这类问题。

机器学习是赋予机器学习的能力，以此让它完成直接编程所无法完成的功能的方法。但从实践的意义上说，机器学习是一种通过利用数据，训练出模型，然后使用模型预测的方法。

深度学习的核心就是自动将简单的特征组合成更加复杂的特征，并用这些特征解决问题。

二、人工智能征信

（一）人工智能征信的现状

征信机构应用人工智能有其特定的对象，主要是可获得信用信息较少的人群，这些人群被称为“信用不可见人群”。

艾克飞在信用评分中应用了机器学习技术 NeuroDecision，称在反欺诈和信用评分中应用了深度学习技术中的卷积神经网络，并称希望利用人工智能帮助信用记录有污点的人群找到其他证明还款意愿的证据，从而帮助该类人群获得金融服务。益博睿的信用评分采用的是传统的逻辑回归方法，同时也在积极尝试利用机器学习改善信用评分系统。益博睿为了让客户体验机器学习技术，专门设立了沙箱，并提供历史信用数据和一套机器学习工具。

在国内，小微企业和个人信用评估机构冰鉴科技（见图 11－1），拥有独特的机器学习核心算法，能在收到金融机构转交的小微企业或个人信用评估申请后的几分钟内给出评估结果。

图 11－1　冰鉴科技

（二）人工智能征信的局限性

人工智能应用于征信服务也有局限性，主要表现在数据获取的充分性与评价过程的透明度上。人工智能的应用建立在存在大量可供“训练”的数据集的基础上，如果数据不充分，人工智能应用的效果会受到影响。人工智能更多探索的是数据之间的相关性，而非因果性。征信作为受到严格监管的金融基础设施，新技术的应用如何满足规范要求有待深入探讨。

单元四　征信的发展与展望

一、我国征信机构的发展方向

近年来，在市场需求高速增长的背景下，征信行业发展势头迅猛，各种应用场景不断涌现，适应市场需求的征信产品不断面世，部分征信机构已形成可持续的盈利模式。未来，我国征信机构可从以下几个方面入手，实现征信机构的高质量发展。

（一）拓展替代数据的应用

互联网行业跨界经营的大数据征信公司，其数据来源、征信技术和应用场景重叠严重，相互之间同质化竞争激烈。积累了大量数据的大型机构，比如通信设备供应商、零售业巨头等也可能凭借自己独特的信息资源优势跨界抢占市场，加剧征信行业竞争。跨界经营带来了更多替代数据的使用，替代数据是除信用卡、贷款等传统信贷数据以外的数据，包括电话费、公共缴费和地址变更等内容。替代数据的概念来源于这些数据最早被用来替代传统数据，解决没有信贷记录人群的征信问题。

费埃哲的研究表明，将在线数据、手机使用数据等与传统数据结合用于风险模型，可以提高模型对客户的区分度，提高风险预测能力。目前，中国有数十家初创高科技企业正在探索使用替代数据对传统信用信息较少的个人和企业进行征信。未来，我国征信业将进一步探索替代数据应用于征信体系的有效性。

（二）探索征信市场细分领域

规模经济和交易成本的限制促使征信市场具备天然的垄断基因。中国人民银行征信系统作为国家金融信用信息基础数据库，无疑具有垄断的优势，因而现有征信机构之间难以通过同质竞争抢占市场份额，各家征信机构需要探索出一条异于中国人民银行征信系统、满足市场与自身发展需要的征信道路。

随着征信市场规模的不断扩大，部分征信机构基于自身特点及优势，开始专注于某一细分领域或某一业务环节，提供具有针对性、定制化的征信服务。例如，专注于利用大数据爬虫技术，挖掘公开信息及舆情信息的征信机构；利用征信产品将产业端与金融机构对接，帮助产业端获取资金，帮助金融机构获取优质客户并管理风险的征信机构；专注于与政府合作，进行社会信用体系建设的征信机构；基于自身积累，将征信产品应用到供应链或其他场景的征信机构等。今后会有更多征信机构在不同细分领域进行更加深入的探索，符合市场需要的、切实解决细分领域现存问题的征信机构将快速发展。

（三）深化征信产品设计

目前，市面上主要的征信产品仍然是对信息的简单罗列，信息挖掘深度不足。随着大数据、人工智能等新一代信息技术的发展，征信产品将从信息的简单罗列向深层挖掘发展，数据的利用将更为充分。简单罗列就是利用各种手段收集信息，将其汇总分类，以报告等形式呈现信息。而深度挖掘是在信息收集汇总分类的基础上，结合征信专业知识，围绕风险的识别与量化，对数据价值进行深度挖掘，提高征信产品的专业性。例如，利用企业工商信息，建立企业关联网络，当网络上某企业出现负面信息时，能够迅速识别风险，预警其他企业，并根据风险情况量化预警等级。

此外，征信产品还将在客户体验上持续深化。征信产品的呈现形式、获取方式、客户反馈将愈加受到重视。如何基于相同数据进行更有深度的挖掘分析和提高产品体验，将是征信产品的深化方向。

（四）线上线下相结合作业

对于信息收集来说，线上收集主要是通过数据爬虫技术，对公开信息、舆情信息进行收集、汇总、分类、筛查，实现线上信息的批量抓取与存储。线上服务虽然高效便捷，能较好满足客户的标准化需要，但在满足客户个性化需求与建立良好持久的合作关系上有所欠缺。线下收集指通过征信机构专业人员实地走访，核查线上收集信息的真实性，同时根据征信人员的经验、专业性和现场交流情况获取一手信息，包括团队情况、公司理念、自我认知等。线上线下的信息收集作业模式为征信机构基础产品、专业化特色产品的研发提供了宝贵的数据支撑。

目前，大部分征信机构以线上作业为主，但已有越来越多的征信机构开始进行线下布局。通过线下渠道，征信机构可以进一步提高资料的完整性，确保资料的真实性与专业性，充分了解被调查企业的业务模式和优缺点，找出其潜在的信用风险，满足个性化的风险控制需求。随着征信行业对于信息质量、专业要求的不断提高，征信产品应用领域的不断拓宽，征信机构的作业模式会愈加趋向线上线下相结合。

二、我国征信业的发展趋势

我国已建立了全球规模最大的征信系统，在防范金融风险、维护金融稳定、促进金融发展等方面发挥了不可替代的作用，在改善营商环境方面赢得了国内外的广泛认可。中国征信信息深度指数不断提升，领先于多个发达国家。

未来，我国将继续推进征信体系建设，保持我国征信业健康发展。

（一）金融科技与普惠金融

为发展普惠金融、覆盖更多个人征信市场的长尾用户，我国征信市场还需通过应用替代数据等方式不断扩充数据，征信蓝海市场的扩容离不开金融科技的推动。一方面，信息主体覆盖率增长，信息体量不断膨胀；另一方面，征信数据广泛存在“数据孤岛”现象，很多可能用于征信的数据分散在多个机构中，难以有效整合，数据使用效率低。未来的征信行业将更加倚重金融科技：依托大数据技术对海量数据集成处理；依托云计算技术对大体量数据进行存储计算；依托区块链对数据整合；依托人工智能提升征信运算效率；等等。

（二）信息安全与隐私保护

虽然征信信息主体权益维护的法律体系已逐步健全，但个人征信系统在实际应用中仍遇到诸多问题，有关个人信息泄露的诉讼案件频繁出现。由于传统个人征信体系不能满足市场需求，一些非征信机构事实上也在从事个人征信或者类征信业务，数据保护问题不受重视，数据泄露现象时有发生。个人信息保护始终是我国征信监管的重中之重。加大对个人信息的保护力度，加强征信信息安全管理，需要监管机构通过一系列政策和监管组合，从业务、技术和管理上明确征信信息保护的监管职责，增强征信系统的技术防范措施，杜绝违规查询征信信息等问题，平衡发展、创新与规制的关系，全力推动我国征信业健康发展。

（三）征信业务对外开放

征信业是现代金融体系的重要组成部分，扩大征信业务对外开放既是贯彻落实金融对外开放战略的一项重要任务，也是建设开放型经济的必然要求。中国人民银行因势而谋，顺势而为，稳妥有序地推动企业征信市场和信用评级市场的对外开放，联合相关部门，先后出台了外商投资企业设立企业征信机构和信用评级机构的规定和监管要求，外资企业征信机构和信用评级机构加快进入中国市场，邓白氏、益博睿等国际征信巨头在中国设立了子公司，标普信用评级（中国）有限公司获准在中国开展业务。

企业对外交往面临诸多关联关系，而外资征信机构可以为企业跨国贸易和投融资提供帮助。扩大征信业对外开放，鼓励具有特色和专长的外资企业征信机构、信用评级机构进入中国市场，引进国外先进的征信技术、业务模式和管理经验，有利于促进形成良性竞争、合作共赢的市场格局。

模块小结

大数据技术的意义在于对庞大的数据进行专业化处理，通过对数据的处理加工，实现数据的“增值”。大数据征信的处理流程可归纳为在合适工具的辅助下，对广泛异构数据征信信息进行抽取和集成，将结果按照一定的标准统一存储，利用合适的数据分析技术对存储的数据进行分析，从中提取合理的知识，并利用恰当的方式将结果展现给征信产品用户。

区块链是按照时间顺序将数据区块以顺序相连的方式组合成的一种链式数据结构，并以密码流方式保证不可篡改和不可伪造的分布式账本。区块链征信具有更新快、易扩展、隐私保密、安全稳定的特征。

人工智能是对人的意识、思维的过程的模拟，其核心是通过机器学习，借用数学工具，让计算机自动设计和分析。人工智能主要服务于可获得信用信息较少的人群。人工智能的信用评分是“黑匣子”，缺乏透明度。

同步练习

一、判断题

数据量大并不一定意味着数据价值的增加，相反这往往意味着数据噪声的增多。（　　）

二、单选题

1. 大数据征信处理流程中数据解释展示环节依托以下哪项技术？（　　）

A. 在线的机器学习算法　　B. 云计算

C. 物联网　　D. 可视化技术

2. 以下关于区块链的说法，错误的是（　　）。

A. 区块链是中心化的记账工具

B. 区块链运用了加密算法不可篡改

C. 区块链的所有节点都有完整的账本

D. 区块链的设计克服了信息孤岛

3. 人工智能的核心是（　　）。

A. 机器学习　　B. 深度学习　　C. 神经网络　　D. 决策树

三、多选题

关于大数据的概念，以下说法正确的是（　　）。

A. 通过研究样本特征来评价总体

B. 无法用常规软件工具处理

C. 大数据的计量单位通常为 GB

D. 大数据包括了海量的非结构化数据

四、简答题

1. 大数据具有哪些特征？
2. 简述大数据的处理流程。
3. 大数据征信会替代传统征信吗？
4. 区块链征信有什么优势？
5. 人工智能在征信领域有哪些应用？

参考文献

[1] 林钧跃. 征信技术基础 [M]. 北京：中国人民大学出版社，2007.

[2] 陈云. 金融大数据 [M]. 上海：上海科学技术出版社，2015.

[3] 单良，茆小林. 互联网金融时代消费信贷评分建模与应用 [M]. 北京：电子工业出版社，2015.

[4] 零壹财经·零壹智库. 金融基石：全球征信行业前沿 [M]. 北京：电子工业出版社，2018.

[5] 吴云勇，王璐，倪向荣，等. 现代征信原理与应用 [M]. 北京：清华大学出版社，2021.

[6] 楼裕胜. 征信技术与实务 [M]. 北京：中国金融出版社，2018.

[7] 赵燕，牟啸天. 个人征信机构数据采集标准研究——看美国征信机构如何报送数据 [J]. 标准科学，2015 (4)：94-96.

[8] 张金波. 征信机构标准体系研制思路 [J]. 征信，2017，35 (7)：36-40.

[9] 杨跃民. 网贷平台在征信方面存在的风险亟待关注——以网贷产品微粒贷为例 [J]. 征信，2016，34 (8)：51-53.

[10] 侯育彬. 不良贷款成功清收的启示：浙江托普公司案例 [J]. 上海金融，2005 (10)：62-63.

[11] 王威. 金融科技背景下替代数据的应用与发展 [J]. 征信，2023，41 (6)：59-64.

[12] 魏会增，白士轩，赵侠. 区县级信用大数据采集方法和策略 [J]. 信息系统工程，2018 (10)：24-25.

[13] 王伟，欧阳捷. 征信立法的中国探索——写于《征信业管理条例》颁布十周年之际 [J]. 征信，2023，41 (6)：1-6.

[14] 关伟，王慧琴. 益百利金融反欺诈方案及启示 [J]. 西部金融，2013 (8)：88-90.

［15］杨光. 美国征信法律立法变迁及对我国的启示［J］. 国际金融，2017（3）：69－74.

［16］马艺桂. 关于研发小微企业信用评分的思考［J］. 征信，2014，32（9）：28－30.

［17］张智，傅晓军，王腾飞. 对征信中心个人信用评分产品开发的思考［J］. 征信，2012（3）：25－28.

［18］何珊，刘振东，马小林. 信用评分模型比较综述——基于传统方法与数据挖掘的对比［J］. 征信，2019，37（2）：57－61.

［19］屈宇飞，叶子晟，周超. 双轮驱动框架下我国个人征信行业发展对策研究——基于百行征信的观察［J］. 征信，2019，37（4）：16－20，27.

［20］王庆升. 关于加强外商资信调查的几点探索［J］. 全国商情·理论研究，2010（10）：92－93.

［21］黄鹂. 债券违约与信用评级技术相关问题研究［J］. 华北金融，2018（7）：65－70.

［22］苏静. 软信息与小微企业信用风险识别［J］. 征信，2017，35（10）：27－32.

［23］袁军. 一起个人征信信用报告纠纷案例引发的思考——个人金融消费者权益视角下的征信主体权益维护［J］. 征信，2013（2）：70－72.

［24］孙红，金兵兵. 日本征信市场的特点及启示［J］. 征信，2015（6）：63－67.

［25］中国人民银行征信管理局. 建设覆盖全社会的征信体系［J］. 中国金融，2022（20）：20－21.